L'ABC
du Japonais et du Chinois

FRANÇOIS PIALAT

SWEETSPIRE LITERATURE
MANAGEMENT

L'ABC du Japonais et du Chinois

Affinité

Bizarrerie

Correspondance

Du Japonais et du Chinois

We may notice that clothes are also reflecting the civilization. As an example, I will mention the Japanese traditional dress: the *kimono* / 着物, and the Chinese skirt split on both sides: the *qi2pao2* / 旗袍. From the linguistic point of view, we have already noticeable differences. In the Sunrise country the word is rather neutral meaning *something that is wearing,* when in the Middle Empire it is an allusion to a *banner* referring to the belonging to a clan.

When we look at the colors of these clothes, we notice here again that the two peoples are making allusion to the imperial past with the current design of the cranes, symbol of longevity and wisdom. However in the colors, notwithstanding the richness of floral and animal decors, the Japanese remain sober, Zen, they favor the black, where the Chinese choose the red, the color of blood and life.

In the languages, we find again these national identities. The Japanese which has taken over some words to the Chinese, needed to stand out in introducing his own alphabet. We have therefore fragments of Chinese characters mixed up in the Japanese writing.

For example *new* is written 新しい / あたらしい in Japanese, and simply 新 / *xin1* in Chinese.

This has allowed the Japanese to create his grammar in making a difference on the common basis and transforming it in an adjective or verbal form more or less complex.

Ex.: to go out, 出る / でるcould become 出した in the past tense and 出ない in the negative form.

The Chinese is satisfied with出 / *chu1*. Since it is often better to use two ideograms, it will be more accurate to write 出去 / *chu1qu4*, meaning to go out **walking** or eventually 外出 / *wai4chu1*, having the sens of **out**, to go out!

For this reason, I think that the Chinese language is easier.

In my mind, the study of a language is composed like a construction game, far from the grammatical structure but rather like a formation of words. In German, we may play in increasing the word such as "Lastkraftwagenscheinwerfer" to mention the headlights of a truck.

This is exactly the same for the two Asian languages here.

Ex.: volcano is said *mountain of fire* 火山 / *huo3shan1*, to say volcanism, we add ideograms: 火山作用, 火山现象, 火山活动, respectively *huo3shan1zuo4yong4* to show the role, *huo3shan1xian4xiang4* for the phenomena and *huo3shan1huo2dong4* for the volcanic unrest.

In Japanese the word fireman gives rise to smiles since the first meaning is a manufacturer of pumps, the next step is a person in charge to extinguish a fire:

1.　ポンプ製造者 / ぽんぷせいぞうしゃ
2.　消防夫 / しょうぼうふう

The aim of this book is the comparison between Japanese & Chinese languages, mure precisely the variations in ideograms. These are classified on the left for the Japanese; on the right for the Chinese. In the middle is a description of the main meaning of the ideogram without unicity.

I have tried to find the common basic meaning of the two languages for each ideogram, although it is sometimes far from the origin. This wish was to show the correspondence when it exists between Japanese & Chinese. Sometimes I had to renounce and was therefore obliged to give the meaning for each of the common ideograms.

I had to follow an order, so I choose the Japanese character according their stroke number as basis. The Chinese characters are often equivalent, but may have more or less strokes.

In Japanese, the characters of Chinese origin, the *kanji*, are followed by a translation in *hiragana* for the usual words, in *katakana* for the words of foreign origin.

The Ministry of Education in Japan has kept 1850 characters in November 1947. In fact 1945 are of common usage on a total of 3000 regularly used on a great average total of 50 000!

The Chinese dictionary 異體字字典 / *Yi4ti3zi4 Zi4dian3* identifies twice as much with 106230 entries.

These ideograms are classified according to the stroke number of the pinsel...going up to 23! which of course need to be drawn in the good order. To spice the whole, the Japanese, instead of being satisfied with a Chinese pronunciation, slightly modified by their ears and their understanding, add their own pronunciation.

Thus a single character may be said in 5 to 7 different manners. All this without counting the amalgam they do between sounds and writing, according to their mood or grammar. In this imbroglio, they are even lost with the Chinese or Japanese pronunciation.

Typical example: 漢字 / かんじ and 汉字 / *han4zi* where the Japanes « kan » *is* prononced « han » *in Chinese to name a Chinese character. Sometimes the subtlety is to be found in the ideogram itself, ex. with to wash written* 溶岩 /よ うがん *in Japanese and* 熔岩 / *rong2yan2 in Chinese. Where the Japanese sees the flow with the key of the water, the Chinese feels the warmth with the key of the fire.*

The Chinese ideograms are followed with a phonetic transcription, a number to indicate the tone. 1 for neutral, 2 for going up, 3 for ascending & falling, 4 for down tone.

When they differ from the Japanese, the ideogram are written on top.

A lot of Chinese ideograms have been simplified, where the Japanese has kept the old writing. There exist some exceptions. This allows to inteprete the ancient Chinese script.

Another major point is the fact that the Japabese term will often be translated with a noun in English, whereas the Chinese is rendered by a verb, but this cannot be always the case.

Ex.: Japanese報 / ほう = report, Chinese equivalent 报 /*bao4* = to report.

For the neophytes, it should also be mentioned that Asian people have some difficulty to pronounce the "L" becoming "R". We have an example with the word cradle translated in Japanese with 揺らん / ようらん, in Chinese 摇篮 / *yao2lan2*. In Chinese 人 / *ren2* is pronounced "j"!

This shows that the ideograms are a source of confusion, because at the beginning they were a phonetic transcription. This is especially the case in Chinese where close tone will be identified with their keys.

尝 / *chang2* = to try ; 偿 / *chang2* = to give back, close of 赏 / *shang1* = to reward, and even 堂 / *tang2* = main room. We find here a similarity of tone, the famous "ang". To solve the situation, the Chinese uses keys, thus we have the simple character堂 / *tang2* to compare with the others 螳 / *tang2* = mantis, 镗 / *tang2* = bore, 膛 / *tang2* = chest. The differenciation is made via the key, for the mantis with the insecr key虫 / *chong2*, for the bore with the metal one, for the chest, the moon one月 / *yue4*. Of real interest the key itself composed of two ideograms:metal + month: 钥 / *yue4*.

It is important to understand that the pronunciation, in Chinese or in Japanese, have evolved leading to strange corrections. I recall you that the ideogram is a phonetic transcription. The Japanese ear has modified a lot of Chinese words.

Ex. : to sleep: 睡/ *shui4* - 睡眠 / *shui4mian2* became 眠る / ねむる, sleep : 睡眠 / すいみん where " shui" became "sui" and "mian" is transformed in 'min'.

We should note as well that the same ideograms may be used in a different order to tell the same thing.

Ex. : 期限 / きげん and 限期 / *xian4qi1* for term.

It is amusing to notice that the pictures are really representative according to the mentalities; thus the word cigar in Japanese is making clearly to the allusion of a rolled leaf to form the cigar, whereas the Chinese prefers to mention the smoky atmosphere represented by the snow.

Cigar, 葉巻 / はまき − 雪茄 / *xue3jia1*

It should be noticed that the Japanese character allows to know the ancient Chinese writing in many cases. The Chinese simplification is sometimes only one point less.

Ex. : Ch. 冲/ *chong*, 单/ *dan* - Jap. 沖 / ちゅう/ *chuu* - 単 / たん / *tan*.

In the same way, it is interesting to see the possible confusion in Chinese with the close pronunciation; " d " " t". Ex. 调 / *diao4* ou *tiao2* where only the tonic accent brings a precision for a word meaning melody !

To finish, I'll emphasize the difficulty when writing a dictation. *To control, to watch*, you will guess, may be written检查 *jian3cha2* or / 监查 *jian1cha2* !

You will better understand the existing diversity between these two languages and the reason for which these two peoples have sometimes difficulty to understand each other. But making efforts, everything becomes possible. Isn't it dear English speakers? You who mean that we cannot understand the pronunciation of Shakespear's language, when we start learning English.

Moreover, if we could in the 1960-1970 make a physical difference between a Chinese and a Japanese thanks to wearing a camera, to-day, we need to go deeper. This is why the language becomes the vector of a civilization and the bridge betveen peoples.

Some local specifities have been underlined or appear in bold.

Good luck in the study of these diversities!

Chinese in qipao   Japanese in kimono

<u>Legend of cover</u>

Japanese: Do you like hot bath?
Chinese: I don't understand.

The Japanese spa, onsen, are very visited by the Japanese.
The Chinese doesn't understand because this word is said *wen1quan2* !
Moreover it is the custom to use the negation *bu4* in China.
In Asia, the fact of "not understanding" is a sign of politness. a way to stay
cordial with the contact person.

Il est assez remarquable de constater que les tenues vestimentaires reflètent
aussi la civilisation. A titre d'exemple je citerai les costumes traditionnels
japonais, le *kimono* / 着物et chinois, la jupe fendue sur les côtés ou *qi2pao2* /
旗袍. Du point de vue linguistique nous avons déjà des différences notoires. Au

pays du Soleil Levant le terme est plutôt neutre, désignant *quelque chose que l'on porte* alors que dans l'Empire du Milieu il est fait allusion à une *bannière* avec la notion d'appartenance à un clan.

En étudiant les couleurs de ces vêtements, on s'aperçoit là aussi que les deux peuples font allusion au passé impérial avec le motif courant des grues, symbole de longévité et de sagesse. Toutefois dans les coloris, malgré la richesse des décors floraux ou animaliers, les Japonais restent sobres, Zen, privilégiant le noir, là où les Chinois optent pour le rouge, la couleur du sang, de la vie.

Dans les langues nous retrouvons ces identités nationales. Le japonais, qui a emprunté des mots au chinois, a tenu à se démarquer en introduisant un alphabet typiquement japonais. Nous avons donc des bribes de caractères chinois mêlés à une écriture japonaise.

Par exemple, *nouveau* s'écrit 新しい / あたらしい en japonais, et simplement 新 / *xin1* en chinois.

Cela a permis aux Japonais de créer une grammaire en différenciant le socle commun pour transformer l'élément de base, le tronc commun, en adjectif ou forme verbale plus ou moins complexe.

Ex. sortir, 出る / でる pourra être conjugué devenant でした au passé et 出ない à la forme négative.

Le chinois se contente de 出 / *chu1*. Comme il est souvent préférable d'avoir au moins deux idéogrammes, nous trouverons plus exact de préciser : 出去 / *chu1qu4* signifiant sortir **en marchant** ou éventuellement 外出 / *wai4chu1* voulant dire sortir **dehors** !

Pour cette raison, je pense que la langue chinoise est moins difficile que la japonaise.

Pour moi l'étude d'une langue se compose comme un jeu de construction, loin de la structure grammaticale, je pense plutôt à la formation des mots. En allemand, nous pouvons jouer à agrandir les mots ainsi : « Lastkraftwagenscheinwerfer » pour dire les phares du camion.

Pour les deux langues asiatiques dont il est question ici, il en va de même.

Ex. : volcan se dit *montagne de feu*, 火山 / *huo3shan1*, pour dire volcanisme nous ajouterons des idéogrammes : 火山作用, 火山现象, 火山活动, respectivement *huo3shan1zuo4yong4* pour désigner le rôle, *huo3shan1xian4xiang4* pour le phénomène et *huo3shan1huo2dong4* pour l'agitation volcanique.

En japonais le mot pompier prête à sourire puisqu'il s'agit en premier lieu d'une personne fabriquant des pompes, en second lieu de celle en charge d'éteindre le feu :

1. ポンプ製造者 / ぽんぷせいぞうしゃ
2. 消防夫 / しょうぼうふう

Ce livre a pour but une comparaison entre la langue japonaise et la langue chinoise, plus exactement entre les variations des idéogrammes. Ces derniers sont classés à gauche pour les japonais, à droite pour les chinois. Au milieu se trouve une description de la signification principale de l'idéogramme sans toutefois être unique.

J'ai tenté de trouver la signification basique commune aux deux langues pour chaque idéogramme bien que celle-ci soit parfois plus lointaine que celle d'origine. Ce souhait était de montrer la correspondance quand elle existe entre le japonais et le chinois. Parfois, j'ai dû y renoncer, et donc mettre le sens de chacun des idéogrammes communs.

Il fallait suivre un ordre, j'ai donc choisi comme base les caractères japonais qui sont classés par ordre des traits. Il va sans dire que les idéogrammes chinois possèdent parfois le même nombre de traits, mais peuvent aussi varier en plus ou en moins.

En japonais les caractères d'origine chinoise, les *kanji* sont suivis d'une traduction en *hiragana* pour les mots usuels, en *katagana* pour les mots d'origine étrangère.
Le Ministère de l'Education du Japon a préservé 1850 caractères en novembre 1947. En réalité, 1945 sont d'usage courant sur un total d'environ 3 000 régulièrement utilisés sur un total avoisinant les 50 000 !

Le dictionnaire chinois 異體字字典 / *Yi4ti3zi4 Zi4dian3* en recense même deux fois plus avec 106 230 entrées. Ces idéogrammes sont classés par nombre de trait de pinceau…pouvant aller jusqu'à 23 ! Qu'il s'agit bien entendu de tracer dans le bon ordre. Pour corser le tout, les Japonais au lieu de se contenter d'une prononciation à la chinoise, sensiblement modifiée par leur ouïe et par leur compréhension, ajoutent leur propre prononciation. Ainsi un seul caractère peut se prononcer de 5 à 7 manières différentes. Tout cela sans compter l'amalgame qu'ils font entre les sons et les écrits, en fonction de leur humeur et de leur grammaire. Dans cet imbroglio, même eux sont perdus avec les deux prononciations, la chinoise et la japonaise.

Exemple type : 漢字 / かんじ et 汉字 / *han4zi4* où le « kan » japonais se prononce « han » en chinois pour définir un caractère chinois.

Parfois la subtilité se trouve dans l'idéogramme lui-même, ex. avec le mot lave qui s'écrit溶岩 /ようがん en japonais et 熔岩 / *rong2yan2* en chinois. Là où le Japonais voit la coulée avec la clef de l'eau, le Chinois ressent le feu avec sa clef.

Les idéogrammes chinois sont suivis d'une transcription phonétique suivi d'un chiffre pour indiquer la tonalité, soit 1 pour le ton neutre, 2 pour le ton montant, 3 pour le ton ascendant et retombant, 4 pour le ton chutant.
Lorsqu'ils diffèrent du japonais, les caractères chinois sont repris en entête.
Il faut noter que beaucoup d'idéogrammes chinois ont été simplifiés, là où le japonais a conservé l'ancienne graphie. Il existe tout de même quelques exceptions. Cela permet aussi d'interpréter la langue chinoise ancienne.

Un autre point majeur réside dans le fait que le terme japonais sera généralement traduit en français par un nom, alors qu'il s'agira plutôt d'un verbe en chinois sans pour autant généraliser.
Ex. :   japonais報 / ほう = rapport, équivalent chinois报 /*bao4* = rapporter.

Pour les néophytes il est également à noter que les Asiatiques ont du mal à prononcer le « L » retranscrit en « R ». Nous en avons un exemple dans le mot « berceau » traduit en japonais par揺らん / ようらん, chinois摇篮 / *yao2lan2*. En chinois人 / *ren2* se prononce « j » !

Ceci montre bien que les idéogrammes sont une source de confusion car à l'origine la transcription des caractères était phonétique. C'est surtout en chinois que cela se rencontre avec par exemple les sons voisins suivants dont la clef permettra de différencier le sens:

尝 / *chang2* = essayer ; 偿 / *chang2* = rendre, qui peuvent être rapprochés de 赏 / *shang1* = récompenser, voire de 堂 / *tang2* = pièce principale. Nous retrouvons là une similitude phonétique du fameux « ang ». Pour pallier les différences proches, le chinois utilise la clef, ainsi nous avons donc le caractère simple 堂 / *tang2* à comparer aux autres 螳 / *tang2* = mante, 镗 / *tang2* = alésage, 膛 / *tang2* = poitrine. La différenciation se fait donc par la clef, pour la mante, celle de l'insecte 虫 / *chong2*, pour l'alésage par celle du métal, pour la poitrine, celle de la lune 月 / *yue4*. Intéressant justement le mot clef composé des deux idéogrammes métal + mois : 钥 / *yue4*.

Il faut bien comprendre que les prononciations tant japonaises que chinoises ont évolué au fil du temps amenant à des corrections bizarres. Je rappelle que nous avons affaire à des idéogrammes qui se caractérisent par la phonétique. L'ouïe japonaise a donc déformé pas mal de mots chinois.

Ex. dormir : 睡 / *shui4* - 睡眠 / *shui4mian2* est devenu 眠る / ねむる, sommeil : 睡眠 / すいみんoù « shui » est devenu « sui » et « mian » s'est transformé en « min ».

Notons également que parfois les mêmes idéogrammes sont utilisés mais dans un ordre différent pour exprimer la même chose.

Ex. : 期限 / きげん et 限期 / *xian4qi1* pour terme

Il est amusant de constater que les images sont très représentatives en fonction des mentalités, ainsi le mot cigare en japonais fait bien allusion à la feuille roulée pour former le cigare tandis que le chinois lui préfère l'atmosphère enfumée représentée par la neige.

Cigare, 葉巻 / はまき – 雪茄 / *xue3jia1*

Il faut noter enfin que les idéogrammes japonais permettent de connaître l'ancienne écriture chinoise dans bien des cas. La simplification à la chinoise est parfois limitée à un seul point en moins ex : Ch. 冲 / *chong*, 单 / *dan* - Jap. 沖 / ちゅう / *chuu* - 単 / たん / *tan*.

Dans la même optique il est intéressant de voir la confusion possible en chinois avec les sons voisins « d » « t ». Ex. 调 / *diao4* ou *tiao2* où seul l'accent tonique apporte une précision pour un mot signifiant par ailleurs « mélodie » !

Pour finir, je citerai la difficulté occasionnée lors d'une dictée pour écrire *contrôler, surveiller,* qui, vous l'aurez deviné, peut s'écrire 检查 *jian3cha2* ou / 监查 *jian1cha2* !

Vous comprendrez mieux la diversité existante entre les deux langues et la raison pour laquelle ces deux peuples ont parfois du mal à se comprendre. Mais en faisant un effort tout devient possible. N'est-ce pas cher peuple anglophone qui fait mine de mécompréhension lorsque nous nous lançons dans la prononciation de la langue de Shakespeare ?

Par ailleurs si dans les années 1960-1970 on pouvait différencier physiquement un Chinois d'un Japonais grâce au port de son appareil photo, aujourd'hui il s'agit d'aller plus en profondeur. Les langues permettent justement d'être le vecteur de leur civilisation et de jeter un pont entre les peuples pour mieux les appréhender.

Certaines particularités locales ont été soulignées par un coloris ou mises en caractères gras.

Bon courage dans l'étude de ces diversités.

一		**Un**	一	
一人	ひとり,いちにん	une personne, par soi-même	一人 自己	yi1ren2 zi4ji3
一目	いちもく,ひとめ	un coup d'œil	一眼	yi1yan2
一時	いちじ	une heure,	一小时 一点钟	yi1xiao3shi2 yi1dian3zhong1
		pour le moment	目前	mu4qian2
一番	いちばん	premier par dessus tout	第一的 尤其	di4yi1de you2qi2
一切	いっさい	tout	一切的	yi1qie4de
一心	いっしん	pensée de tout cœur	思想 热心的	si1xiang3 re4xin1de

乙		**Deux**	乙 / yi3	
乙な人	おつなひと	élégant	优美的	you1mei3de
乙な味	おつなあじ	bon goût	美味	mei3wei4
乙夜の覧 おつやのらん		inspection impériale	皇帝的检查 huang2di4dejian3cha2	

7

2 traits

丁 | **Feuille** | 丁 / ding1 - Homme

丁度	ちょうど	exactement
丁年	ていねん	majorité
丁寧	ていねい	politesse
丁稚	でち	apprenti

准时的	zhun3shi2de
成年	cheng2nian2
礼貌	li3mao4
学徒	xue2tu2

又 | **Encore** | 又

又々	またまた	encore et encore
又頼み	まただのみ	demande indirecte
又は	または	en d'autres mots

又又	you4you4
间接的求	jian4jie4deqiu2
又一个话	you4yige4hua4

八 | **Huit** | 八

八時	はちじ	huit heures
八分目	はちぶんめ	en quantité modérée
八方美人 はっぽうびじん		ami de tous
八月	はちがつ	août
八 x	はっけ	divination
八日	ようか	le 8 du mois

八点钟	ba1dian3zhong1
有节制的量 you3jie2zhi4deliang4	
一切朋友 yi1qie4peng2you	
八月	ba1yue4
占卜	zhan1bu3
八日	ba1ri4

十 | **Dix** | 十

十時	じゅうじ	dix heures
十字軍	じゅうじぐん	croisade

十点钟	shi2dian3zhong1
十字军动武 shi2zi4jun1dong1zheng1	

十字架	じゅうじか	la Sainte Croix	十字架	shi2zi4jia4
十月	じゅうがつ	octobre	十月	shi2yue4
十分	じっぷん	10 mn	十分	shi2fen1
十戒	じっかい	10 commandements	十诫	shi2jie4

七   **Sept**   七

七日	なのか/なぬか	le 7ème jour	七日	qi1ri4
七月	しちがつ	juillet	七月	qi1yue4
七五三	しちごさん	chiffres chanceux	运气的数字	yun4qideshu4zi4
七輪	しちりん	pt fourneau portable	小可携带的火炉 xiao3ke3xie2dai4de huo3lu2	
七福神	しちふくじん	7 dieux de la fortune 5 en chinois !	五福神	wu3fu2shen2

二   **Deux**   二

二人	ふたり/ににん	deux personnes	二人	er4ren2
二十日	はつか	le 20	二十日	er4shi2ri4
二度	にど	deux fois	两次	liang3ci4
二度添い にどぞい		deuxième femme	第二个妻子	di4er4ge4qi1zi
二元性	にげんせい	dualisme	二元情 二元论	er4yuan2qing2 er4yuan2lun2
二重	にじゅう/ふたえ	double	双重的	shuang1chong2de

人   **Homme**   人

人民	じんみん	peuple	人民	ren2min2
人類	じんるい	genre humain	人类	ren2lei4
人口	じんこう	population	人口	ren2kou3

人種	じんしゅ	race humaine	人种	ren2zhong3
人生	じんせい	vie humaine	人生	ren2sheng1
人格	じんかく	personnalité	人格	ren2ge2

入   **Entrer**   入

入口	いりぐち	entrée	入口	ru4kou3
			进入	jin4ru4
入学	にゅうがく	entrer à l'école	入学	ru4xue2
入院	にゅういん	entrer à l'hôpital	入院	ru4yuan4
入営	にゅうえい	s'enrôler, s'engager	入伍	ru4wu3
入札	にゅうさつ	offre	提出	ti2chu1
入場	にゅうじょう	admission	准许进入	zhun3xu3 jin4ru4

了   **Comprendre**   了

了解	りょうかい	compréhension	了解	liao3jie3
了簡	りょうけん	intention, pardon	意愿	yi4yuan4
			原谅	yuan2liang4
了簡違い りょうけんちがい		malentendu	误解	wu4jie3

刀   **Epée**   刀

刀自	とじ	matrone	主妇	zhu3fu4
洋刀	ないふ	couteau	刀	dao1
太刀	たち	longue épée	大刀	da4dao1 = sabre
軍刀	ぐんとう	sabre	军刀	jun1dao1

力   **Force**   力

力作	りきさく	travail élaboré	制作工作	zhi4zuo4gong1zuo4
力学	りきがく	dynamique	动力学	dong4li4xue2
力行	りっこう	s'efforcer de	力求	li4qiu2
力業	ちからわざ	travail manuel	体力劳动	ti3li4lao2dong4

九		**Neuf**	九	
九日	ここのか	le 9	九日	jiu3ri4
九月	くがつ	septembre	九月	jiu3yue4
九死	きゅうし	échapper de justesse à la mort	九死一生	jiu3si3yi4sheng1
九星	きゅうせい	astrologie	星相学	xing1xiang4xue2

3 traits

工		**Artisan**	工	
工業	こうぎょう	industrie	工业	gong1ye4
工芸	こうげい	arts industriels	工艺美术	gong1yi4mei3shu4
工学	こうがく	ingénierie	工程学	gong1cheng2xue2
工兵	こうへい	ingénieur, pionnier	工程师 工兵	gong1cheng2shi1 gong1bing1
工場	こうじょう/こうば	usine	工厂	gong1chang3
工夫	こうふ	travailleur, terrassier	工人 挖土工人	gong1ren2 wa1tu3 gong1ren2
		Ch. 工夫 / gong1fu = temps, travail		

下		**Sous**	下 / xia4	
下町	したまち	en ville	市中心	shi4zhong1xin1
下書	したがき	esquisse	草图	cao3tu2
下着	したぎ	sous-vêtement	内衣	nei4yi1
下品	げひん	vulgarité	俗气	su2qi

干		**Sec**	干	
干満	かんまん	marée	海潮	hai3chao2
干渉	かんしょう	intervention	干预	gan1yu4
干物	ひもの	poisson séché	干鱼	gan1yu2
干し物	ほしもの	vêtement à sécher	干衣	gan1yi1

上		**Sur**	上	
上歯	うわば	dent du haut	上排牙	shang4pai2ya2

上着	うわぎ	manteau	大衣	da4yi1
上役	うわやく	son supérieur	上司	shang4si2
			上级	shang4ji2
上手	じょうず	adroit	灵巧的	ling2qiao3de
上流	じょうりゅう	cours supérieur	河流上游	he2liu2shang4you2
上下	じょうげ/うえした	haut et bas	上下	shang4xia4

小		**Petit**	小	
小切手	こぎって	chèque	支票	zhi1piao4
小粒	こつぶ	petite graine	小的种子	xiao3dezhong3zi2
小言	こごと	gronderie	责骂	ze2ma4
小銃	しょうじゅう	fusil	枪	qiang1
小学校	しょうがっこう	école élémentaire	小学校	xiao3xue2xiao4
小川	おがわ	ruisseau	小河	xiao3he2
			溪	xi1

山		**Montagne**	山	
山手	やまて	à pic, colline	陡峭的	dou3qiao4de
			山丘	shan1qiu1
山彦	やまびこ	écho	回音	hui2yin1
山師	やまし	spéculateur, imposteur	投机者	tou2ji1zhe3
			冒充者	mao4chong1zhe3
山頂	さんちょう	sommet (montagne)	山顶	shan1ding3
山水	さんすい	paysage mont. riv.	山水	shan1shui3
火山	かざん	volcan	火山	huo3shan1

士		**Chevalier**	士	
士官	しかん	officier	官员	guan1yuan2

| 士女 | しじょ | hommes et femmes | 男人和女人 nan2ren2he2nü3ren2 | |
| 武士 | ぶし | samouraï | 武士 | wu3shi4 |

土 — **Terre** — 土

土地	とち	sol	土地	tu3di4
土人	とじん	natif	本地人	ben3di4ren2
土用	どよう	canicule	伏天的	fu2tian1de
土足で	どそくで	avec les pieds	用足	yong4zu2
土間	どま	sol en terre	土地	tu3di4
土産	みやげ	cadeau	礼物	li3wu4

千 — **Mille** — 千

千代	ちよ	1000 époques	千时代	qian1shi2dai4
千載	せんざい	1000 ans	千年	qian1nian2
千古	せんこ	tous âges - à tout âge	在任和年纪 zai4ren4he2nian2ji4	

才 — **Capable** — 才

才物	さいぶつ	intelligent	聪明的	cong1ming2de
才子	さいし	homme de talent	才子	cai2zi3
才能	さいの	habileté, capacité	才能	cai2neng2

寸 — **3.33 cm** — 寸

一寸	いっすん	un inch	一寸	yi1cun4
	ちょっと	un morceau	一块	yi1kuai4
			一片	yi1pian4
寸法	すんぽう	mesure	尺寸	chi3cun

| 寸暇 | すんか | moment de loisirs | 闲暇时的活动
xian2jia4shi2de huo2dong4
空闲 / 闲空 kong1xian2 |

三 — Trois — 三

三日	みっか	3ème jour	三日	san1ri4
三月	みつき　さんが	trois mois, mars	三月	san1yue4
三日月	みかずき	nouvelle lune	新月	xin1yue4
三角	さんかく	triangle	三角形	sqn1jiao3xing2
三位一体 さんみいったい		Sainte Trinité	三神一体	san1shen2yi1ti3

川 — Rivière — 川

川開き	かわびらき	fête de la rivière	川节	chuan1jie2
川岸	かわぎし	bord de la rivière	川岸	chuan1'an4
川幅	かわはば	largeur de la rivière	川宽度	chuan1kuan1du4
川上	かわかみ	cours supérieur	川流的上游 chuan1liu2deshang4you2	
川下	かわしも	cours inférieur	川流的下游 chuan1liu2dexia4you2	
川端	かわばた	bord de rivière	在川边	zai4chuan1bian1

子 — Enfant — 子 / zi3 – suffixe pour un nom

子供	こども	enfant	儿童 小孩	er2tong2 xiao3hai2
子守	こもり	nourrice	奶妈 乳母	nai3ma1 ru3mu3
椅子	いす	chaise	椅子	yi3zi
子宮	しきゅう	utérus	子宮	zi3gong1

| 子宝 | こだから | enfants | 子弟 | zi3di4 |
| 子孫 | しそん | descendants | 子孙 | zi3sun1 |

与		Donner	与 / yu3	
与党	よとう	parti du gouvernement	政党	zheng4dang3
与国	よこく	pays participant	参与国家	can1yu4guo2jia1
与太者	よたもの	hooligan	流氓	liu2mang2

大		Gros	大	
大和	やまと	Japon	日本	Ri4ben3
大将	たいしょう	général	大奖	dai4jiang4
大学	だいがく	université	大学	da4xue2
大仏	だいぶつ	gde statue de Bouddha	大佛	da4fo2

| 勺 | | Mesure de poids | 勺 | |
| 勺 | しゃく | 816g | 勺 | shao2 |

亡		Fuir	亡	
亡命する ぼうめいする		s'exiler	亡命 流亡	wang2ming4 liu2wang2
亡国	ぼうこく	pays ruiné	亡国	wang2guo2
亡友	ぼうゆう, なきとも	ami décédé	亡友	wang2you3
亡者	もうじゃ	fantôme	亡灵	wang2ling2

| 口 | | Bouche | 口 | |

口約束	くちやくそく	promesse verbale	口诺言	kou3nuo4yan2
口調	くちょう	tournure d'expression	词组表达发	**ci2zu3**biao3da2fa3
口入屋	くちいれや	agence pour l'emploi	职业代理行 zhi2ye4 dai4li3hang2	
口元	くちもと	bouche	口	kou3
口座	こうざ	compte bancaire	银行账户 yin2hang2 zhang4hu4	
人口	じんこう	population	人口	ren2kou3

己		**Moi**	自	
克己	こっき	self control	自我克制	zi4wo3ke4zhi4
自己	じこ	soi	自己	zi4ji3
利己	りこ	égoïsme	利己主义	li4ji3zhu3yi4

弓		**Arc**	弓	
弓矢	ゆみや	arc et flèches	弓箭	gong1jian4
弓師	ゆいし	fabricant d'arcs	弓的制造者 gong1dezhi4zao3zhe3	
弓術	きゅうじゅつ	tir à l'arc	射箭	she4jian4

夕		**Soir**	夕	
夕方	ゆうがた	soir	夕	xi1
夕日	ゆうひ	soleil couchant	夕阳	xi1yang2
夕霧	ゆうぎり	brume crépusculaire	夕烟 (夕雾)	xi1yan1 xi1wu4
夕景	ゆうけい	paysage crépusculaire	夕景	xi1jing3
夕焼け	ゆうやけ	reflet/soleil couchant	夕照	xi1zhao4

| 夕刊 | ゆうかん | journal du soir | 晩报 | wan3bao4 |

刃 — Lame — 刃

刃物	はもの	outil tranchant	刃具	ren4ju4
刃傷	にんじょう	carnage	屠杀	tu2sha1
兇刃	きょうじん	dague de l'assassin	凶手的匕首	xiong1shou3debi3shou3

女 — Femme — 女

女神	めがみ	déesse	女神	nü3shen2
女々しい めめしい		inhumain	不人道的	bu4ren2dao4de
女性	じょせい	féminité Ch. 女性 / nü3xing4 = sexe féminin	女想	nü3xiang4
女子	じょし	femme, fille	女子	nü3zi3
女中	じょちゅう	servante	女仆	nü3pu2
女房	にょうぼう	femme (vulg.)	女人	nü3ren2

万 — Tout — 万

万年筆	まんねんひつ	stylo-encre	自来水笔	zi4lai2shui3bi3
万引	まんびき	vol à l'étalage	货架的偷窃	huo4jia4detou2qie4
万歳	バンザイ	hourra, cri de joie	乌拉声	wu1la1sheng1
万物	ばんぶつ	tous les êtres, création	万物	wan4wu4

丸 — Cercle — 丸

丸で	まるで	absolument	完全地	wan3quan2di4
丸損	まるぞん	perte sèche	净蚀	jing4shi2
丸太	まるた	bille de bois	树干材	shu4gan4cai2

| 丸薬 | がんやく | pilule | 丸药 | wan2yao4 |

凡 Commun 凡

凡人	ぼんじん	personne ordinaire	凡人	fan2ren2
凡俗	ぼんぞく	troupeau ordinaire	凡群	fan2qun2
非凡	ひぼん	extraordinaire	非凡	fei1fan2

久 Longtemps 久

久々	ひさびさ	(depuis) longtemps	久久	jiu3jiu3
久し振り ひさしぶり		de longue date, éternité	久远	jiu3yuan3
久遠	くおん	éternité	久远	jiu3yuan3
永久	えいきゅう	éternité	永久	yong3jiu3

4 traits

不 — Négation

不

不精	ぶしょう	paresse	懶惰	lan3duo4
不器用	ぶきよう	maladresse	笨拙	ben4zhuo1
不便	ふべん	inconvénient	不便	bu4bian4
不景気	ふけいき	dépression	不景气	bu4jing3qi4
不思議	ふしぎ	bizarrerie, étrangeté	奇怪的	qi2guai4de
不正直	ふしょうじき	malhonnêteté	不正直的(人) bu4zheng4zhi2de(ren2)	

王 — Roi

王

王位	おうい	trône	王位	wang2wei4
王者	おうじゃ	roi	王	wang2
王女	おうじょ	princesse	王妃	wang2fei1
			女王	nü3wang2

六 — Six

六

六日	むいか	6 jours, le 6	六日	liu4ri4
双六	すごろく	genre de trictrac	西洋双六棋 xi1yang2shuang1liu4qi2	

文 — Culture

文

文書	ぶんしょ	document	文件	wen2jian4
文化	ぶんか	culture	文化	wen2hua4
文法	ぶんぽう	grammaire	文法	wen2fa3

文芸	ぶんげい	littérature et arts	文艺	wen2yi4
文明	ぶんめい	civilisation	文明	wen2ming2
文字	も(ん)じ	écriture	文字	wen2zi4

元		**Origine**	元	
元日	がんじつ	Nouvel an	元旦	yuan2dan4
元来	がんらい	à l'origine	起源	qi3yuan2
元気	げんき	énergie	元气	yuan2qi4
元寇	げんこう	invasion mongole	蒙古的入侵 Meng3gu3deru4qin1	
元帥	げんすい	maréchal	元帅	yuan2shuai4
元値	もとね	prix de revient	成本	cheng2ben3

午		**Midi**	午	
午前	ごぜん	matin	午前	wu3qian2
午後	ごご	après-midi	午后	wu3hou4
正午	しょうご	midi	正午	zheng4wu3

公		**Public**	公	
公衆	こうしゅう	public	公共	gong1gong4
公園	こうえん	jardin public	公园	gong1yuan2
公民	こうみん	citoyen	公民	gong1min2
公平	こうへい	impartialité	公平的	gong1ping2de
公使	こうし	ministre	公使	gong1shi3
公家	くげ	noble	贵族 (公家	gui4zu2 gong1jia1 = Etat)

父		**Père**	父	
父子	ふし	père et fils	父儿子	fu4er2zi
父兄	ふけい	père et frères aînés	父兄	fu4xiong1
父母	ふぼ/ ちちはは	parents	父母	fu4mu3

予		**Avant / Donner**	予 / **yu3**	
予算	よさん	budget, devis	预算表	yu4suan4biao3
予約	よやく	garantie	(预)保证	(yu4)bao3zheng4
予想	よそう	anticipation	预想	yu4xiang3
予備	よび	préparatoire	预备的	yu4bei4de
予審	よしん	examen préliminaire	预备考试	yu4bei4kao3shi4
予防	よぼう	prévention	预防	yu4fang2

凶		**Néfaste**	凶	
凶年	きょうねん	mauvaise année	凶年	xiong1nian2
凶変	きょうへん	calamité	灾难	zai1nan4
凶事	きょうじ	-do- , mauvaise affaire Ch. 凶事 / xiong1shi4 = funérailles	坏事	huqi4shi4
凶作	きょうさく	mauvaise récolte	歉收	qian4shou1

双		**Paire**	双	
双六	すごろく	genre de trictrac	西洋双六棋	xi1yang2shuang1liu4qi2
双生児	そうせい-じ	jumeau	双生'儿	shuang1sheng1'er2
双眼鏡	そうがんきょう	jumelles	双筒望远镜	shuang1tong3wang4yuan3jing4

刈 — Couper — 刈

刈入	かりいれ	récolte	收获	shou1huo4
刈手	かりて	moissonneur	收获者	shou1huo4zhe3
刈株	かりかぶ	chaume	茅草	mao2cao3
刈込み かりこみ // 切り取る		couper, faucher, élaguer	刈 修剪	yi4 xiu1jian3

止 — Arrêter — 止

止宿	ししゅく	loger	住宿	zhu4su4
禁止	きんし	prohibition	禁止	jin4zhi3
中止	ちゅうし	discontinuité	中止	zhong1zhi3
静止	せいし	immobile, statique	静止	jing4zhi3
制止	せいし	empêcher	制止	zhi4zhi3
停止	ていし	cesser, suspendre	停止	ting2zhi3

少 — Peu — 少

少数	しょうすう	petit nombre	少数	shao3shu4
少年	しょうねん	enfant, jeune	少年	shao4nian4
少将	しょうしょう	contre-amiral	少将	shao4jiang4
少尉	しょうい	sous-lieutenant	少尉	shao4wei4
少女	しょうじょ	jeune fille	少女	shao4nü3
少量	しょうりょう	petite quantité	少量	shao4liang4

幻 — Illusoire — 幻

幻惑	げんわく	fascination	迷惑力	mi2huo4li4
幻想	げんそう	illusion, fantaisie	幻想	huan4xiang3

幻冬	げんとう	lanterne magique, projecteur de diapositives	幻灯	huan4deng1
幻滅	げんめつ	désillusion	幻灭	huan4mie2
幻影	げんえい	illusion Ch. 幻影 / huan4ying3 = fantasme	幻景	huan4jing4
幻世	げんせい	vie de rêve	幻想生活 huan4xiang3sheng1huo4	

支		**Soutenir**	支	
支持	しじ	support	支持	zhi1chi2
支度	したく	arrangement	准备	zhun3bei4
支出	ししゅつ	dépense	支出	zhi1chu1
支払	しはらい	paiement	支付	zhi1fu4
支那	しな	**Chine**	**中国**	**zhong1guo2**
支店	してん	succursale	分店	fen1dian4

手		**Main**	手	
手術	しゅじゅつ/しじつ	opération chirurgicale	手术	shou3shu4
手段	しゅだん	moyen	手段	shou3duan4
手先	てさき	doigt	手指	shou3zhi3
上手	じょうず	adroit	双手灵巧 shuang1shou3ling2qiao3	

牛		**Vache**	牛	
牛肉	ぎゅうにく	viande de bœuf	牛肉	niu2rou4
牛皮	ぎゅうひ	cuir	牛皮	niu2pi2
牛乳	ぎゅうにゅう	lait de vache	牛奶	niu2nai3

斗		Equivaut à 181 / 101	斗	
北斗星	ほくとせい	Grande Ourse	北斗星	Bei3dou3xing1

木		**Arbre**	木	
木造	もくぞう	en bois	木材制造的	mu4cai2zhi4zao4de
木曜日	もくようび	jeudi	星期四	xing1qi1si4
木版	もくはん	gravure sur bois	木版画	mu4ban3hua4
木目	もくめ	veine du bois	纹理的木材	you3wen2li3demu2cai4
木炭	もくたん	charbon de bois	木炭	mu4tan1
木石	ぼくせき	arbres et pierres	木石	mu4shi2

友		**Ami**	友	
友達	ともだち	amis	朋友	peng2you
友情	ゆうじょう	amitié	友情	you3qing2
友人	ゆうじん	ami	情人	qing2ren2

毛		**Poil**	毛	
毛皮	けがわ	fourrure	毛皮	mao2pi2
毛並み	けなみ	pelage	毛	mao2
毛嫌い	けぎらい	préjudice	损失	sun3shi1
毛布	もうふ / けっとう	couverture	(毛)毯子	(mao2) tan3zi

丈		**Unité de longueur : 3,03 m**	丈	
丈夫	じょうぶ じょうふ	homme viril, fort	丈夫	zhang4fu zhang4fu1

切

		Couper	切	
切開	せっかい	incision	切开	qie1kai
切腹	せっぷく	harakiri	切腹自杀	qie1fu4zi4sha1
切断	せつだん	amputation	切除	qie1chu2
		Ch. 切断 / qie1duan4 = couper		
切手	きって	timbre-poste	邮票	you2piao4
切符	きっぷ	ticket	票	piao4
一切	いっさい	tout	一切	yi1qie4

火

		Feu	火	
火事	かじ	incendie	火灾	huo3zai1
火山	かざん	volcan	火山	huo3shan1
火花	ひばな	étincelle	火花	huo3hua1
火鉢	ひばち	brasier	炽热的炭火	
			chi4re4detan4huo3	

心

		Cœur	心	
心臓	しんぞう	cœur	心脏	xin1zang4
心身	しんしん	corps et esprit	身心	shen2xin1
心理	しんり	psychologie	心理	xin1li3
心中	しんじゅう	double suicide	双自杀	shuang1zi4sha1
心底	しんてい	fond du cœur	心迹	xin1ji1
心配	しんぱい	anxiété	忧虑	you1lü4

水

		Eau	水	
水道	すいどう	cours d'eau, canal	水道	shui3dao4

水分	すいぶん	humidité	水分	shui3fen4
水兵	すいへい	marin	水兵	shui3bing1
水圧	すいあつ	pression de l'eau	水压	shui3ya1
水爆	すいばく	bombe à hydrogène	氢弹	qing1dan4
水鳥	みずとり	oiseau aquatique	水鸟	shui3niao3

氏   Famille   氏

氏神	うじがみ	déité tutélaire	保垆神	bao3lu4shen2
氏寺	うじでら	temple familial	氏寺(院)	shi4si4(yuan4)
氏名	しめい	identité	(氏名 身份	shi4ming2) shen1fen

片   Tranche   片

片方	かたほう/ かたっぽう	un côté	方面	fang1mian4
片時	へんじ	un instant	片时	pian4shi2
片道	かたみち	voie unique	单道路	dqn1dao4lu4

化   Transformer   化

化学	かがく	chimie	化学	hua4xue2
化石	かせき	fossile	化石	hua4shi2
化粧	けしょう	maquillage	化装	hua4zhuang1

仏   Bouddha   佛

仏語	ふつご	le français	法语	fa3yu3
仏教	ぶっきょう	bouddhisme	佛教	Fo2jiao4
仏像	ぶつぞう	statue de Bouddha	佛像	fo2xiang4

仁 **Bon** | 仁

仁君	じんくん	homme de bien	仁人君子	ren2ren2jun1zi3
仁徳	じんとく/にんとく	grâce	恩惠	en1hui4
仁義	じんぎ	J = humanité et justice Ch = vertu et moralité	仁义	ren2yi4

孔 **Trou** | 孔

孔子	こうし	**Confucius**	孔子	**Kong3zi**
孔門	こうもん	école confucéenne	孔教	kong3jiao1
気孔	きこう	pore	气孔	qi4kong3

収 **Recevoir** | 收

収穫	しゅうかく	récolte	收获	shou1huo4
収入	しゅうにゅう	revenu	收入	shou1ru4
収益	しゅうえき	profit	收益	shou1yi4
収得	しゅうとく	reçu	收据	shou1ju4
収賄	しゅうわい	corruption	收买	shou1mai3
収容	しゅうよう	héberger	收容	shou1rong2

犬 **Chien** | 犬

犬歯	けんし	canine, croc	犬齿 **犬牙**	quan3chi3 quan3ya2
犬死に	いぬじに	mort d'un chien, mort inutile	无用的死	wu2yong4desi3
番犬	ばんけん	chien de garde	看门狗	kan4men2gou3

太 **Le plus grand** | 太

| 太平洋 | たいへいよう | océan pacifique | 太平洋 | tai4ping2yang2 |

| 太陽 | たいよう | soleil | 太阳 | tai4yang2 |
| 太刀 | たち | longue épée | 大刀 | da4dao1 |

天   Ciel   天

天地	てんち/あめつち	ciel et terre	天地	tian1di4
天候	てこう	temps	天气	tian1qi4
天才	てんさい	génie	天才	tian1cai2
天使	てんし	ange	天使	tian1shi3
天下	てんか	monde entier ; pouvoir d'Etat	天下	tian1xia4
天気	てんき	temps	天气	tian1qi4

夫   Mari   夫

夫人	ふじん	femme	夫人	fu1ren2
夫妻	ふさい	Mr. et Mme	夫妻	fu1qi1
夫婦	ふうふ	mari et femme	夫妇	fu1fu4

斤   Livre   斤

| 斤量 | きんりょう | poids | 斤两 | jin1liang3 |

反   S'opposer   反

反動	はんどう	réaction	反动	fan3dong4
反射	はんしゃ	refléter	反射	fan3she4
反省	はんせい	examen de conscience	反省	fan3xing3

今   Actuel   今

| 今上 | きんじょう | Sa Majesté | 陛下 | bi4xia4 |
| 今後 | こんご | à l'avenir | 今后 | jin1hou4 |

今日	こんにち / きょう	aujourd'hui	今日	jin1ri4
今回	こんかい	cette fois	今回	jin1hui2
今朝	こんちょう / けさ	ce matin	今朝	jin1zhao1
今晩	こんばん	ce soir	晩上	wan3shang4

介 — Se soucier de 介

介抱	かいほう	soigner	照料	zhao4lliao4
介意	かいい	attacher de l'importance	介意	jie4yi4
介して	かいして	par l'intermédiaire de, recommander	介绍	jie4shao4
一介の	いっかいの	bien que	虽然	sui1ran2

冗 — Superflu 冗

冗談	じょうだん	plaisanterie	玩笑	wan2xiao4
冗費	じょうひ	dépense superflue	冗费	rong3fei4
冗長	じょうちょう	ennuyeux, interminable	冗长	rong3chang2

区 — Lieu 区

区別	くべつ	distinguer	区别	qu1bie2
区分	くぶん	différence	区分	qu1fen1
区役所	くやくしょ	salle d'hôpital	医院室	yi1yuan4shi4

匹 — Numéral pour les animaux 匹

匹敵	ひってき	égaler, rivaliser	匹敌	pi3di3
匹夫	ひっぷ	homme du commun, sans talent	匹夫	pi3fu1
内部	ないぶ	intérieur	内部	nei4bu4
匹外	ないがい	intérieur et extérieur	内外	nei4wai4

匹裏	ないり	Palais impérial	皇帝的王宮 huang2di4dewang2gong1

月 — Lune — 月

月食	げっしょく	éclipse de lune	月食	yue4shi2
月刊	げっかん	revue mensuelle	月刊	yue4kan1
月給	げっきゅう	salaire mensuel	月薪	yue4xin1
月下氷人 げっかひょうじん		intermédiaire	调停人 中间人	tiao2ting2ren2 zhong1jian1ren2
月末	げつまつ / つきずえ	fin du mois	月底	yue4di3

円 — Rond — 圓

円周	えんしゅう	circonférence	圓周	yuan2zhou1
円滑	えんかつ	avoir du doigté	圓滑	yuan2hua2
円満	えんまん	parfait	圓満	yuan2man3

中 — Dans — 中

中風	ちゅうふう	paralysie	麻痺	ma2bi4
中立	ちゅうりつ	neutralité	中立	zhong1li4
中心	ちゅうしん	centre, cœur	中心	zhong1xin1
中途	ちゅうと	à mi-chemin	中途	zhong2tu2
一日中	いちにちじゅう	toute la journée	整整一个日 zheng3zheng3yi2ge4ri4	

日 — Soleil — 日

日没	にちぼつ	coucher du soleil	日落	ri4luo4
日曜	にちよう	dimanche	星期日	xing1qi1ri4
祭日	さいじつ	vacances	假期	jia4qi1

三日	みっか	le 3, 3 jours	三日	san1ri4

戸   **Porte**   户

戸口	ここう	population	户口	hu4kou3
	とぐち	porte d'entrée	入口	ru4kou3
戸籍	こせき	registre d'état civil	户籍	hu4ji2
戸別	こべつ	chaque maison	每个户	mei3ge4hu4
戸外	こがい	plein air	户外	hu4wai4
戸毎に	こごとに	à chaque porte	在每个户	zai4mei3ge4hu4
戸主	こしゅ	chef de famille	户主	hu4zhu3

尺   **Mesure : 1/3 m**   尺

尺度	しゃくど	mesure linéaire, critère	尺度	chi3du4
尺八	しゃくはち	flûte de bambou	竹笛	zhu2di3
尺〆	しゃくじめ	unité de mesure du bois	尺	chi3 = 1/3 m

欠   **Manquer de**   欠

欠伸	あくび	s'étirer en bâillant	欠伸	qian4shen1
欠損	けっそん	déficit	欠缺	qian4que1
欠席	けっせき	défaut	欠缺	qian4que1

及   **Arriver à**   及

及び	および	et, ainsi que	及	ji2
及び腰	およびごし	se pencher en arrière	向后倾这身子 xiang4hou4qing1zhe4shen1zi	
及第	きゅうだい	être reçu aux examens	及第	ji2di4

引   **Conduire**   引

引力	いんりょく	gravitation	引力	yin3li4
引用	いんよう	citation	引用	yin3yong4
引退	いんたい	retraite	引退	yin3tui4
引火	いんか	inflammation	引火	yin3huo3

弔		**Funérailles**	**X**	
弔分	ちょうぶん	oraison funèbre	祭文	ji4wen2
			悼词	dao4ci2
		funérailles	葬礼	zang4li3
弔問	きょうもん	visite de condoléances	吊唁的访问	
			diao4yan4defang3wen2	
弔意	きょうい	condoléances	吊唁	diao4yan4

升		**Monter**	升	
升	のぼる	s'élever, monter	升	sheng1
	しょう	jap 1,80 l ; ch 1,035 l grain		

井		**Puits**	井	
井戸	いど	puits	井	jing3
井桁	いげた	lit du puits,	井床	jing3chuang2
		croisement de parallèles	平行线的交叉	
			ping2xing2xian4dejiao1cha1	
天井	てんじょう	plafond	天花板	tian1hua1ban3

| 匁 | | **Unité de poids** | **X** | |
| 匁 | もんめ | 3,75 g | | |

| 分 | | **Diviser** | 分 | |

分配	ぶんぱい	distribuer	分配	fen1pei4
分業	ぶんぎょう	division du travail	分工	fen1gong1
分目	わけめ	moment décisif	決定的时间 jue2ding4deshi2jian1	
一分	いちぶ	pourcentage	百分比	bai3fen1bi3
	い⊠ぶん	une minute	一分	yi4fen1

方   **Direction**   方

方角	ほうがく	direction	方	fang1
方面	ほうめん	district Ch. 方面 / fang1mian4 = aspect	区	qu1
方言	ほうげん	dialecte	方言	fang1yan2
方向	ほうこう	direction	方向	fang1xiang4
方針	ほうしん	directive, principe	方針	fang1zhen1
夕方	ゆうがた	soir	夕	xi1

丹   **Rouge**   丹

丹頂	たんちょう	grue blanche à crête rouge	丹顶鹤	dan1ding3he4
丹田	たんでん	région pubienne	丹田	dan1tian2
丹念	たんねん	application, diligence	心地 赶快	xin1di4 gan3kuai4
丹性	たんせい	grand soin	细心地 xi4xin1de4	

五   **Cinq**   五

| 五日 | いつか | le cinquième jour, cinq jours | 五日 | wu3ri4 |

五月	ごがつ	さつき	mai		五月	wu3yue4
五感	ごかん		les cinq sens		五感	wu3gan3
五指	ごし		les cinq doigts		五指	wu3zhi3

互		**Mutuel**	互	
互選	ごせん	élection mutuelle	互选	hu4xuan3
互角	ごかく	égal	同样	tong2yang4

Ch. 互角 / hu4jiao3 = angles égaux

5 traits

正   Exact   正

正式	せいしき	formalité ; ch = officiel ch = formalité	正式 形式	zheng4shi4 xing2shi4
正直	しょうじき	honnêteté	正直	zheng4zhi2
正月	しょうがつ	Nouvel An lunaire	正月 新年	zheng1yue4 xin1nian2
正夢	まさゆめ	rêve prémonitoire	前驱梦	qian2qu1meng4

玉   Jade   玉

玉座	ぎょくざ	trône impérial	玉宝座	yu4bao3zuo4
玉体	ぎょくたい	Sa Majesté	陛下	bi4xia4
玉代	ぎょくだい	tarif horaire (geisha)	每小时价目表 mei3xiao3shi2jia4mu4biao3	
玉突	たまつき	billard	弹子	dan4zi3

平   Plat   平

平地	へいち	terrain plat	平地	ping2di4
平凡	へいぼん	banal	平凡	ping2fan2
平民	へいみん	roturier, plébéien	平民	ping2min2
平和	へいわ	paix Ch. = doux	和平 平和	he2piheng2 ping2he2
平気	へいき	calme, sang-froid	平静 冷静	ping2jing4 leng3jing4
平等	びょうどう	égalité	平等	ping2deng3

立   Etre debout   立

立場	たちば	point de vue	立场	li4chang3
立往生	たちおうじょう	immobile	静止的 不动的	jing4zhi3de bu4dong4de
建立	こんりゅう	bâtiment bouddhique (temple)	建立	jian4li4 = bâtir
立方	りっぽう	cube	立方	li4fang1

示   Montrer   示

示談	じだん	décision de justice	司法机关决定	si1fa3ji1guan3 jue2ding4
示威的	じいてき	manifester	示威	shi4wei4

玄   Noir / Profond   玄 / xuan2

玄米	げんまい	riz non décortiqué	稻 不碾米	dao4 bu4nian3mi3
玄人	くろうと	expert	专家	zhuan1jia1
玄関	げんかん	porche	门廊	men2lang2

主   Maître   主

主人	しゅじん, あるじ	1) maître - 2) hôte	主人	zhu3ren2
主従	しゅじゅう	maître et serviteur	主和仆人	zhu3he2pu2ren2
主賓	しゅひん	hôte de marque, invité d'honneur	贵宾	gui4bin1
主観	しゅかん	subjectivité	主观	zhu3guan1
坊主	ぼうず	prêtre	祭司	ji4si1
法主	ほっす	grand prêtre	大祭司	da4ji4si1

市   Marché   市

市長	しちょう	maire	市长	shi4zhang3
市外	しがい	banlieue	市郊	shi4jiao1
市営	しえい	administration municipale	市政	shi4zheng4
市民	しみん	citadin	市民	shi4min2
市場	いちば	marché	市场	shi4chang3

甘		**Sucré**	甘	
甘口	あまくち	doux, sucré	甘	gan1
甘言	かんげん	paroles mielleuses	甜言蜜语	tian2ya2mi4yu3
甘味	あまみ	douceur	甘味	gan1wei4
			甜味	tian2wei4
甘酒	あまざけ	liqueur douce	甜酒	tian2jiu3

矛		**Lance**	矛	
矛楯	ぼうじゅん	lance et bouclier	**矛盾**	**mao2dun4**
矛盾	むじゅん	contradiction	**矛盾**	**mao2dun4**

巧		**Adroit**	巧	
巧妙	こうみょう	dextérité	巧妙	qiao3miao4
巧者	こうしゃ	intelligent	聪明	cong1ming2
巧言	こうげん	flatterie	奉承(话)	feng4cheng (hua4)

功		**Mérite**	功	
功労	こうろう	mérite, contribution	功劳	gong1lao2
功名	こうみょう	distinction accordée au mérite	功名	gong1ming2

| 攻利 | こうり | utilité, gain matériel | 功利 | gong1li4 |
| 成功 | せいこう | succès | 成功 | cheng2gong1 |

刊 Imprimer 刊

刊行	かんこう	publier	刊刊行	kan1xing2
新刊	しんかん	nouvelle édition	新刊	xin1kan1
休刊	きゅうかん	suspension de publication	休刊	xiu1kan1

以 Pour 以

以上	いじょう	au-dessus de, plus de	以上	yi3shang4
以外	いがい	en dehors de	以外	yi3wai4
以来	いらい	depuis, depuis que	以来	yi3lai2

比 Comparer 比

比率	ひりつ	pourcentage, taux	比率	bi3lü4
比例	ひれい	proportion, ratio	比例	bi3li4
比較	ひかく	comparaison	比较	bi3jiao4

北 Nord 北

北極	ほっきょく	pôle nord	北极	bei3ji2
北緯	ほくい	latitude nord	北纬	bei3wei3
北米	ほくべい	Amérique du Nord	北美洲	bei3mei3zhou1

幼 Jeune 幼

| 幼年 | ようねん | enfance | 幼年 | you4nian2 |
| 幼稚園 | ようちえん | jardin d'enfants | 幼稚园 | you4zhi4yuan2 |

去		**Partir**	去	
去年	きょねん	an dernier	去年	qu4nian2
去勢	きょせい	castration	去势	qu4shi4
去月	きょげつ	mois dernier	去月	qu4yue4
過去	かこ	passé	过去	guo4qu4

生		**Enfanter**	生	
生活	せいかつ	vie	生活	sheng1huo2
生死	せいし, しょうし	vie et mort	生死	sheng1si3
生産	せいさん	production	生产	sheng1chan3
生来	せいらい	de naissance	生来	sheng1lai2
生糸	きいと	soie grège	生丝	sheng1si1
生徒	せいと	étudiant	学生	xue2sheng1
学生	がくせい		生徒	sheng1tu2 = disciple

半		**Demi**	半	
半分	はんぶん	moitié	半, 一半	yi1ban4
半期	はんき	semi-annuel	二次年	er4ci4nian2
半減	はんげん	réduit de moitié	半减	ban4jian3

本		**Racine**	本	
本日	ほんじつ	aujourd'hui	今天	jin1tian1
本店	ほんてん	bureau principal, siège	所在地	suo3zai4di4
本心	ほんしん	sensé	明智的	ming2zhi4de
本位	ほんに	base,	底部	di3bu4
			底座	di3zuo4

		standard	标准	biao1zhun3
		Ch. 1- étalon 2 – sa propre unité	本位	ben3wei4
本当	ほんと	réel, vrai	真的	zhen1de
			真实的	zhe1shi2de
日本	にほん	**Japon**	日本	ri4ben3

末		**Fin**	末	
末日	まつじつ	dernier jour	末日	mo4ri4
末路	まつろ	la fin Ch. Impasse, situation désespérée	末路	mo4lu4
末席	もっせき, **ばっせき**	dernière place	末座	mo4zuo4
月末	げつまつ	fin du mois	月末	yue4mo4

未		**Ne...pas encore**	未	
未来	みらい	futur	未来	wei4lai2
未亡人	みぼうじん	veuve	失去配偶的	shi1qu4 pei4'ou3de
未婚	みこん	célibataire	未婚	wei4hun1

左		**Gauche**	左	
左翼	さよく	la gauche	左翼	zuo3yi4
左右	さゆう	gauche et droite, être maître de	左右	zuo3you4
左利き	ひだりきき	gaucher	左撇子	zuo3pie3zi
左前	ひだりまえ	adversité, mauvaise manière	不幸 坏的方式	bu4xing4 huai4de fang1shi4
布		**Etoffe**	布	

布教	ふきょう	propagation de la religion	教义的繁殖 jiao4yi4de fan2zhi2
布告	ふこく	proclamation	布告	bu4gao4
布子	ぬのこ	cotonnade	布匹	bu4pi3

出		**Sortir**	出	
出帆	**しゅっぱん**	faire voile	出帆	chu1fan1
出版	**しゅっぱん**	publication	出版	chu1ban3
出納	すいと	encaissement et paiement	出纳	chu1na4
出口	でぐち	sortie	出口	chu1kou3
出席	しゅっせき	assister à	出席	chu1xi2
出血	しゅっけつ	saignement	出血	chu1xue4

打		**Frapper**	打	
打診	だしん	tapotement	拍拍	pai1pai1
打撃	だげき	télégraphier	打电	da3dian4
打算	ださん	avoir l'intention de	打算	da3suan
打手	だしゅ	joueur (de boules)	(球的) 游玩者 (qiu2de) you2wan2zhe3

Ch. 打手 / da3shou = homme de main

| 打破 | だは | briser | 打破 | da3po4 |

払		**Payer**	X	
払戻	はらいもどし	remboursement	付还	fu4huan2
払出	はらいだし	dépenser	付出	fu4chu1
払底	ふってい	rareté	稀有	xi1you3

札

Lettre

札 / zha2

札元	ふだもと	commissaire-priseur

拍卖估价人
pai1mai4gu1jia4ren2

札止め	ふだどめ	« House Full » (théâtre)

浪漫满屋
lang4man4man3wu1

入札	にゅうさつ	soumission (appel d'offres)

投标 (单)   tou2biao1(dan1)

必

Certainement

必

必定	ひつじょう	certainement	必定	bi4ding4
必要	ひつよう	nécessaire	必要	bi4yao4
必需品	ひつじゅひん	articles nécessaires	必需品	bi4xu1pin3

氷

Glace

冰

氷河	ひょうが	glacier	冰河	bing1he2
氷結	ひょうけつ	congélation	冻结	dong4jie2
氷点	ひょうてん	point de congélation	冰点	bing1dian4
氷山	ひょうざん	iceberg	冰山	bing1shan1

永

Perpétuel

永

永久	えいきゅう	éternel, perpétuel	永久	yong3jiu3
永住	えいじゅう	résidence permanente Ch. (永久的)	常设居住	chang2she4ju1zhu4
永遠	えいえん	éternité	永生	yong3sheng1
永続	えいぞく	perpétuité	永远	yong3yuan3

丘

Colline

丘

丘阜	きゅうふ	colline	山丘	shan1qiu1
丘陵	きゅうりょう	colline, coteau	丘陵	qiu1ling2
比丘	びく	moine bouddhiste	和尚	he2shang

仕 | | **Servir / Fonctionnaire** | 仕 / **shi4** |

仕事	しごと	travail, affaire Ch. 仕 = fonctionnaire	工作 事务	gong1zuo4 shi4wu4
仕様	しよう	méthode	方式	fang1shi4
給仕	きゅうじ	serveur	服务员	fu2wu4yuan2

付 | | **Selon / Payer** | 付 / **fu4** |

付与	ふよ	don, investissement	礼物 投资	li3wu4 tou2zi1
付託	ふたく	engagement	保证	bao3zheng4
付け	つけ	acte de vente, contrat ~	卖契 卖合同	mai4qi4 mai4he2tong

代 | | **Remplacer** | 代 |

代用	だいよう	substitution	代用	dai4yong3
代理	だいり	agir comme mandataire	代理	dai4li3
代議士	だいぎし	membre du parlement	国会议员	guo2hui4yi4yuan2
代表	だいひょう	représentant	代表	dai4biao3
代金	だいきん	coût	代价	dai4jia4
代書	だいしょ	scribe	代笔 录事	dai4bi3 lu4shi

他 | | **Autre** | 他 |

| 他人 | たにん | un autre | 他人 | ta1ren2 |
| 他国 | たこく | pays étranger | 他乡 | ta1xiang1 |

他言	たごん	raconter	讲述	jiang3shu4
		racontar	闲话	xian2hua4
他界	たかい	mort	死亡	si3wang2
他日	たじつ	un autre jour	他日	ta1ri4
他力	たりき	aide extérieure	外帮助	wai4bang1zhu4

犯   **Violer**   犯

犯人	はんにん	criminel	犯人	fan4ren2
犯行	はんこう	crime	罪行	zui4xing2
犯罪	はんざい	crime	犯罪	fan4zui4

礼   **Rite**   礼

礼拝堂	れいはいどう	chapelle	小教堂	xiao3jiao4tang2
礼儀	れいぎ	courtoisie Ch. 礼仪= rites	礼貌	li3mao4
礼拝	1° れいはい, 2° らいはい	adoration 1° Chrétienne 2° Bouddhique	礼拜	li3bai1
礼金	れいきん	récompense	奖赏	jiang3shang3
礼服	れいふく	habit de cérémonie	礼服	li3fu2

弐   **Deux**   贰

| 弐心 | にしん,
ふたごころ | duplicité, deux
(chèque) | 贰心 | er4xin1 |

矢   **Flèche**   矢

矢張り	やはり	néanmoins	然而	ran2'er2
矢鱈に	にやたら	au hasard	盲目地	mang2mu4de
一矢	いっし	une flèche	一矢	yi1shi3

失 | Perdre | 失

失業	しつぎょう	sans travail	失业	shi1ye4
失望	しつぼう	déception, désespoir	失望	shi1wang4
失言	しつげん	laisser échapper une parole	失言	shi1yan2
失恋	しつれん	être plaqué (en amour), malheureux	失恋	shi1lian4
失礼	しつれい	impolitesse	失礼	shi1li3
失敗	しっぱい	échec	失败	shi1bai4

斥 | Rejeter | 斥

| 斥候 | せっこう | scout, patrouille | 童子军 巡逻 | tong2zi3jun1 xun2luo2 |
| 排斥 | はいせき | rejet | 排斥 | pai2chi4 |

圧 | Presser | 压

圧制	あっせい	tyrannie Ch. 压制 ya1zhi4 = étouffer, réprimer	专制	zhuan1zhi4
圧迫	あっぱく	oppression	压迫	ya1po4
圧力	あつりょく	pression (physique)	压力	ya1li4
圧死	あっし	mort d'oppression	压死	ya1si3
圧搾	あっさく	compression Ch. 压榨 ya1zha4 = presser, exploiter	压缩	ya1suo1
圧縮	あっしゅく	condensation Ch. 压缩	缩合	suo1he2 ya1suo1 = compresser

庁 | Gouvernement | X

| 庁令 | ちょうれい | ordre du gouvernement | 政令 | zheng4ling4 |

官庁	かんちょう	bureau du gouvernement	政局	zheng4ju2
庁舎	ちょうしゃ	bâtiment du gouvernement	(政舎	zheng4she4)
			政建筑	zheng4jian4zhu4

広　Vaste　广

広告	こうこく	publicité	广告	guang3gao4
広大	こうだい	spacieux, vaste	广大	guang3da4
広場	ひろば	esplanade, place	广场	guang3chang3

皮　Peau　皮

| 皮相 | ひそう | superficiel | 皮相 | pi2xiang4 |
| 皮肉 | ひにく | ironie | 反话 | fan3hua4 |

Ch. 皮肉 pi2rou4 = prostitution

| 皮膚 | ひふ | peau | 皮肤 | pi2fu2 |

可　Pouvoir　可

可能	かのう	possibilité	可能	ke3neng2
可愛い	かわい	charmant	可爱	ke3'ai4
可成り	かなり	passable	还可以的	hai2ke3yi3de

司　Avoir la charge de　司

司法	しほう	justice	司法	si1fa3
司令	しれい	commandant	司令	si1ling4
行司	ぎょうじ	arbitre de catch	摔跤的裁判员	
			shuaijiao1decai2pan4yuan2	

句

Phrase

句

句切り	くぎり	ponctuation	标点发	biao3dian3fa3
句読	くとう	ponctuation	« « «

包

Envelopper

包

包装	ほうそう	emballage	包装	bao1zhuang1
包含	ほうがん	renfermer	包含	bao1han2
包括	ほうかつ	inclure	包括	bao1kuo4
包囲	ほうい	encercler	包围	bao1wei2
包容	ほうよう	compréhension	理解	li3jie3
包紙	つつみがみ	papier d'emballage	包装纸	bao1zhuang1zhi3

令

Ordre

令

令息	れいそく	votre fils	令郎	ling4lang2
令夫人	れいふじん	Mme	令夫人	ling4fu1ren2

穴

Trou

穴

穴蔵	あなぐら	cellier	事物贮藏室 shi2wu4zhu1cang2shi4	
穴探し	あなさがし	chicanier	爱找查的人 ai4 zhao3cha2deren2	
穴居	けっきょ	habiter une caverne	穴居	xue2ju1

巨

Gigantesque

巨

巨人	きょじん	géant	巨人	ju4ren2
巨匠	きょしょう	grand maître	巨匠	ju4jiang4
巨万	きょまん	des millions	千百万	qian1bai3wan4

丙		Troisième	丙	
丙	へい	3ème classe	丙	bing3

用		User de	用	
用意	ようい	intention, dessein	用意	yong4yi3
用事	ようじ	agir	用事	yong4shi4
用談	ようだん	discuter affaires	谈论事	tan2lun4shi4

囚		Emprisonner	囚	
囚人	しゅうじん	prisonnier	囚犯	qiu2fan4
囚徒	しゅうと	prisonnier	囚徒	qiu2tu2

号		Nom	号	
号令	ごうれい	ordre, commandement	号令	hao4ling4
号音	ごうおん	son	(号)音	(hao4)yin1
号外	ごうがい	numéro spécial	号外	hao4wai4

兄		Frère aîné	兄	
兄弟	あに-おとうと, きょうだい, けいてい	frères	兄弟	xiong1di4
兄事する けいじする		considérer comme son senior	成年运动员视作 cheng2nian2 yu4dong4yuan2 shi4zuo4	

石		Pierre	石	
石炭	せきたん	charbon	(石)炭	(shi2) tan4
石碑	せきひ	stèle	石碑	shi2bei1

石板	せきばん	pierre lithographique	石板	shi2ban3
石油	せきゆ	pétrole	石油	shi2you2
石材	せきざい	pierre de construction	建筑石料	jian4zhu4shi2liao4
石造	せきぞう	bâti en pierre	石建	shi2jian4

台		**Plateforme**	台	
台紙	だいし	carton	纸板	zhi3ban3
台本	だいほん	livret scénique	台本	tai2ben3
台所	だいどころ	cuisine	厨房	chu2fang2
台湾	たいわん	Taiwan	台湾	Tai2wan1

占		**Occuper**	占	
占領	せんりょう	occupation	占领	zhan4ling3
占星	せんせい	astrologie	占星	zhan1xing1
占者	うらたいしゃ	diseur de bonne aventure	占卜者	zhan1bu3zhe3

古		**Ancien**	古	
古来	こらい	de temps immémorable	古来	gu3lai2
古参	こさん	vieil officiel	故宫员	gu3gong1yuan2
古色	こしょく	beauté classique style antique (et élégant)	古色 古雅	gu3se4 gu3ya3
古物	こぶつ	antiquités	古物	gu3wu4
古典	こてん	classique	古典	gu3dian3
古文	こぶん	ancienne écriture	古文	gu3wen2

Ch. 1) chinois classique 2) prose chinoise ancienne

右 — Droite — 右

右舷	右げん	tribord	右舷	you4xian2
左右	さゆう	gauche-droite	左右	zuo3you4
右側	みぎがわ	côté droit	右側	you4ce4
			右边	you4bian1

史 — Histoire — 史

史料	しりょう	document historique	史料	shi3liao4
史実	しじつ	fait historique	史实	shi3shi2
史上	しじょう	en/dans l'histoire	史上	shi3shang4

旧 — Vieux — 旧

旧年	きゅうねん	l'an dernier	旧年	jiu4nian2
			去年	qu4nian2
旧教	きゅうきょう	catholicisme	旧教	jiu4jiao4
旧約聖書 きゅうやくせいしょ		Ancien Testament	旧约	jiu4yue1

白 — Blanc — 白

白衣	びゃくえ,はくい	robe blanche	白衣	bai2yi1
白昼	はくちゅう	en plein jour	白昼	bai2zhou4
白金	はっきん	platine	白金	bai2jin1
白米	はくまい	riz (blanc)	白米	bai2mi3

田 — Champ — 田

田植	たうえ	transplantation du riz	移植种苗 yi2zhi2zhong1miao2	

田圃	たんぼ	rizière	稲田	dao4tian2
			水田	shui3tian2
田地	でんじ	champ	田地	tian2di4
田舎	いなか	campagne	田野	tian2ye3

甲		**Le premier**	甲	
甲乙	こうおつ	supériorité et infériorité	优越, 劣等	you1yue4, lie4deng3
甲冑	かっちゅう	armure	甲冑	jia3zhou4
甲走った かんばしった		aigu	尖的	jian1de
甲羅	こうら	coquille	贝壳	bei4**ke2**
		Ch. carapace = 甲壳 / jia3**qiao4**		

由		**Cause**	由	
由来	ゆうらい	origine	由来	you2lai2
由緒	ゆいしょ	lignée	子孙	zi3sun1
自由	じゆう	liberté	自由权	zi4you2quan2

申		**Exposer**	申	
申告	しんこく	rapporter	报告	bao4gao4
申請	しんせい	demande	申请	shen1qing3
申込み	もうしこみ	offre	申请书	shen1qing3shu1

目		**Œil**	目	
目付き	めつき	expression de l'œil	目的表情	mu4debiao3qing2
目方	めかた	poids	力量	li4liang4
目次	もくじ	table des matières	目次	mu4ci4
目的	もくてき	but	目的	mu4di4

叫   **Crier**   叫

叫喚	きょうかん	crier	叫唤	jiao4huan
絶叫	ぜっきょう	exclamation	欢呼	huan1hu1

民   **Peuple**   民

民衆	みんしゅう	les masses populaires	民众	min2zhong4
民間	みんかん	populaire, privé	得民心的 私人的	de2min2xin1de si1ren2de
民心	みんしん	sentiment populaire	民心	min2xin1
民主主義 みんしゅしゅぎ		démocratie	民主(主义) min2zhu3 (zhu3yi4)	

尼   **Bonzesse**   尼

尼寺	あまでら	temple de bonzesses, couvent	尼姑庵	ni2gu1an1
尼僧	にそう	nonne	修女	xiu1nü3

弁 / 辨   **Discuter**   辨

辨/弁ずるべんずる	distinguer	辨	bian4
辨/弁理士べんりし	juge	法官	fa3guan1
辨/弁償 べんしょう	indemnité	赔款	pei2kuan3
辨/弁当 べんとう	déjeuner	午饭	wu3fan4
辯/弁ずるベンずる	discuter, parler	辩	bian4
弁解 べんかい	s'expliquer, se justifier	辩解	bian4jie3
弁護士 べんごし	juriste	律师	lü4shi1

冬 — Hiver — 冬

冬期	とうき	hiver	冬季	dong1ji4
冬眠	とうみん	hibernation	冬眠	dong1mian2
冬至	とうじ	solstice d'hiver	冬至	dong1zhi4

世 — Vie — 世

世上	せじょう	dans le monde	世上	shi4shang
世事	せじ	les affaires de la vie humaine	世事	shi4shi4
世間	せけん	société, monde	世面	shi4mian4
世界	せかい	monde	世界	shi4jie4
世帯	しょたい	gardien	看守着	kan4shou3zhe3
世辞	せじ	flatterie	奉承	feng4cheng

外 — Extérieur — 外

外出	がいしゅつ	sortir	外出	wai4chu1
外国	がいこく	pays étranger	外国	wai4guo2
外科	げか	chirurgie	外科	wai4ke1
外人	がいじん	étranger	外人	wai4ren2
外面	がいめん	surface	外面	wai4mian4
外資	がいし	fonds étranger	外资	wai4zi1

奴 — Esclave — 奴

| 奴隷 | どれい | esclave | 奴隶 | nu2li4 |
| 奴豆腐 | やっこどうふ | *cooled bean curd* | X | |

召 — Appeler — 召

| 召喚 | しょうかん | faire signe | 召唤 | zhao4huan4 |

| 召還 | しょうかん | rappeler | 召回 | zhao4hui2 |
| 召使 | めしつかい | serveur | 服务员 | fu2wu4yuan2 |

加 — Additionner — 加

加入	かにゅう	adhérer	加入	jia1ru4
加勢	かせい	aide, but	帮助 / 标的	bang2zhu1 / biao1de
加盟	かめい	alliance, affiliation	同盟 / 参加	tong2meng2 / can1jia1

四 — Quatre — 四

四角	しかく	carré	四方形	si4fang1xing2
四方	しほう, よも	de toutes parts	四方	si4fang1
四月	よんがつ	avril	四月	si4yue4
四日	よっか	le 4, quatre jours	四日	si4ri4

母 — Mère — 母

母性	ぼせい	maternité, instinct maternel	母性	mu3xing4
母国	ぼこく	mère patrie	宗主国	zong1zhu3guo2
母親	はははおや	mère	母亲	mu3qin1

冊 — Volume — 冊

| 冊子 | さっし | livret / Ch. cahier | 冊子 | ce4zi |
| 小冊子 | しょうさっし, パンフレット | pamphlet, brochure | 小冊子 | xiao3ce4zi |

且 — Temporaire — 且 / qie3

苟且 仮初	かりそめ,	temporaire, insignifiant	暂时的 毫无价值的	zan4shi2de hao2wu2jia4zhi2de

央 — Centre

央

中央	ちゅうおう	centre	中央	zhong1yang1

乏 — Manquer

乏

貧乏	びんぼう	pauvreté	贫乏	pin2fa2
欠乏	けつぼう	manque, rareté	缺乏 稀有	que1fa2 xi1you3

込 — *Symbole japonais*

X

申込み	もうしこみ	offre	赠献	zeng4xian4
詰込み	つめこみ	répétiteur, bachotage (invoquer Bouddha)	辅导教师 考试前的监时抱佛脚	fu3ddao4jiao4shi1 kao3shi4qian2dejian1shi2bao4fo2jiao4

辺 — Bord

辺

辺鄙(な)	へんぴ(な)	éloigné	边远	bian1yuan3
浜辺	はまべ	plage, rivage	海滨 海岸	hai3bin1 hai3'an1
辺境	へんきょう	région éloignée / Ch. = frontière	边境	bian1jing4

処 — Décider

処

処女	しょじょ	vierge	处女	chu3nü3
処分	しょぶん	disposition Ch. 処分 = punition, sanction	安排	an1pai2
処方	しょほう	ordonnance médicale	处方	chu3fang1

6 traits

至		**Jusqu'à**	至	
至極	しごく	extrêmement	至	zhi4
至当	しとう	raisonnable, Ch. approprié, convenable	适当	shi4dang4
至情	しじょう	sentiment profond, sincérité	深情 真成	shen1qing2 zhen1cheng2

死		**Mourir**	死	
死亡	しぼう	mort	死亡	si3wang2
死刑	しけい	peine capitale	死刑	si3xing2
死体	したい	cadavre	死尸, 尸体	si3shi1, shi1ti3
死人	しにん	mort, défunt	死人	si3ren2
死期	しき	temps de la mort	死期	si3qi1
死因	しいん	cause de la mort	死因	si3yin1

交		**S'associer**	交	
交々	こもごも	mutuellement	交互	jiao1hu4
交際	こうさい	relations sociales	交际	jiao1ji4
交換	こうかん	échanger	交换	jiao1huan4
交代	こうたい	alternative Ch. 交代 / jiao1dai4 = 1 rendre des comptes, 2 expliquer	交替	jiao1ti4
交渉	こうしょう	négocier	交涉	jiao1she4
交通	こうつう	trafic	交通	jiao1tong1

充 — Plein — 充

充分	じゅうぶん	abondant, plein	充分	chong1fen4
充血	じゅうけつ	congestion (cérébrale…)	充血	chong1xue4
充満	じゅうまん	être plein de, satiété	充満	chong1man3

衣 — Vêtement — 衣

衣料	いりょう	tissu	衣料	yi1liao4
衣紋掛	えもんかけ	porte-manteau	衣架	yi1jia4
衣裳	いしょう	vêtements	衣裳	yi1shang

羊 — Mouton — 羊

羊毛	ようもう	laine	羊毛	yang2mao2
羊皮	ようひ	peau de mouton	羊皮	yang2pi2
羊飼い	ひつじかい	berger	羊倌	yang2guan1

光 — Lumière — 光

光線	こうせん	rayon lumineux	光线	guang1xian4
光明	こうみょう	lumière ; brillant, franc	光明	guang1ming2
光輝	こうき	gloire ; Ch. éclat Ch. 光荣 / guang1rong2 = gloire	光辉	guang1hui1
光沢	こうたく	lustre, splendeur	光彩	guang1cai3
光栄	こうえい	honneur	光荣	guang1rong2
光景	こうけい	scène, vue	光景	guang1jing3

当 — Equivaloir — 当

当り前	あたりまえ	usuel, vrai / Ch = à présent, face à	当前	dang1qian2

当日	とうじつ	le jour même, ce jour-là	当日	dang4ri4
当局者	とうきょくしゃ	les autorités	当局	dang1ju
当番	とうばん	en service	值勤	zhi2qin2
			供职	gong4zhi2
当時	とうじ	sur-le-champ, tout de suite	当时	dang4shi2
当人	とうにん	personne concernée	涉及的人	she4ji2deren2

年　　　　　Année　　　　年

年月	ねんげつ	temps, années	年月	nian2yue
年中	ねんじゅう	toute l'année	整年	zheng3nian2
年度	ねんど	année fiscale	财政年度	cai2zheng4nian2du4
年号	ねんごう	nom d'une ère	年号	nian2hao4
年賀	ねんが	vœux de Nouvel An	亲年祝愿	xin1nian2zhu4yuan4
年寄り	としより	personne âgée	年迈	nian2mai4

糸　　　　　Soie　　　　丝

製糸	せいし	bobinage de la soie	丝的绕制	si1derao4zhi4
絹糸	けんし, きぬいと	fil de soie	绢丝	juan4si1
糸口	いとぐち	bout de fil	一段丝	yi1duan4si1

竹　　　　　Bambou　　　　竹

竹馬の友 ちくばのとも		ami d'enfance	幼时的朋友 you4shi2depeng2you	
竹林	ちくりん	bambouseraie	竹林	zhu2lin2
竹垣	たけがき	clôture de bambou	竹围墙	zhu2wei2qiang2

| 竹馬 | たけうま | échasses | 高跷 | gao1qiao1 |
| | | Ch. 竹马 / zhu2ma3 = cheval de bambou | | |

寺		**Temple**	寺	
寺院	じいん	temple bouddhique	寺院	si4yuan4
寺小屋	てらこや	école primaire privée	私立小学	si1li4xiao3xue2

先		**Avant**	先	
先月	せんげつ	mois dernier	去月	qu4yue4
先週	せんしゅう	semaine dernière	去周	qu4zhou1
先生	せんせい	maître, professeur	先生	xian1sheng
先例	せんれい	précédent	先例	xian1li4
先妻	せんさい	femme antérieure X	妻	Xqi1
先祖	せんぞ	ancêtres	先世	xian1shi4
			先人	xian1ren2

老		**Vieux**	老	
老人	ろうじん	vieil homme	老人	lao3ren2
老婆	ろうば	vieille femme / Ch. épouse	老婆	lao3po
老年	ろうねん	vieillesse	老年	lao3nian2
考		**Subir un examen**	考	
考案	こうあん	idée,	观念	guan1nian4
		plan	平面	ping2mian4
考究	こうきゅう	examiner à fond	考究	kao3jiu
考査	こうさ	étude, investigation	考査	kao3cha2

| 米 | | **Riz** | 米 | |

米作	べいさく	récolte de riz	米收获	mi3shou1huo4
新米	しんまい	riz nouveau	新米	xin1mi3
米国	べいこく	USA	美国	mei3guo2

朱		**Vermillon**	朱	
朱印	しゅいん	sceau vermillon	朱印章	zhu1yin4zhang1
朱肉	しゅにく	encre faite de cinabre	朱墨	zhu1mo
朱塗	しゅぬり	laque vermillon	朱漆	zhu1qi1

灰		**Cendre**	灰	
灰燼	かいじん	cendres	灰烬	hui1jin4
灰汁	あく	lessive (de soude)	灰液	hui1ye4
石灰	せっかい, いしばい	chaux	石灰	shi2hui1

在		**Etre**	在	
在留する	ざいりゅう	résider	在于…	zai4yu2…
在中	ざいちゅう	contenu	内容	nei4rong2
在宅	ざいたく	à la maison	在家	zai4jia1
在野	ざいや	qui n'est pas cn fonction	在野	zai4ye3

存		**Exister**	存	
存在	そんざい	exister	存在	cun2zai4
存続	そんぞく	continuité	继续	ji4xu4
存外	ぞんがい	au-delà d'expectation	在期望的那边 zai4qi1wang2dena4bian1	

| 地 | | **Terre** | 地 | |

地球	ちきゅう	la Terre, le globe	地球	di4qiu2
地平線	ちへいせん	horizon	地平线	di4ping2xian4
地主	じぬし	seigneur / Ch. propriétaire foncier	地主	di4zhu3
地形	ちけい	topographie	地形	di4xing2
地理	ちり	géographie	地理	di4li3
地下	ちか	souterrain	地下	di4xia4

朽

		Pourri	朽	
老朽	ろうきゅう	décati, décrépi, sénile	老朽	lao3xiu3
不朽	ふきゅう	immortalité	不朽	bu4xiu3

机

| | | **Bureau / Machine** | 机 | |
| 机上 | きじょう(の) | académique Ch.机上 / ji1shang4 = bureau | 科学院的 | ke1xue2yuan4de |

帆

		Voile	帆	
帆前船	ほまえせん	**bateau à voiles**	帆船	fan1chuan2
帆柱	ほばしら	mât	帆檣 / 桅杆	fan1qiang2 / wei2gan4
帆走る	ほばしる	faire voile	航行	hang2xing2
帆船	はんせん	**voilier**	帆船	fan1chuan2

州

| | | **Région** | 州 | |
| 九州 | きゅうしゅう | Kyushu | 九州 | jiu3zhou1 |

忙　　　Occupé　　　忙

忙殺される	être terriblement	忙死了	mang2si1le
ぼうさつされる	occupé, travailler à mort		
多忙　たぼう	affairé, occupé	忙碌	mang2lu4

印　　　Sceau　　　印

印税　いんぜい	royalties	石油产地使用费	
		shi2you2 chan3di4 shi3yong4fei4	
印刷　いんさつ	impression	印刷	yin4shua1
印象　いんしょう	impression (abstrait)	印象	yin4xiang4

伝　　　Transmettre　　　传

伝説　でんせつ	légende	传说	chuan2shuo1
伝統　でんとう	tradition	传统	chuan2tong3
伝道　でんどう	prêcher	传道	chuan2dao4
伝染　でんせん	contaminer	传染	chuan2ran3
伝記　でんき	biographie	传记	**zhuan4**ji4
伝票　でんぴょう	citation, mandat de comparution	传票	chuan2piao4

任　　　Nommer　　　任

任用　にんよう	nommer qn	任用	ren4yong4
任命　にんめい	désigner, nommer	任命	ren4ming4
任期　にんき	terme d'une fonction	任期	ren4qi1
任官　にんかん	nommer fonctionnaire	(任官	ren4guan1)
任務　にんむ	mission, devoir	任务	ren4wu

任意	にんい	bénévolat	自願服務	
		Ch. 任意/ ren4yi4 = à sa guise		zi4yuan4fu2wu4
			尽义务	jin4yi4wu4

件

Document 件

| 条件 | じょうけん | condition, terme | 条件 | tiao2jian4 |
| 事件 | じけん | évènement | 事件 | shi4jian4 |

休

Cesser 休

休養	きゅうよう	se reposer, faire une cure	休養	xiu1yang3
休息	きゅうそく	se reposer	休息	xiu1xi
休止	きゅうし	cesser, stopper	休止	xiu1zhi3
休会	きゅうかい	suspendre la séance	休会	xiu1hui4
休暇	きゅうか	vacances	休假	xiu1jia4
休戦	きゅうせん	armistice	休战	xiu1zhan4

伐

Couper 伐

伐採	ばっさい	abattage, déforestation	伐木	fa2mu4
			砍伐森林	kan3fa2sen1lin2
征伐	せいばつ	faire une expédition punitive	征伐	zheng1fa2
殺伐	さつばつ	sanglant, brutal	大血的	da4xue4de
			粗暴	cu1bao4de

伏

Se pencher sur 伏

伏目	ふしめ	regard baissé	地下目光	di1xia4mu4guang1
伏屋	ふせや	humble villa	谦逊的别墅	
			qian1xun4debie2shu4	
伏兵	ふくへい	troupe en embuscade	伏兵	fu2bing1

仮 — Faux — 假

仮縫	かりぬい	essayage	试样	shi4yang4
			试衣	shi4yi1
仮病	けびょう	feindre la maladie	(假病	jia3big4)
仮名	かな	*kana*	假名	jia3ming2

仲 — Entre deux — 仲

仲裁	ちゅうさい	arbitrage	仲裁	zhong4cai2
仲介	ちゅうかい	intermédiation	中介作用	zhong1jie4zuo4yong4
仲人	ちゅうにん	médiateur	调停者	tiao2ting2zhe3
仲好し	なかよし	familiarité	亲密	qin1mi4
仲直り	なかなおり	réconciliation	和好	he2hao3

行 — Aller — 行

行進	こうしん	marche	行进	xing2jin4
行動	こうどう	comportement	行为	xing2wei2
行列	きょうれつ	parade, procession	阅兵	yue4bing1
			仪式队列	yi2shi4dui4lie4
行儀	きょうぎ	manière	行为	xing2wei2
			方法	fang1fa3
行先	ゆくさき	sa destination	用途	yong4tu2
行方	ゆくえ	allées et venues	来来往往	lai2lai2wang3wang3

壮 — Fort — 壮

| 壮大 | そうだい | grandeur, splendeur | 高大 | gao1da4 |
| | | | 壮丽 | zhuang4li4 |

Ch. 壮大 / zhuang4da4 = renforcer

壮烈	そうれつ	héroïque	壮烈	zhuang4lie4
壮年	そうねん	force de l'âge, maturité	壮年	zhuang4nian2
壮観	そうかん	grandiose	壮观	zhuang4guan4
壮挙	そうきょ	exploit, prouesse	壮举	zhuang4ju3
壮快	そうかい	joie palpitante	抖动的愉快 dou3dong4deyu2kuai4

兆　Signe　兆

吉兆	きっちょう	bon augure, heureux présage	吉兆	ji1zhao4
凶兆 きょうちょう		mauvais augure, mauvais présage	凶兆	xiong1zhao4
前兆	ぜんちょう	augure, présage	前兆	qian2zhao4

仰　Lever la tête　仰

仰山 ぎょうさん (な)		exagérer	夸大	kua1da4
仰天する ぎょうてんする		être très étonné	使惊讶 使惊奇	shi3jing1ya4 shi3jing1qi2
仰向く	あおむく	regarder en l'air	仰望	yang3wang4

式　Modèle　式

式日	しきじつ	jour d'inauguration	式日	shi4ri4
形式	けいしき	forme, formalité	形式	xing2shi4
新式	しんしき	de style nouveau, moderne	新式	xin1shi4

后　Après　后

皇后	こうごう	impératrice	皇后	huang2hou4

| 最后 | さいご | dernier, ultime | 最后 | zui4hou4 |

# 危	**Danger**	危		
危険	きけん	danger	危险	wei1xian3
危機	きき	crise	危机	wei1ji1
危害	きがい	mettre en danger	危害	wei1hai4

# 旬		**Décade**	旬	
旬日	じゅんじつ	décade	旬	xun2
初旬	しょじゅん	les dix premiers jours du mois	初旬	chu1xun2

# 気		**Air**	气	
気持	きもち	humeur, sentiment	气性	qi4xing2
気分	きぶん	- do -		- do -
気配	けわい	indication	指示	zhi3shi4
気圧	きあつ	pression atmosphérique	气压	qi4ya1
気性	きしょう	disposition	气性	qi4xing2
気絶	きぜつ	évanouissement	消失	xiao1shi1
		Ch. 气绝 / qi4jue2 = arrêt de la respiration		
		perdre connaissance	气厥	qi4jue2

# 羽		**Plume**	羽	
羽振り	はぶり	influence	影响	ying3xiang3
羽子	はね	volant (jeu)	羽毛球	yu3mao2qiu2
羽毛	うもう	plumes	羽毛	yu3mao2

全

Tout

全

全権	ぜんけん	plein pouvoir	全权	quan2quan2
全体	ぜんたい	tout, entier	全体	quan2ti3
全滅	ぜんめつ	totale destruction	全破环	quan2po4huan4

合

Unir

合

合同	ごうどう	coopération Ch.合同 / he2tong = contrat	合作	he2zuo4
合意	ごうい	agréer, satisfaisant	合意	he2yi4
合併	がっぺい	combiner, fusionner, unir	合并	he2bing4
合唱	がっしょう	chœur	合唱	he2chang4

会

Réunion / Savoir

会

会見	かいけん	avoir une entrevue	会见	hui4jian4
会議	かいぎ	conférence	会议	hui4yi4
会堂	かいどう	salle de réunion	会堂	hui4tang2
会則	かいそく	règle de société	集体的礼节	ji2ti3deli3jie2
会社	かいしゃ	société	社会	she4hui4
会釈	えしゃく	salutation	招呼	zhao1hu

企

Entreprise

企

企業	きぎょう	entreprise	企业	qi3ye4
企望	きぼう	intention, tentative, projet Ch. 企望 / qi3wang4 = espérer à, attendre	企图	qi3tu2

宇

Espace

宇

| 宇宙 | うちゅう | univers | 宇宙 | yu3zhou4 |
| 宇宙論
うちゅうろん | | philosophie cosmique | 宇宙哲学 | yu3zhou4zhe2xue2 |

守		**Guarder**	守	
守備	しゅび	défense	守备	shou3bei4
守勢	しゅせい	défensive	守势	shou3shi4
留守	るす	absence	缺席	que1xi2
		Ch. 留守 / liu2shou3 = assurer les services de l'arrière, rester en garnison		

宅		**Résidence**	宅 / zhai2	
宅診	たくしん	consultation du bureau	办公室会诊 ban4gong1shi4hui4zhen3	
宅地	たくち	lotissement	分好的份	fen1hao3defen4
自宅	じたく	chez soi	在家里	zai4jia1li3

字		**Caractère**	字	
字引	じびき	dictionnaire	字典	zi4dian3
字典	じてん	lexique	小词典	xiao3ci2dian3
字体	じたい	type de caractère	字体	zi4ti3

写		**Ecrire**	写	
写真	しゃしん	photographie	照相	zhao4xiang4
写生	しゃせい	dessiner d'après nature	写生	xie3sheng1

| 安 | | **Paisible** | 安 | |

安心	あんしん	sans inquiétude, sans souci	安心	an1xin1
安息日 あんそくじつ		sabbat	安息日	an1xi1ri4
安全	あんぜん	sécurité	安全	an1quan2

匠 — Artisan 匠

意匠	いしょう	composition artistique	意匠	yi4jiang4

同 — Même 同

同人	どうじん, どうにん	même personne Ch. 同人 / tong2ren2 = Vx pour collègues	同样的人	tong2yang4deren2
同盟	どうめい	alliance	同盟	tong2meng2
同情	どうじょう	sympathie	同情	tong2qing2

向 — Vers 向

向上	こうじょう	progrès Ch. 向上 / xiang4shang4 = vers le haut	前进	qian2jin4
方向	ほうこう	direction	方向	fang1xiang4
日向	ひなた	ensoleillé [日向 / ri4xiang4]	充满阳光的	chong1man3yang2guang1de

肉 — Chair 肉

肉体	にくたい	corps	肉体	rou4ti3
肉身	にくしん	relations de sang	血肉关系	xue4rou4guan1xi
肉食	にくしょく	alimentation carnée Ch. 肉食 / rou4shi2 = carnivore	肉食	rou4shi

有		Posséder	有	
有様	ありさま	condition	状态	zhuang4tai4
有卦	うけ	période de chance	运气时期	yun4qi4shi2qi1
有名	ゆうめい	célèbre, fameux	有名	you3ming2

両		Deux	两	
両方	りょうほう	deux côtés	两(方)面	liang3(fang1)mian4
両眼	りょうがん	deux yeux	两眼	liang3yan3
両親	りょうしん	deux parents	两亲	liang3qin1
両立	りょうりつ	coexistence	共处	gong4chu3
両得	りょうとく	double gain	两收入	liang3shou1ru4
両替	りょうがえ	change d'argent	前外汇	qian2wai4hui4

団		Groupe	团	
団結	だんけつ	s'unir, faire bloc	团结	tuan2jie2
団体	だいんた	groupe	团体	tuan2ti3
蒲団	ふとん	draps	呢(绒)	ni2 (rong2)

因		Selon	因	
因果	いんが	cause et effet	因果	yin1guo3
因縁	いんねん	relation prédestinée	因缘	yin1yuan2
因業	いんごう	impitoyable	无情的	wu2qing2de

回		Retourner	回	
回答	かいとう	réponse	回答	hui2da2
回忌	かいき	jour anniversaire du décès	忌辰	ji4chen2

| 回数 | かいすう | nombre de fois | [回数] | hui2shu4] |

西 — Ouest 西

西方	せいほう	ouest	西方	xi1fang1
西風	にしかぜ, せいふう	vent d'ouest	西风	xi1feng1
西暦	せいれき	ère chrétienne	公元 基督纪元	gong1yuan2 ji1du1ji4yuan2

吉 — Heureux 吉

吉瑞	きちずい	bon augure, heureux présage	吉兆	ji2zhao4
吉報	きっぽう	bonne nouvelle	好消息	hao3xiao1xi
吉例	きちれい	coutume d'honorer le temps ! Ch. citation	例句	li4ju4

舌 — Langue 舌

舌法	ぜっぽう	langue (pendue)	舌多	she2duo1
舌端	ぜったん	bout de la langue	舌尖	she2jian1
舌代	ぜつだい	note brève !	命令式的音符 ming4ling4shi4deyin1fu2	

虫 — Insecte 虫

虫害	ちゅうがい	ravage des insectes	虫害	chong2hai4
昆虫	こんちゅう	insecte	昆虫	kun1chong2
虫下し	むしくだし	vermifuge	驱虫药	qu1chong2yao4

虫食	むしくい	mangé aux vers, piqué des vers Ch. 哇 / wa1 = grenouille	被虫哇的	bei4chong2wa1de

吏 — Fonctionnaire — 吏

吏員	りいん	officiel	吏	li4
公吏	こうり	officier public	[公吏	gong1li4]
官吏	かんり	fonctionnaire	官吏	guan1li4

早 — Tôt — 早

早々	そうそす, はやばや	vite, le plus tôt possible	早早儿	zao3zao3r
早朝	そうちょう	(tôt) le matin	早晨	zao3chen2
早熟	そうじゅく	précoce	早熟	zao3shu2

百 — Cent — 百

百姓	ひゃくしょう	paysan	农民	nong2min2
百般	ひゃっぱん	toute sorte de / par tous les moyens	百般	bai3ban1
百万	ひゃくまん	un million	百万	bai3wan4

旨 — Ordre / Dessein — 旨 / zhi3

旨味	うまみ	délicieux	美味 趣味	mei3wei4 qu4wei4
趣旨	しゅし	essentiel	要点	yao4dian3

自 — Soi-même — 自

自分	じぶん	soi	自己	zi4ji3
自身	じしん	soi, soi-même	自身	zi4shen1
自殺	じさつ	suicide	自杀	zi4sha1
自信	じしん	avoir confiance en soi	自信	zi4xin4
自由	じゆう	liberté	自由	zi4you2
自白	じはく	confession	自白	zi4bai2

吐 — Vomir — 吐

吐血	とけつ	vomir du sang	吐血	tu4xie4
吐露	とろ	dévoiler, révéler	吐露	tu3lu4
吐気	はきけ	nausée Ch. 吐气 / tu3qi4 = soulagé	恶心	e3'xin1

争 — Disputer — 争

争奪	そうだつ	rivaliser, se disputer	争夺	zheng1duo2
争議	そうぎ	controverse, dispute	争议	zheng1yi4
争闘	そうとう	dispute	争论	zheng1lun4

尽 — Fini — 尽

尽力	じんりょく	s'employer à	尽力	jin4li4
大尽	だじん	magnat, millionnaire	巨头 百万富翁	ju4tou2 bai3wan4fu4weng1
無尽	むじん	infinité	无限性	wu2xian4xing4

色 — Couleur — 色

| 色盲 | しきもう | daltonisme | 色盲 | se4mang2 |
| 色気 | いろけ | passion sexuelle | 色爱情 | se4ai4'qing2 |

古色	こしょく	antiquités	(古色	gu3se4)
			古物	gu3wu4
色素	しきそ	matière colorante	染料	ran3liao4
		Ch. 色素 / se4su4 = pigment		
色情	しきじょう	appétit sexuel	色欲	se4yu4
		Ch. 色情 / se4qing2 = pornographie		
色々な	いろいろな	varié	朵色的	duo3se4de

共   **Commun**   共

共有	きょうゆう	biens publics	公共財产
			gong1gong4cai2chan3
共和国	きょうわこく	république	共和国	gong4he2guo2
私共	わたしども	nous	我们	wo3men

刑   **Peine**   刑

刑務所	けいむしょ	prison, pénitencier	監獄	jian1yu4
刑場	けいじょう	terrain d'exécution	刑場	xing2chang3
刑法	けいほう	loi pénale	刑法	xing2fa**3**
		Ch. 刑法 / xing2**fa** = torture		

名   **Nom**   名

名刺	めいし	carte de visite	名片	ming2pian4
名義	めいぎ	nom	名义	ming2yi4
名所	めいしょ	place célèbre	名所	ming2suo3
名物	めいぶつ	spécialité	名菜	ming2cai4
名目	めいもく, みょうもく	désignation d'une chose	名目	ming2mu4

Nombreux

多数	たすう	majorité, la plupart	多数	duo1shu4
多少	たしょう	plus ou moins	多少	duo1shao3
多大	ただい	beaucoup	许多	xu3duo1
多忙	たぼう	pression en affaires	压力	ya1li4

各 — Chaque — 各

各々	おのおの	chaque	各	ge4
			各个	ge4ge4
各自	はくじ	chacun, respectif	各自	ge4zi4
各国	かっこく	chaque pays	各国	ge4guo2

列 — Aligner — 列

列国	れっこく	grandes puissances	列强	lie4qiang2
列席	れっせき	assister à une réunion	列席	lie4xi2
列車	れっしゃ	train	列车	lie4che1

好 — Bon — 好

好意	こうい	bonne volonté, bonté	好意	hao3yi4
好果	こうか	bon résultat	好结果	hao3jie2guo3
好評	こうひょう	commentaire, critique favorable	好评	hao3ping2
好都合	こうつご	favorable	有好感的	you3hao3gan3de

如 — Comme — 如

如来	にょらい	Bouddha	如来	ru2lai2
如意	におい	à souhait	如意	ru2yi4
如上	じょじょう	comme ci-dessus	如上	ru2shang4

妃		Princesse	妃	
妃殿下	ひでんか	Son Altesse	殿下	dian4xia4
		Ch. 妃 / fei1 = 1/ concubine impériale 2/ princesse		

劣		Inférieur	劣	
劣等	れっとう	catégorie inférieure	劣等	lie4deng3
劣敗	れっぱい	les faibles sont toujours perdants	弱者是永远失败者 ruo4zhe3shi4yong3yuan3shi1bai4zhe3	

曲		Musique	曲	
曲者	くせもの	coquin, polisson	调皮的 淘气的	tiao2pi2de tao2qi4de
曲線	きょくせん	ligne courbe	曲线	qu1xian4
曲馬	きょうくば	cirque, fait équestre	马戏团	ma3xi4tuan2

舟		Bateau	舟	
舟行	しゅうこう	navigation	航行	hang2xing2
舟形	ふながた	en forme de bateau	(舟形 船形	zhou1xing2) chuan2xing2
舟歌	ふなうた	chant de batelier	船工歌唱 chuan2gong1ge4chang4	

再		Encore	再	
再度	さいど	encore une fois	再度	zai4du4
再版	さいはん	deuxième édition	再版	zai4ban3
再生	さいせい	régénération, ressusciter	再生	zai4sheng1

耳

		Oreille	耳	
耳朵	じだ, みみたぶ	lobe de l'oreille	耳垂	er3chui2
耳目	じもく	connaissance, espion	耳目	er3mu4
耳飾	みみかざり	boucle d'oreille	耳环	er3huan2
耳鳴り-	みみなり	bourdonnement d'oreille	耳鸣	er3ming2

血

		Sang	血	
血潮	ちしお	sang	血液	xue4ye4
血筋	ちすじ	lignée	血缘	xue4yuan2
血気	けっき	fougue juvénile, vigueur	血气	xue4qi4
血色 けっしょく		teint coloré	血色	xue4se4

次

		Suivant	次	
次回	じかい	fois prochaine	下一次	xia4yi2ci4
次席	じせき	siège suivant	近的座位	jin4dezuo4wei4
次第	じだい	ordre, suite	次第	ci4di4

江

		Baie / Fleuve	江	
江戸	えど	Edo (Tokyo)	江户	jiang1hu4
入江	いりえ	baie, crique	小海湾	xiao3hai3wan1
汗疹	あせも	fièvre miliaire	栗粒(疹)热	li4li4(zhen3)re4

汗

		Sueur	汗	
発汗	はっかん	transpiration	出汗	chu1han4
汚物	おぶつ	saleté	污	wu1

汚れ物 よごれもの		choses sales, saletés	汚泥	wu1ni2
汚名	おめい	insulte	侮辱	wu3ru3

池		**Etang**	池	
池畔	ちはん	près de l'étang	接近的池	jie1jin4dechi2
貯水池	ちょすいち	réservoir	蓄水池	xu4shui3chi2

巡		**Faire la ronde**	巡	
巡査	じゅんさ	policier Ch. 巡査 / xun2cha2 = faire la ronde, patrouiller	警察	jing3cha2
巡回	じゅんかい	faire une tournée	巡回	xun2hui2
巡洋艦	じゅんようかん	croiseur	巡洋舰	xun2yang2jian4

迅		**Rapide**	迅	
迅雷	じんらい	coup de tonnerre, rapide comme la foudre	迅雷	xun4lei2
迅速	じんそく	prompt, rapide	迅速	xun4su4

7 traits

辛 　　　　　　**Acre** 　　　　　辛

辛辣な	しんらつな	acre, dur	辛	xin1
辛抱	しんぼう	patience	忍受	ren3shou4
辛苦	しんく	travailler dur, difficile	辛苦	xin1ku3

芸 　　　　　　**Talent** 　　　　　艺

芸術		art	艺术	yi4shu4
	げいじゅつ, げいじつ	Ch. 芸豆 / yun2dou4 = haricot rouge		
芸者	げいしゃ	geisha	艺妓	yi4ji4
芸人	げいにん	acteur	艺人	yi4ren2

芋 　　　　　　**Taro** 　　　　　芋

芋茎	いもがら	(tige sèche de) taro	芋	yu4
芋畑	いもばたけ	champ de patates douces	芋田	yu4tian2
芋虫	いもむし	chenille verte	青毛虫	qing1mao2chong2

災 　　　　　　**Désastre** 　　　　　灾

災難	さいなん	catastrophe	灾难	zai1nan4
災害	さいがい	calamité	灾害	zai1hai4
火災	かさい	incendie	火灾	huo3zai1

希 　　　　　　**Désirer** 　　　　　希

| 希くば | je désire sérieusement que... | | 我很大的希望 | |
| こいねがわく　ば | | | wo3hen3da4dexi1wang4 | |

| 希望 | きぼう | désirer, espérer | 希望 | xi1wang4 |

攻 **Attaquer** 攻

攻撃	こうげき	assaut	攻击	gong1ji1
攻勢	こうせい	offensive	攻势	gong1shi2
攻守	こうしゅ	offensive et défensive	攻守	gong1shou3

対 **Faire face** 対

対抗	たいこう	opposition	对抗	dui4kang4
対立	たいりつ	confrontation, contraire	对立	dui4li4
対等	たいとう	égal, équivalent	对等	dui4deng3
対面	たいめん	interview	新闻记者的	
		Ch. 対面 / dui4mian4 = face à face, opposé, de front		xin1wen2ji4zhe3de
対談	たいだん	colloque	会谈	hui4tan2
対策	たいさく	riposte	回刺	hui2ci4
		Ch. 対策 /	回击	hui2ji1
		dui4ce4 = contre-mesure		

歩 **Pas** 歩

歩兵	ほへい	infanterie	步兵	bu4bing1
歩行	ほこう	aller à pied, marcher	步行	bu4xing2
歩合	ぶあい	commission, courtage	佣金	yong4jin1

系 **Série** 系

系統	けいとう	généalogie	家系	jia1xi4
		Ch. 系統 / xi4tong3 = système		
系譜	けいふ	généalogie, pédigré	系谱	xi4pu3

岐		**Bifurcation**	歧	
岐路	きろ	bifurcation	歧路	qi2lu4

志		**Volonté**	志	
志願	しがん	aspiration, désir, idéal	志愿	zhi4yuan4
志望	しぼう	désir	愿望	yuan4wang4
志操	しそう	constance	坚韧	jian1ren4

赤		**Rouge**	赤	
赤面	せきめん	rougeur	脸红	lian3hong2
赤銅	しゃくどう	alliage de cuivre et d'or	赤铜	chi4tong2
赤道	せきどう	équateur	赤道	chi4dao4

孝		**Piété filiale**	孝	
孝行	こうこう	piété filiale	孝敬	xiao4jing4
			孝心	xiao4xin1
孝子	こうし	fils pieux (respectueux)	孝子	xiao4zi3

球		**Demander**	求	
球職	きゅうしょく	chercher un emploi	求职位	qiu2zhi2wei4
求婚	きゅうこん	demander en mariage	求婚	qiu2hun1
求人	きゅうじん	demander de l'aide, compter sur autrui	求人	qiu2ren2

来		**Venir**	来	
来週	らいしゅう	semaine prochaine	下星期	xia4xing1qi1
来客	らいきゃく	invité, visiteur	来客	lai2ke4

来月	らいげつ	mois prochain	下月	xia4yue4

寿 | Longévité | | 寿 |

寿司	すし	*sushi*	寿司	shou4si1
寿命	じゅみょう	vie	寿命	shou4ming4
長寿	ちょうじゅ	longévité	长寿	chang2shou4

却 | Refuser | | 却 / que4 |

却下	きゃっか	démission	辞职	ci2zhi2
消却	しょうきゃく	éliminer	消除	xiao1chu2

坂 | Pente | | 坂 |

坂道	さかみち	pente	坂	ban3
坂上	さかうえ	en amont	坡上	po1shang4
急坂	きゅはん	pente abrupte	陡坡	dou3po1

均 | Egal | | 均 |

均斉	きんせい	symétrie	匀称的	yun2chen4de
均等	きんとう	égalité	均等	jun1deng3
均一	きんいつ	uniforme, homogène	均一	jun1yi1

坊 | Petit temple / Atelier | | 坊 / fang1 |

坊主	ぼうず	moine bouddhiste	僧lu	seng1lü3
坊主頭	ぼうずあたま	chauve (comme un moine)	秃头	tu1tou2
坊や	ぼうや	*boy*	年轻男仆	nian2qing1nan2pu2

坑 坑

Fosse

坑夫	こうふ	mineur	矿工	kuang4gong1
坑内	こうない	intérieur de la mine	矿内	kuang4nei4
坑道	こうどう	galerie	坑道	keng1dao4

抄 抄

Copier

| 抄紙 | しょうし | papeterie | 造纸业 | zao4zhi3ye4 |
| 抄本 | しょうほん | manuscrit | 抄本 | chao1ben3 |

技 技

Habileté

| 技芸 | ぐげい | arts | 技艺 | ji4yi4 |
| 技師 | ぎし | ingénieur | 技师 | ji4shi1 |

扶 扶

Aider

扶翼する ふよくする		aider	扶持	fu2chi2
扶養	ふよう	support	支撑物	zhi1cheng1wu4
扶助料	ふじょりょう	allocation familiale, indemnités	辅助赔款 拨给	fu2zhu4pei2kuan3 bo1gei3

折 折

Casser

折目	おりめ	plier	折	zhe2
折柄	おりから	à ce moment-là	现在	xian4zai4
折角	せっかく	spécialement	特别	te4bie2

択 择

Choisir

| 選択 | せんたく | choix | 选择 | xuan3ze2 |

扱		Traiter / Recevoir	扱 / xi1	
扱き下ろす こきおろす		censurer, décrier	批评 诋毁	pi1ping2 di3hui3
取扱	とりあつかい	traitement	对待	dui4dai4

投		Jeter	投	
投機	とうき	spéculation	投机	tou2ji1
投資	とうし	investissement	投资	tou2zi1
投書	とうしょ	contribution (à un journal)	份额	fen4'e2 = part

抗		Résister	抗	
抗言	こうげん	réplique	抗辩 抗命 回答	kang4bian4 kang4ming4 hui2da2
抗議	こうぎ	protestation	抗议	kang4yi4
抗争	こうそう	dispute ; s'opposer à, s'élever contre	争论	zheng1lun4

判		Juger	判	
判事	はんじ	jugement	判断	pan4duan4
判明する はんめいする		distinguer	判明	pan4ming2
小判	こばん	petite pièce d'or	小金块	xiao3jin1kuai4

材		Matériel	材	
材木	ざいもく	bois de construction	木材	mu4cai2
材料	ざいりょう	matériaux	材料	cai2liao4

| 人材 | じんざい | homme capable, de talent 人才 | | ren2cai2 |

村 Village 村

村民	そんみん	villageois	村村民	cun1min2
村役場	むらやくば	bureau du village	办公室的村 ban4gong1shi4decun1	
村長	そんちょう	chef de village	村长	cun1zhang3

私 Privé 私

私用	しよう	affaire privée	私人事	si1ren2shi4
私立	しりつ	établissement privé	私立	si1li4
私有	しゆう	propriété privée	私有	si1you3

利 Intérêt 利

利子	りし	intérêt (fin.)	利	li4
利口	りこう	intelligent	聪明的	cong1ming4de
利益	りえき	bénéfice, intérêt	利益	li4yi4

邦 Pays 邦 / bang1

邦文	ほうぶん	japonais écrit	Etat, nation	
邦字	ほうじ	caractère japonais écrit	日本字	ri4ben3zi4
邦語	ほうご	langue vernaculaire	本地语言	ben3di4yu3yan2

抑 Réprimer 抑

| 抑止する よくしする | | contenir, réprimer | 抑止 | yi4zhi3 |
| 抑揚 | よくよう | intonation, modulation | 抑扬 | yi4yang2 |

| 抑留 | よくりゅう | saisie | 扣押 | kou4ya1 |

快 — Joyeux — 快

快感	かいかん	sensation agréable	快感	kuai4gan3
快活	かいかつ	joyeux	快活	kuai4huo
快楽	かいらく	plaisir ; heureux	快乐	kuai4le4
快方	かいほう	convalescence	恢复期	hui1fu4qi1

兵 — Soldat — 兵

兵隊	へいたい	soldat, troupe	兵队	bing1dui4
兵器	へいき	arme	兵器	bing1qi4
兵営	へいえい	caserne	兵营	bing1ying2

卵 — Œuf — 卵

卵形	たまごがた	ovale, en forme d'œuf	椭圆形的	tuo3yuan2xing3de
卵黄	らんおう	jaune d'œuf	卵黄	luan3huang2
卵巣	らんそう	ovaire	卵巢	luan3chao2

位 — Rang — 位

位階	いかい	rang à la cour	朝廷的位	chao2ting2dewei4
位置	いち	statut social, position	位置	wei4zhi4
地位	ちい	position, rang	地位	di4wei4

住 — Habiter — 住

住宅	じゅうたく	maison, logement	住宅	zhu4zhai2
住民	じゅうみん	habitant	居住者	ju1zhu4zhe3
住所	じゅうしょ	domicile	住所	zhu4suo3

作 — Faire — 作

作物	さくもつ	cultures	作物	zuo4wu4
作文	さくぶん	composition, dissertation	作文	zuo4wen2
作者	さくしゃ	auteur	作者	zuo4zhe3
作品	さくひん	ouvrage	作品	zuo4pin3
作曲	さっきょく	composer (de la musique)	作曲	zuo4qu3

伴 — Compagnon — 伴

伴侶	はんりょ	compagnon, partenaire	伴侶	ban4lü3
伴奏	ばんそう	accompagner (avec un instrument)	伴奏	ban4zou4
お相伴	おしょうばん	participation	参加	can1jia1

体 — Corps — 体

体操	たいそう	gymnastique	体操	ti3cao1
体面	たいめん	réputation	体面	ti3mian4
体格	たいかく	constitution physique	体格	ti3ge2
体温	たいおん	température, chaleur corporelle	体温	ti3wen1
体験	たいけん	expérience personnelle	体验	ti3yan4
体裁	ていさい	genre littéraire, style	体裁	ti3cai2

佐 — Aide — 佐

佐官	さかん	capitaine, officier (supérieur)	统帅 官员	tong3shuai4 guan1yuan2
大佐	たいさ	colonel	上校	shang4xiao4
補佐	ほさ	aide	佐 帮助	zuo3 bang1zhu4

低 — Fond — 低

低下	ていか	chute, détérioration Ch. 低下 / di4xia4 = bas, inférieur	跌落 损坏	die3luo4 sun3huai4
低級	ていきゅう	inférieur, vulgaire	低级	di1ji2
低能	ていのう	imbécilité	低能	di1neng2

何 — *Interrogation* — 何

何事	なにごと	n'importe quoi, tout	任何	ren4he2
何時	なんじ, いつ	quelle heure, quand	几点钟了 何时	ji1dian3zhong1le he2shi2
何故	なぜ, なにゆえ	pourquoi, comment	为什么 何如	wei4shen2me he2ru2
何方	どちら	quel, où	何许	he2xxu3
何処	どこ	où	何在	he2zai4
何卒	どぞ, なにとぞ	s'il vous plaît	请	qing3

伺 — Au service de — 伺

伺候	しこう	être au service de qn	伺候	ci4hou
暑中伺い しょちゅううかがい		visite de santé en été	热气的参加 re4qi4decan1jia1

但	**Mais**	但	
但付き ただしずき	conditionnel	但 有条件的	dan4 you3tiao2jian4de
但書　ただしがき	clause	条文	tiao2wen2

伯	**Frère aîné**	伯	
伯林　べるりん	Berlin	柏林	bo2lin2
伯仲する はくちゅうする	être égal à	使相等	shi3xiang1deng3
伯爵　はくしゃく	comte	伯爵	bo2jue2

伸	**Etendre**	伸	
伸縮　しんしゅく	s'étirer et se rétrécir	伸缩	shen1suo1
伸度　しんど	élasticité	弹性	tan2xing4
伸び縮み のびちじみ	flexibilité	柔韧性	rou2ren4xing4

役	**Service**	役	
役者　やくしゃ	acteur	演员	yan3yuan2
役人　やくにん	officier ministériel	公务官员 gong1wu2guan1yuan2	
役場　やくば	affaires officielles, service public	公务	gong1wu2
役目　やくめ	devoir	义务	yi4wu4
役割　やくわり	partage du devoir	义务分割	~fen1ge1
兵役　へいえき	service militaire	兵役	bing1yi4

状	**Condition**	状	

状熊	じょうたい	condition, situation	状态	zhuang4tai4
状袋	じょうぶくろ	enveloppe	外壳	wai4ke2
状況	じょうきょう	état, situation	状况	zhuang4kuang4

狂		**Fou**	狂	
狂喜	きょうき	fou de joie	狂喜	kuang2xi3
狂人	きょうじん	fou, maniaque	狂人	kuang2ren2
狂言	きょうげん	divagations	狂言	kuang2yan2

社		**Société**	社	
社員	しゃいん	maître d'une organisation	社员	she4yuan2
社交	しゃこう	relations sociales	社交	she4jiao1
社会	しゃかい	société	社会	she4hui4
社説	しゃせつ	éditorial	社论	she4lun4
社長	しゃちょう	président	会长	hui4zhang3
神社	じんしゃ	temple Shinto	(神社 神殿	shen2she4) shen2dian4

初		**Début**	初	
初産	ういざん, はつざん	premier accouchement	(初产	chu1chan3)
初歩	しょほ	premier pas	初步	chu1bu4
初対面	しょたいめん	premier face à face	出对面	chu1dui4mian4
似		**Semblable**	似	
似合いの にあいの		équivalent	相等的	xiang1deng3de

| 似非 | えせ | quasi | 几乎 | ji1hu1 |
| 類似 | るいじ | similitude | 类似 | lei4si4 |

戒 Avertir 戒

戒厳令	かいげんれい	loi martiale	戒严令	jie4yan2ling4
戒名	かいみょう	nom bouddhique posthume	（戒名	jie4ming2)
戒律	かいりつ	commandement bouddhique / discipline religieuse	戒律	jie4lü4

我 Personnel 私

我勝ち	われがち	chacun pour soi	人人为自己	ren2ren2wei4zi4ji3
我儘	わがまま	égoïsme	私心	si1xin1
我流	がりゅう	sa propre méthode	私方法	si1fang1fa3
我々	われわれ	nous	我们	wo3men

成 Devenir 成

成立	なりたち せいりつ	histoire, origine existence	成因 存在	cheng2yin1 cun1zai4
成功	せいこう	réussite, succès	成功	cheng2gong1
成仏	じょうぶつ	entrer au Nirvana	赶(上)涅槃	gan3(shan4)nie2pan4
成金	なりきん	nouveau riche	暴发户	bao4fa1hu2
成程	なるほど	en fait	其实	qi2shi2

序 Préface 序

序文	じょぶん	préface	序文	xu4wen2
序論	じょろん	avant-propos	序论	xu4lun4
序曲	じょきょく	ouverture, prélude	序曲	xu4qu1

| 序幕 | じょまく | prélude | 序幕 | xu4mu4 |
| 序の口 | じょのくち | début | 开头 | kai1tou2 |

床 | | **Lit** | ## 床 / chuang2

床屋	とこや	barbier	剃须匠	ti4xu1jiang4
床の間	とこのま	alcôve	凹室	ao1shi4
床下	ゆかした	sous le <u>plancher</u> Ch. 床下 / chuang2xia4 = sous le lit	地板下	di4ban3xia4
床几	しょうぎ	pliant, siège de camping	马扎	ma3zha2
床板	ゆかいた	latte de parquet	地板板条	di4ban3ban3tiao2
床張り	ゆかばり	parquet, plancher	地板	di4ban3

応 | | **Accepter** | ## 应

応用	のうよう	appliquer	应用	ying4yong4
応接	おうせつ	réception	应接	ying4jie1
応急	おうきゅう	faire face à une nécessité, urgence	应急	ying4ji2

励 | | **Encourager** | ## 励

| 励み合い はげみあい | | encourager, stimuler | 励 | li4 |
| 励精 | れいせい | prendre à cœur | 历精 | li4jing1 |

含 | | **Contenir** | ## 含

含水	がんすい	hydraté / hydrate en Ch.	水合物	shui3he2wu4
含蓄	がんちく	1) discret, réservé 2) implicite	含蓄	han2xu4
含有	がんゆう	contenir	含有	han2you3

余

Surplus

余 / yu2

余病	よびょう	maladie secondaire	第二的病	di4er4debing1
余程	よほど	grandement	完全地	wan2quan2de
余計	よけい	surabondance	过多	guo4duo1

谷

Vallée

谷

谷間	たにま	ravin	(细) 谷	(xi4) gu3
谷川	たにがわ	torrent	激流	ji1liu2
谷底	たにそこ	fond du ravin	(谷底)	gu3di4

完

Complet

完

完全	かんぜん	complet, entier	完全	wan2quan2
完成	かんせい	accomplir	完成	wan2cheng2
完了	かんりょう	toucher à sa fin	完了	wan2liao3
完納	かんのう	paiement complet	玩支付	wan2zhi1fu4
完備	かんび	terminer	完结 / 终结	wan2jie2 / zhong1jie2
完済	かんさい	liquidation	结算	jie2suan4

究

Faire des recherches

究

究極	きゅうきょく	éventuel	可能的	ke3neng2de
究明	きゆうめい	enquête	调查研究	diao4cha2yan2jiu1
研究	けんきゅう	étudier, rechercher	研究	yan2jiu1

労

Travail

労

| 労務 | ろうむ | labeur, travail | 劳 | lao2 |

労賃	ろうちん	rémunération	酬劳	chou2lao2
労働組合 ろうどうくみあい		syndicat	工会	gong1hui4
労働党	ろうどうと	parti travailleur	共党	gong1dang3
苦労	くろう	peine	苦労	ku3lao2

壱 — Un — 壹

| 壱 | いち | un (pour les chèques) | 壹 | yi1 |

売 — Vendre — 卖

売上げ	うりあげ	montant des recettes	收入总额	shou1ru4zong3'e2
売出し	うりだし	soldes (ouverture des ~)	处理商品 削价出售的商品	chu3li3shang1pin3 xue1jia4chu1shou4de ~
売買	ばいばい, うりかい	ventes et achats	买卖	mai3mai4
売店	ばいてん	stand	展览会的展台	zhan3lan3hui4dezhan3tai2

医 — Guérir — 医

医業	いぎょう	profession médicale	医业	yi1yr4
医学	いがく	science médicale	(医学	yi1xue2)
医者	いしゃ	docteur, praticien	医师	yi1shi1

忘 — Oublier — 忘

忘却	ぼうきゃく	oublier	忘却	wang4que4
忘年会	ぼうねんかい	partie de fin d'année	(忘年会	wang4nian2hui4)
忘恩	ぼうおん	ingratitude	忘恩	wang4'en1
忘れ物	わすれもの	affaires oubliées	(忘物	wang4wu4)

臣		**Sujet**	臣	
臣民	しんみん	sujet (d'un prince)	臣民	chen2min2
臣下	しんか	sujet, serviteur	仆人	pu2ren2
大臣	だいじん	ministre d'Etat	大臣	da4chen2

肖		**Ressembler à**	肖	
肖像	しょうぞう	portrait	肖像	xiao4xiqang4

角		**Corne**	角	
角砂糖	かくざとう	morceau de sucre	方糖	fang1tang2
角度	かくど	angle	角度	jiao3du4
角笛	つのぶえ	clairon, corne	军号	jun1hao4
			号角	hao4jiao3

肝		**Foie**	肝	
肝臓	かんぞう	foie	肝脏	gan1zang4
肝要	かんよう	importance	重要	zhong4yao4
肝油	かんゆ	huile de foie	肝油	gan1you2

図		**Dessin**	图	
図案	ずあん	croquis, dessin	图案	tu2'an1
図画	ずが	dessin, peinture, tableau	图画	tu2hua4
図書館	としょかん	bibliothèque	图书馆	tu2shu1guan3
不図	ふと	soudain	突然	tu1ran2

困		**Se tracasser**	困	
困却	こんきゃく	gêne	舒服	shu1fu

| 困難 | こんなん | difficulté | 困难 | kun4nan |
| 困苦 | こんく | misère, privations | 困苦 | kun4ku3 |

囲		**Entourer**	围	
囲繞する いじょうする		centrer sur, tourner autour de	围绕	wei2rao4
周囲	しゅうい	périphérie	周围	zhou1wei2

呈		**Soumettre**	呈	
呈示	ていじ, ていし	présenter	呈递	cheng2di4
進呈	しんてい	présentation	呈献	cheng2xian4

呉		**Donner**	X	
呉服	ごふく	draperie	呢绒	ni2rong2
呉市	くれし	Kure	吴市	wu2shi4

豆		**Légumineuse**	豆	
小豆	あずき	haricots rouges, soja rouge	小豆	xiao3dou4
大豆	だいず	soja	大豆	da4dou4
豆腐	とうふ	fromage de soja	豆腐	dou4fu

克		**Vaincre**	克	
克復	こくふく	restauration Ch. 克服 / ke4fu4 = reprendre	修复	xiu1fu4
克服	こくふく	conquérir, vaincre	克服	ke4fu2
克己	こっき	se modérer	克己	ke4ji3

否 — Dénier — 否

否定	ひてい	nier	否定	fou3ding4
否決	ひけつ	rejeter, voter contre	否決	fou3jue2
安否	あんぴ	sécurité	安心	an1xin1

言 — Mot — 言

言葉	ことば	mot	言辞	yan2ci2
言分	いいぶん	prétexte	猎口	lie4kou3
言行	げんこう	actes et paroles	言行	yan2xing2
言上	ごんじょう	faire un rapport	报告	bao4gao4
言動	げんどう	paroles et gestes	言动	yan2dong4
言語	げんご	langage	言语	yan2yu3

告 — Informer — 告

告示	こくじ	affiche, annonce	告示	gao4shi
告白	こくはく	confession	坦白	tan3bai2
告発	こくはつ	accusation	告发	gao4fa1

束 — Attacher — 束 / shu4

束縛	そくばく	contraindre, restreindre	舒服	shu4fu4
束髪	そくはつ	coupe de cheveux féminine étrangère	xx	
束帯	そくたい	ancien vêtement de cour	xx	
束脩	そくしゅう	frais d'entrée	进入费	jin4ru4fei4
束の間	つかのま	un court instant	短的瞬间	duan3deshun4jian1

児 — Fils — 儿

| 児童 | じどう | enfant | 儿童 | er2tong2 |

| 小児 | しょうに | enfants | 小儿 | xiao3'er2 |
| 稚児 | ちご | jeune, enfant | 稚 | zhi4 |

男 Homme / 男

男子	だんし	homme, monsieur	男子	nan2zi3
男女	だんじょ	homme et femme	男女	nan2'nü3
男性	だんせい	sexe masculin	男性	nan2xing4

里 Village / 里

| 里程 | りてい | trajet | 里程 | li3cheng2 |
| 里子 | さとご,
さとっこ | enfant adoptif | 善于治家的妇女
shan4yu2zhi4jia1defu4nü3 | |

車 Voiture / 车

車掌	しゃしょ	conducteur	司机	si1ji1
車道	しゃどう	voie	车道	che1dao4
車庫	しゃこ	garage	车库	che1ku4
車止	くるまどめ	voie interdite (aux véhicules)	车止	che1zhi3

更 Changer / 更

更紗	さらさ	calicot	白布	bai2bu4
更衣	こうい	se changer	更衣	geng1yi1
更迭	こうてつ	alterner, se succéder	更迭	geng1die2

貝 Coquillage / 贝

| 貝殻 | かいがら | coquillage | 贝壳 | bei4ke2 |

| 貝柱 | かいばしら | ligament de coquillage | 贝的韧带 | bei4deren4dai4 |
| 貝塚 | かいずか | tas de coquillages | 贝堆 | bei4dui1 |

見 — Voir 见 / jian4

見物	けんぶつ	tourisme	游览	you2lan3
見物	みもの	spectacle	景象	jing3xiang4
見当	けんとう	but,	目标	mu4biao1
		évaluer	估价	gu1jia4
見舞	みまい	visite de sympathie	探望	tan4wang4
見事	みごと	magnifique	美好的 mei3hao3de

吟 — Réciter 吟

| 吟味 | ぎんみ | examiner, inspecter | 检查 | jian3cha2 |
| 吟詠 | ぎん'えい | déclamer des vers en chantant | 吟咏 | yin2yong3 |

吹 — Souffler 吹 / chui1

| 吹奏楽 | すいそうがく | musique militaire | 军事乐 | jun1shi4yue4 |

Ch. 吹奏 / chui1zou4 = jouer d'un instrument à vent

| 吹聴 | ふいちょう | plaidoyer | 辩护 | bian4hu4 |
| 吹竹 | ふきだけ | flûte en bambou | 竹笛 | zhu2di2 |

吸 — Respirer 吸

吸物	すいもの	soupe	汤	tang1
吸収	きゅうしゅう	absorber	吸收	xi1shou1
吸取紙 すいとりがみ		papier buvard	吸墨纸	xi1mo4zhi3

Ch. 吸取 / xi1qu3 = absorber

別 — Quitter 別

別居	べっきょう	séparation	使分开	shi3fen1kai1
別荘	べっそう	villa	別墅	bie2shu4
別封	べっぷう	sous couverture séparée	封面别	feng1mian4bie2

乱

En désordre 乱

乱雑	らんざつ	confusion, désordre	杂乱	za2luan4
乱心	らんしん	insanité	精神错乱	jing1shen2cuo4luan4
乱暴	らんぼう	outrage, violence	凌辱 暴力	ling2ru3 bao2li4

町

Ville / Faubourg 町/ting3

町家	ちょうか	maison de marchand	商人的家	shang1ren2dejia1
町内	ちょうない	en ville	城市内	cheng2shi4nei4
町人	ちょうにん	marchand	商人	shang1ren2

良

Bon 良

| 良心 | りょうしん | conscience | 良心 | liang2xin1 |
| 良人 | りょうじん | mari | 丈夫 | zhang4fu |

Ch. 良人 / liang2ren2 = bon homme

| 良風 | りょうふう | bonne habitude | 好习惯 | hao3xi2guan4 |

尾

Queue 尾

| 尾行する びこうする | suivre, talonner | 尾随 | wei3sui2 |
| 尾籠 びろう | indécent | 失礼的 | shi1li3de |

尿

Urine 尿

| 尿検査 にょうけんさ | examen d'urine | 尿研究 | niao4yan2jiu1 |

尿瓶	しびん	pot de chambre	尿壺	niao4hu2
			尿盆	niao4pen2
尿道	にょうどう	urètre	尿道	niao4dao4

局　Bureau　局

局長	きょうくちょう	chef de bureau	局长	ju2zhang3
局限	きょくげん	localisation	限定	xian4ding4

Ch. 局限 / ju2xian4 = être limité, borné

局外中立		neutralité	中立	zhong1li4
きょくがいちゅうりつ		Ch. 局外 7 ju2wai4 = étranger		

声　Voix　声

声学	せいがく	musique vocale	声乐	sheng1yue4

Ch. 声学 / sheng1xue2 = acoustique

名声	めいせい	renom, réputation	名声	ming2sheng1
声色	こわいろ	imitation d'une voix	声仿校	sheng1fang3xiao4

Ch. 声色 / sheng1se4 = 1) voix et mine 2) musique décadente et plaisirs de la chair

---

君　Monarque　君

君主	くんしゅ	monarque, souverain	君主	jun1zhu3
君子	くんし	homme d'honneur, vertueux	君子	jun1zi3
妻君	さいくん	femme	妻子	qi1zi

即　Près de　即

即死	そくし	mort instantanée	(即死	ji2si3)
即答	そくとう	réponse immédiate	(即答	ji2da2)

| 即日 | そくじつ | le jour même | 即日 | ji2ri4 |

忌 | | **Détester** | 忌 |

忌中	きちゅう	deuil	戴孝	dai4xiao4
忌日	きにち	anniversaisre de la mort	忌日	ji4ri4
			忌辰	**ji4chen2**
忌避	きひ	esquive,	回避	hui2bi4
		évasion	越狱	yue4yu4

改 | | **Changer** | 改 |

改革	かいかく	réforme (-ation)	改革	gai3ge2
改善	かいぜん	amélioration	改善	gai3shan4
改正	かいせい	corriger, révision	改正	gai3zheng4
改新	かいしん	réforme(ation)	改新	gai3xin1
改心	かいしん	-do-		X
改良	かいりょう	amélioration, amender, réformer	改良	gai3liang2

秀 | | **Elégant** | 秀 |

| 秀才 | しゅうさい | génie | 才华 | cai2hua2 |

Ch. 秀才 / xiu4cai = 1 bachelier ; 2 lettré

| 秀気 | しゅうき | distingué, gracieux | 秀气 | xiu4qi |
| 秀逸 | しゅういつ | chef-d'œuvre | 杰作 | jie2zuo4 |

邪 | | **Pervers** | 邪 |

| 邪魔 | じゃま | obstacle | 阻碍 | zu3'ai4 |

Ch. 邪魔 / xie2mo = esprit du mal

邪念	じゃねん	mauvaise intention, pensée	邪念	xie2nian4
邪道	じゃどう	mauvaise conduite, hérésie	邪道 邪说	xie2dao4 xie2shuo1

防

		Protéger contre	防	
防止	ぼうし	empêcher, prévenir	防止	fang2zhi3
防火	ぼうか	protéger contre les incendies	防火	fang2huo3
防水	ぼうすうい	imperméable	防水	fang2shui3

弟

		Frère cadet	弟	
弟妹	ていまい	frères cadets et sœurs cadettes	弟妹	di4mei4
弟子	でし	disciple	弟子	di4zi3
兄弟	きょうだい	frères	弟兄	di4xiong

形

		Forme	形	
形状	けいじょう	apparence, forme	形状	xing2zhuang4
形式	けいしき	formalité, forme	形式	xing2shi4
人形	にんぎょう	poupée	洋娃娃	yang2wa2wa

麦

		Blé	麦	
麦稈 ばっかん, むぎわら		paille	麦秸	mai4jie1
麦畑	むぎばたけ	champ de blé	麦田	mai4tian2
麦酒	びる ビール	bière	啤酒	pi2jiu3

妥		Calme / Approprié	妥	
妥結	だけつ	conclusion satisfaisante	妥结	tuo3jie2
妥協	だきょう	compromettre, transiger	妥协	tuo3xie2
妥当	だとう	adéquat, approprié, convenable	妥当	tuo3dang

妙		Magnifique	妙	
妙技	みょうぎ	merveilleuse adresse	妙技	miao4ji4
妙手	みょうしゅ	main adroite	妙手	miao4shou3
妙薬	みょうやく	remède infaillible	妙药	miao4yao4

妊		Etre enceinte	妊	
妊娠	にんしん	gestation, grossesse	妊娠	ren4shen1
妊婦	にんぷ	femme enceinte	妊妇	ren4fu4

妨		Empêcher	妨	
妨害	ぼうがい	être nuisible à, faire tort à	妨害	fang2hai4

努		S'efforcer	努	
努力	どりょく	effort	努力	nu3li4
努力家	どりょくか	dur travailleur	勤奋地工作者	qin2fen4di4gong1zuo4zhe3

忍		Supporter	忍	
忍従	にんじゅう	soumission	服从	fu2cong2
忍耐	にんたい	endurance, patience	忍耐	ren3nai4

毎 | Chaque | 毎

毎日	まいにち	chaque jour	毎天	mei3tian1
毎度	まいど	chaque fois	毎当	mei3dang1
日毎に	ひごとに	jour après jour	一天又天 日复一日	yi1tian1you2tian1 ri4fu4yi2ri4

亜 | Second | 亚

| 亜丁 / 阿伝
あでん | | Aden | 亚丁 | ya4ding1 |
| 亜鉛 | あえん | zinc | 锌 | xin1 |

身 | Corps | 身

身体	しんたい	corps	身体	shen1ti3
身分	みぶん	condition, position sociale	身分	shen1fen
身投	みなげ	se suicider	投	tou2

Ch. 投身 / tou2shen1 = se consacrer à, se jeter dans

助 | Aider | 助

助力	じょりょく	assistance	帮助	bang1zhu4
助言	じょげん, じょごん	conseil	劝告	quan4gao4
助手	じょしゅ	assistant	助手	zhu4shou3

冷 | Froid | 冷

| 冷水 | ひやみず,
れいすい | eau froide | 冷水 | leng3shui3 |
| 冷静 | れいせい | calme, sang-froid | 冷静 | leng3jing4 |

冷淡	れいたん	indifférence, traiter qn froidement	冷淡	leng3dan4
冷遇	れいぐう	réception froide	冷遇	leng3yu4
冷酷	れいこく	cruauté	冷酷	leng3ku4
冷汗	ひやあせ	sueur froide	冷汗	leng3han4

沈		**Couler**	沉	
沈没	ちんぼつ	couler, faire naufrage	沉没	chen2mo4
沈黙	ちんもく	silencieux	沉默	chen2mo4
沈殿	ちんでん	précipitation (Chimie), sédimentation	沉淀	chen2dian4
沈着	ちんちゃく	calme	沉着	chen2zhuo2
沈勇	ちんゆう	sang-froid	(沉勇)	chen2yong3)
沈痛	ちんつう	amer, cinglant	沉痛	chen2tong4

汽		**Vapeur**	汽	
汽船	きせん	bateau à vapeur	汽船	qi4chuan2
汽車	きしゃ	train Ch. 汽车 / qi4che1 = auto	火车	huo3che1
汽笛	きてき	sifflet à vapeur, sirène	汽笛	qi4di2
汽罐	きかん	moteur	动力	dong4li4

沖		**Se précipiter**	冲 / chong1	
沖天の	ちゅうてんの	s'élever au ciel	抬起天	tai2qi3tian1
横浜沖	よこはまおき	au large de Yokohama	横浜外海	Heng2bin1wai4hai3
沖合	おきあい	au large, en pleine mer	大海	da4hai3
沖渡し	おきわたし	« free overside », libre <u>par-dessus bord</u> !	从船上	cong2chuan2shang4

沢		**Marais**	泽	
沢山	たくさん	beaucoup	很多	hen3duo1
沢庵	たくあん	radis en saumure	腌樱桃萝卜	yan1ying1tao2luo2bo
光沢	こうたく	éclat, lustre Ch. 泽/ 澤/ze2 = étang, éclat	光泽	guang1ze2
潤沢な	じゅんたくな	abondance	大量	da4liang4

決		**Décider**	決	
決定	けってい	décider, résolution	决定	jue2ding4
決心	けっしん	détermination	决心	jue2xin1
決死	けっし	être mort	决死	jue2si3

没		**Sombrer**	没	
没収	ぼっしゅう	confiscation, saisie	没收	mo4shou1
没我	ぼつが	modestie	谦虚	qian1xu1

走		**Courir / Marcher**	走	
走程	そうてい	course	行程	xing2cheng2
競走	きょうそう	compétition	竞争	jing4zheng1
逃走	とうそう	fuite	逃走	tao2zou3
			逃跑	tao2pao3

足		**Pied**	足	
足踏	あしぶみ	pas	步	bu4
足並	あしなみ	allure	步伐	bu4fa2
足跡	あしあと, そくせき	empreinte, trace	足迹	zu2ji4

近		**Proche**	近	
近眼	きんがん	myopie	近視眼jin4shi4yan3	
近所	きんじょ	voisinage	附近	fu4jin4
			邻近	lin2jin4
近海	きんかい	eaux côtières, mer voisine	近海	jin4hai3
近代	きんだい	temps moderne	近代	jin4dai4
近刊	きんかん	publication récente	近刊物	jin4kan1wu4
近頃	ちかごろ	récemment	最近	zui4jin4
			新近	xin1jin4

返		**Retourner**	返	
返事	へんじ	réponse	回答	hui2da3
返礼	へんれい	cadeau en retour	返回的礼物 fan3hui2deli3wu4	
返済	へんさい	repaiement	(回支付 hui2zhi1fu4)	

延		**Prolonger**	延	
延長	えんちょう	étendre, prolonger	延长	yan2chang2
延着	えんちゃく	arrivée retardée	延迟的到达 yan2chi4dedao4da2	
延期	えんき	ajourner, différer, remettre	延期	yan2qi1

廷		**Cour**	廷	
廷丁	ていてい	membre de la cour	(廷丁	ting2ding1)
法廷	ほうてい	cour de justice, tribunal	法庭	fa3ting2
宮廷	きゅうてい	Cour	官廷	guan1ting2

迎		**Accueillir**	迎	
迎合	げいごう	flatterie Ch. 迎合 / ying2he2 = pourvoir	奉承	feng4cheng
迎酒	むかえざけ	cure de sake pour se désintoxiquer	X	
迎送	げいそう	accueillir et accompagner	迎送	ying2song4

8 traits

卒		Soldat	卒	
卒業	そつぎょう	être diplomé	卒业	zu2ye4
卒中	そっちゅう	apoplexie	卒中	zu2zhong1
卒倒	そっとう	évanouissement	消失	xiao1shi1

夜		Nuit	夜	
夜会	やかい	soirée (partie) Ch. Boîte de nuit	夜场 夜总会	ye4chang3 ye4zong3hui4
夜学	やがく	cours du soir	夜校	ye4xiao4
夜具	やぐ	drap, couverture	呢 被单	ne2/ni2 bei4dan1
夜店	よみせ	étal, marché de nuit	夜市	ye4shi4
夜業	やぎょう	travail de nuit	夜工	ye4gong1
夜番	よばん	veille de nuit	夜间值班	ye4jian1zhi2ban1

並		En ligne / Combiner	并 / bing4	
並列	へいれつ	rang	地位 行列	di4wei4 hang2lie4
並木	なみき	route bordée d'arbres	树在旁边路	shu4zai4pang2bian1lu4
並足	なみあし	marche lente	慢的行走	man2dexing2zou3

花		Fleur	花	
花柳病	かりゅうびょう	maladies vénériennes	花柳病	hua1liu3bing4
花屋	はなや	fleuriste	花匠	hua1jiang4

| 花見 | はなみ | voir des fleurs (contemplation) | 花看见 | hua1kan4jian4 |

到 — Arriver — 到

到底	とうてい	à la fin	到底	dao4di3
到着	とうちゃく	arrivée	到来	dao4lai2
到頭	とうとう	à la fin, finalement	到头来	dao4tou2lai

効 — Effet — 效

効能	こうのう	effet	效力	xiao4li4
効果	こうか	résultat	效果	xiao4guo3
効目	ききめ	efficacité	效力	xiao4li4

刻 — Graver — 刻

刻々	こくこく	chaque moment	每刻	mei3ke4
刻印	こくいん	sceau gravé	刻印	ke4yin4
刻限	こくげん	temps fixé	确定时	que4ding4shi2
時刻	じこく	heure, temps	时刻	shi2ke4
時刻表	じこっくひょう	horaire	时刻表	shi2ke4biao3

劾 — Accuser — 劾

| 劾責 | がいせき | reproche sévère | 严厉的责备 | yan2li4deze2bei4 |
| 劾弾 | がいだん | accusation | 劾弹 | he2dan4 |

卸 — Vente en gros / Décharger — 卸 / xie4

| 卸値段 | おろしねだん | prix de gros | 批发价 | pi1fa1jia4 |

卸商	おろししょう	grossiste	批发商	pi1fa1shang1
卸売	おろしうり	vente en gros	批发售	pi1fa1shou4
店卸	たなおろし	inventaire	清点财产 qing1dian3cai2chan3	

乳		**Mamelle**	乳	
乳房	ちぶさ	seins	乳房	ru3fang2
乳母	うば	nourrice	乳母	ru3mu3
牛乳	ぎゅうにゅう	lait de vache	牛乳	niu2ru3
乳色	にゅうしょく	blanc laiteux	乳白	ru3bai2
乳腺	にゅうせん	glandes mammaires	乳腺	ru3xian4
乳児	にゅうじ	nourrisson, nouveau-né	乳儿	ru3'er2

叔		**Oncle**	叔	
叔父	おじ, しゅくふ	oncle	叔父	shu1fu
叔母	おば, しゅくぼ	tante	叔母	shu1mu3

幸		**Honneur**	幸	
幸福	こうふく	bonheur	幸福	xing4fu2
幸運	こううん	chance	幸运	xing4yun4
幸運児	こううんじ	veinard	幸运儿	xing4yun4er2
不幸	ふこう	malheur	不幸	bu4xing4

表		**Surface**	表	
表現	ひょうげん	expression, manifestation	表现	biao3xian4
表紙	ひょうし	couverture (d'un livre)	护封	hu4feng1
表札	ひょうさつ	plaque	牌子	pai2zi

時間表	じかんひょう	horaire, emploi du temps	时间表	shi2jian1biao3
表情	ひょうじょう	expression du visage	表情	biao3qing2
表装	ひょうそう	montage	安装	an1zhuang4

季		Saison	季	
季節	きせつ	saison	季节	ji4jie2
四季	しき	quatre saisons	四季节	si4ji4jie2
季節物	きせつもの	produit de saison	季节物	ji4jie2wu4
季節的	きせつてき	saisonnier	季节的	ji4jie2de

坪		6 pieds carrés / Terrain plat	坪	
坪当り	つぼあたｔり	1 tsuboo = 6 pieds carrés, 3.35 m²		X
坪数	つぼすう	aire, terrain plat	坪	ping2
一坪	ひとつぼ	6 pieds carrés, 3.35 m²		X

協		En commun	协	
協定	きょうてい	accord, coopération	协定	xie2ding4
協同	きょうどう	coopérer avec	协同	xie2tong2
			协作	xie2zuo4
協力	きょうりょく	conjuguer ses efforts	协力	xie2li4

抜		Tirer	拔 / ba2	
抜群	ばつぐん	prééminent	显著	xian3zhu4
抜足	ぬきあひ	pas furtif	偷偷摸摸的步 tou1tou1mo1mo1debu4	
抜擢	ばってき	sélection	选择	xuan3ze2
拝		Respect	拜	

拝見	はいけん	rendre visite	拜见	bai4jian4
拝謁	はいえつ	audience, faire une visite de cérémonie	拜谒	bai4ye4
拝啓	はいけい	Cher monsieur (lettre)	亲爱的	qin1'ai4de

拙 Maladroit 拙

拙宅	せったく	ma maison	拙宅	zhuo1zhai2
拙者	せっしゃ	je, mon	拙	zhuo1
拙速	せっそく	rudimentaire	简陋	jian3lou4(de)

抵 Résister 抵

| 抵抗 | ていこう | résister | 抵抗 | di3kang4 |
| 抵当 | ていとう | hypothèque | 抵押 | di3ya1 |

拡 Etendre 扩

拡大	かくだい	grossissant	扩大	kuo4da4
拡声器	かくせいき	haut-parleur	扩音器	kuo4yin1qi4
拡張	かくちょう	élargir, étendre	扩张	kuo4zhang1

拘 Arrêter 拘

拘留	こうりゅう	détenir qn, mettre qn sous la garde de la police	拘留	ju1liu2
拘束	こうそく	contraindre	拘束	ju1shu4
拘引	こういん	arrêts	禁闭	jin4bi4

抱 Porter dans ses bras 抱

| 抱主 | かかえぬし | employeur | 雇主 | gu4zhu3 |

| 抱負 | ほうふ | ambition, aspiration | 抱负 | bao4fu4 |
| 抱擁 | ほうよう | embrasser | 拥抱 | yong1bao4 |

拒

		Résister	拒	
拒絶	きょぜつ	refuser	拒绝	ju4jue2
拒否	きょひ	désaveu, véto	否决	fou3jue2
拒否権	きょひけん	droit de véto	否决权	fou3jue2quan2

拓

		Etendre	拓 / ta4-tuo4	
拓務	たくむ	affaires coloniales	殖民务	zhi2min2wu4
拓殖	たくしょく	colonisation	殖民	zhi2min2

担

		Porter (sur l'épaule)	担	
担桶	たご, かつぎおけ	baquet	木桶	mu4tong3
担保	たんぽ	hypothèque, garantie	担保	dan1bao3
担架	たんか	brancard, civière	担架	dan1jia4

拍

		Battre	拍	
拍手	はくしゅ	frapper des mains	拍手	pai1shou3
拍子木	ひょうしぎ	claquettes	木拍板	mu4pai1ban3
拍車	はくしゃ	éperon	马刺	ma3ci4

押

		Détenir	押	
押問答	おしもんどう	questions-réponses répétées	重说的提问回答 chong2shu1deti2wen4hui2da2	
押込	おしこみ	effraction (d'une maison)	破坏围墙 po4huai4wei2qiang2	

| 押収 | おうしゅう | saisie | 扣押 | kou4ya1 |

抽　Tirer　抽

抽象論		argument abstrait	抽象的论据	
ちゅうしょうろん			chou1xiang4delun4ju4	
抽象	ちゅうしょう	abstrait	抽象	chou1xiang4

招　Inviter / Faire signe à qn　招

招待	しょうたい, しょうだい	invitation	招待	zhao1dai4
招待状		carte d'nvitation	请帖	qing3tie3
しょうたいしょう，しょうだいしょう				
招聘	しょうへい	emploi, faire de la publicité pour l'emploi	招聘	zhao1pin4
招き猫	**まねきねこ**	**chat attirant la clientèle**	招揽的猫	zhao1lan3demao1

物　Chose　物

物質	ぶっしつ	matière, substance	物质	wu4zhi4
物産	ぶっさん	produits	物产	wu4chan3
物置	ものおき	réserve	食物	shi2wu4
物々しい		ostentations	炫耀	xuan4yao4
ものものしい				
進物	しんもつ	cadeau	礼物	li3wu4

牧　Faire paître　牧

| 牧場 | ぼくじょう,
まきば | pâturage | 牧场 | mu4chang3 |
| 牧畜 | ぼくちく | élevage | 牧畜 | mu4xu4 |

牧師	ぼくし	pasteur	牧师	mu4shi

林		**Forêt**	林	
林檎	りんご	pomme	苹果	ping2guo3
林業	りんぎょう	exploitation forestière	林业	lin2ye4

杯		**Verre**	杯 / **bei1**	
杯洗	はいせん	rince-doigts	洗手碗	xi3shou3wan3

松		**Pin**	松	
松林	まつばやし	pinède	松林	song1lin2
松葉	まつば	aiguille de pin	松针	song1zhen1
松茸	まつだけ	genre de champignon ; Ch. Autre !	松蕈	song1xun4
松根油	しょうこんゆ	colophane, résine	松香	song1xiang1

枝		**Branche**	枝	
枝葉	しよう	branches et feuilles ; détails mineurs	枝叶	zhi1ye4
枝振	えだぶり	ramification	分枝	fen1zhi1

析		**Séparer**	析	
分析	ぶんせき	analyser	分析	fen1xi1

板		**Planche**	板	
板前	いたまえ	**cuisinier japonais**	厨师	chu2shi1
板目	いため	grain, veine (du bois)	纹理	wen2li3
板子	いたご	planchette	板子	ban3zi

看板	かんばん	enseigne	招牌	zhao1pai2

枢

枢		**Pivot**	枢 / **shu1**	
枢府	すうふ	concile privé	私下的主教会议 si1xia4dezhu3jiao4hui4yi4	
枢機卿	すうききょう	cardinal	红衣主教	hong2yi1zhu3jiao4

枚

枚		*Numératif*	枚 / **mei2**	
枚挙	まいきょ	énumération	列举	lie4ju3
大枚	たいまい	grosse somme	一大笔款	yi2da4bi3kuan3

和

和		**Doux**	和	
和解	わかい	conciliant	和解	he2jie3
和製	わせい	**fabriqué au Japon**	日本制	Ri4ben3zhi4
和平	わへい	paix	和平	he2ping2
大和	やまと	Japon (classique)	日本	Ri4ben3

制

制		**Restreindre**	制	
制止	せいし	empêcher	制止	zhi4zhi3
制裁	せいさい	sanctionner	制裁	zhi4cai2
制度	せいど	institution, système	制度	zhi4du4

刺

刺		**Epine**	刺	
刺繍	ししゅう	broderie	刺绣	ci4xiu4
刺客	しかく, せっきゃく	assassin(er)	杀人犯 刺杀	sha1ren2fan4 ci4sha1
名刺	めいし	carte de visite	名片	ming2pian4

批

批		Critiquer	批	
批判	ひはん	critiquer	批判	pi1pan4
批評	ひひょう	faire la critique	批评	pi1ping2
批准	ひじゅん	ratifier	批准	pi1zhun3

拠

拠		Compter sur	据	
拠り所	よりどころ	fondation	創办	chuang4ban4
拠点	きょてん	position-clé	据点	ju4dian3
証拠	しょうこ	preuve, témoignage	证据	zheng4ju4

炎

炎		Brûlant	炎	
炎上	えんじょう	destruction par le feu	火被破坏	huo3bei4po4huai4
炎天	えんてん	temps chaud	炎热的天	yan2re4detian1
炎署	えんしょ	chaleur intense, canicule	炎暑	yan2shu3

怪

怪		Etrange	怪 / guai4	
怪我	けが	blessure	伤	shang1
怪事	かいじ	étonnement, mystère	惊讶 神秘	jing1ya4 shen2mi4
怪談	かいだん	histoire de monstre Ch. 怪话 / guai4hua4 = plaintes	鬼故事	gui3gu4shi2

性

性		Caractère	性	
性質	せいしつ	caractère, nature	性质	xing4zhi4
性的	せいてき	sexuel	性的	xing4de
性分	しょうぶん	disposition naturelle	性心情	xing4xin1qing2

怖　Craindre　怖

怖々	おじおじ	nerveusement, timidement	神経 脳腆	shen2jing1 mian3tian3
怖気	おじけ	peur	怖 害怕	bu4 hai4pa4
恐怖	きょうふ	peur, terreur	恐惧	kong3ju4

炉　Foyer　炉

| 炉端 | ろばた | près du feu | 火边 | huo3bian1 |
| 炉火 | ろか | âtre | 炉火 | lu4huo3 |

炊　Cuisiner　炊

| 炊夫 | すいふ | cuisiner | 炊 | chui1 |
| 炊事 | すいじ | cuisine | 炊事 | chui1shi4 |

長　Long　长

長方形	ちょうほうけい	rectangle	长方形	chang2fang1xing2
長期	ちょうき	long terme	长期	chang2qi1
長所	ちょうしょ	excellence, point fort	杰出 强壮的点	jie2chu1 qiang2zhuang4dedian3
長老	ちょうろう	aîné, senior	最年长的 成年运动员	zui4nian2zhang3de cheng2nian2yun4dong4yuan2

岳　Haute montagne　岳

| 山岳 | さんがく | haute montagne | 山岳 | shan1yue4 |
| 岳父 | がくふ | beau-père | 岳父 | yue4fu4 |

邸		**Résidence**	邸	
邸宅	ていたく	résidence	邸	di3
邸内	ていない	enceinte, terrain	围墙 一块土地	wei2qiang2 yi1kuai4tu3di4

承		**Supporter**	承	
承諾	しょうだく	accord, consentir à	承诺	cheng2nuo4
承知	しょうち	accord, consentement	同意	tong2yi4
承認	しょうにん	reconnaissance	承认	cheng2ren4

依		**Dépendre de**	依	
依存する いぞんする		dépendre de	依存	yi1cun2
依頼	いらい	demander, solliciter Ch.依赖 / yi1lai2 = compter sur	请求	qing3qiu2

佳		**Bon**	佳	
佳人	かじん	belle femme	佳人	jia1ren2
佳作	かさく	bel ouvrage	佳作	jia1zuo4

侍		**Servir**	侍	
侍医	じい	médecin de cour	(侍医	shi4yi1)
侍女	じじょ	servante	侍女	shi4nü3

価		**Prix**	价	
価格	かかく	coût, prix	价格	jia4ge2
価値	かち	valeur	价值	jia4zhi2
定価	ていか	prix fixe	定价	ding4jia4

使		Envoyé	使	
使節	しせつ	envoyé diplomatique, messager	使节	shi3jie2
使徒	しと	apôtre	使徒	shi3tu2
使用	しよう	utilisation	使用	shi3yong4
大使	たいし	ambassadeur	大使	da4shi3
使徒行伝 しとぎょうでん		Actes des Apôtres	使徒行传 shi3tu2xing2chuan2	

併		Combiner	并	
併呑	へいどん	annexer, englober	并吞	bing4tun1
併用する へいようする		utiliser conjointement	(并用	bing4yong4)

供		Faire une offrande	供	
供物	くもつ	offrande	供品	gong4pin3
供託	きょうたく	location / Ch. Déposition	供词	gong4ci2
子供	こども	enfant	小孩	xiao3hai2

征		Conquérir	征	
征伐	せいばつ	faire une expédition punitive	征伐	zheng1fa2
征服	せいふく	conquérir, dompter	征服	zheng1fu2

往		Aller	往	
往生	おうじょう	mort	死气	si3qi4
往来	おうらい	aller et venir ; relation	往来	wang3lai2
往復	おうふく	voyage de retour/ Ch. Faire le va-et-vient	往复	wang3fu4

径		**Sentier**	径	
径路	けいろ	sentier	径路	jing4lu4
半径	はんけい	rayon	半径	ban4jing4

彼		**Celui-là, celle-là**	彼	
彼女	かのじょ	elle	她	ta1
彼我	ひが	lui et moi ; Ch. mutuellement	彼此	bi3ci3
彼岸	ひがん	l'autre rive, le nirvana	彼岸	bi3'an4

孤		**Seul**	孤	
孤立	こりつ	isolé	孤立	gu1li4
孤児	こじ	orphelin	孤儿	gu1'er2
孤独	こどく	délaissé, solitaire	孤独	gu1du2

版		**Cliché**	版	
版権	はんけん	copyright	版权	ban3quan2
出版	しゅっぱん	éditer, publier	出版	chu1ban4

非	**Non / Déprécier**		非	
非常に	ひじょうに	très	非常	fei1chang2
非常識	ひじょうしき	absurdité	荒唐	huang1tang2

祉		**Bonheur**	祉	
祉福	しふく	bonheur, félicité	祉福	zhi3fu2
福祉	ふくし	bien-être	福利	fu2li4

祈		**Prier**	祈	
祈願	きがん	supplier	祈求	qi2qiu2
祈祷	きとう	prier	祈祷	qi2dao3
祈念	きねん	prière et invocation	(祈念	qi2nian4)

例		**Exemple**	例	
例年	れいねん	année ordinaire	(例年	li4nian2)
例外	れいがい	exception	例外	li4wai4
例題	れいだい	exemple	例題	li4ti2

武		**Vaillant**	武	
武士	ぶし	guerrier	武士	wu3shi4
武力	ぶりょく	forces militaires	武力	wu3li4
武器	ぶき	arme	武器	wu3qi4

奇		**Etrange**	奇	
奇抜	きばつ	original	奇特	qi2te4
奇蹟	きせき	miracle	奇迹	qi2ji1
奇人	きじん	personne excentrique	(奇人	qi2ren2)

奔		**Courir**	奔	
奔流	ほんりゅう	rapides	奔流	ben1liu2
奔走	ほんそう	se démener, s'occuper activement d'une affaire	奔走	ben1zou3
奔命	ほんめい	s'empresser	奔命	ben1ming4

参		**Visiter**	参	

参政権	さんせいけん	partager une affaire politique	参政	can1zheng4
参考書	さんこうしょ	ouvrage de référence	参考书	can1kao3shu1
参列	さんれつ	participer, prendre part à	参加	can1jia1

巻   **Volume**   巻

巻物	まきもの	rouleau de peinture	卷轴	juan4zhou2
巻添	まきぞえ	emmêlement	弄乱	nong4luan4
巻頭	かんとう	début d'un livre	(卷头	juan4tou2)

券   **Billet**   券

| 入場券 | にゅうじょうけん | billet d'entrée | 入场券 | ru4chang3quan4 |
| 券面 | けんめん | face d'un billet (de banque) | (券面 | quan4mian4) |

奉   **Offrir / Lever**   举

奉祝	ほうしゅく	célébration	举行 庆祝	ju3xing2 qing4zhu4
奉公	ほうこう	service public	公务	gong1wu4
奉仕	ほうし	service	(举仕	ju3shi4)

知   **Savoir**   知

知人	ちじん	connaissance	知人	zhi1ren2
知名	ちめい	fameux	知名	zhi1ming2
知事	ちじ	gouverneur	总督	zong3du1

店   **Boutique**   店

店主	てんしゅ	propriétaire d'une boutique	店主	dian4zhu3
店員	てんいん	employé de boutique, vendeur	店员	dian4yuan2
店先	みせさき	devanture	店面	dian4mian4
店子	たなこ	locataire	房客	fang2ke4

底 Base 底

底意	そこい	réelle intention	(底意	di3yi4)
海底	かいてい	fond de la mer	海底	hai3di3
心底	しんてい	fond du cœur	出自内心	chu1zi4nei4xin1

府 Siège du gouvernement 府

| 府下 | ふか | ditrict suburbain | 市郊的区 | shi4jiao3dequ1 |
| 府県 | ふけん | préfecture | 府 | fu3 |

岸 Rivage 岸

| 岸壁 | がんぺき | quai | 堤岸 | di1'an4 |
| 海岸 | かいがん | bord de mer, côte | 海岸 | hai3an1 |

念 Penser 念

念仏	ねんぶつ	psalmodier des prières	念佛	nian4fo2
念頭	ねんとう	idée, pensée	念头	nian4tou
念力	ねんりき	volonté de pouvoir	(念力	nian4li4)

金 Métal 金

| 金貨 | きんか | pièce d'or | 金币 | jin1bi4 |

金庫	きんこ	coffre-fort	保险箱	bao3xian3xiang1

Ch. 金庫 / jin1ku4 = Trésor (de l'Etat)

金持	かねもち	riche	富有的 fu4tou3de
金色	こんじき	doré	金色	jin1se4

舍 Demeure 舍

舍監	しゃかん	surveillant d'internat	舍监	she4jian1
官舍	かんしゃ	résidence officielle	(官舍	guan1she4)
田舍	いなか	campagne	田野	tian2ye3

命 Vie 命

命令	めいれい	commandement, ordre	命令	ming4ling4
生命	せいめい	vie	生命	sheng1ming4
使命	しめい	mission	使命	shi3ming4

宝 Trésor 宝

宝物	ほうもつ, たからもの	trésor	宝物	bao3wu4
宝庫	ほうこ	salle du trésor	宝库	bao3ku4
宝石	ほうせき	pierre précieuse	宝石	bao3shi2

宗 Secte 宗

宗教	しゅうきょう	religion	宗教	zong1jiao4
宗匠	そうしょう	maître	宗匠	zong1jiang4
宗門	しゅうもん	clan, secte	宗族 宗派	zong1zu2 zong1pai4

空 Vide 空

空中	くうちゅう	air, espace	空间	kong1jian1
空腹	くうふく	estomac vide	空胃	kong1wei4
空想	くうそう	fantaisie, rêve	空想	kong1xiang3
空軍	くうぐん	armée de l'air	空军	kong1jun1
空気	くうき	air	空气	kong1qi4
空家	あきや	maison vide	空家	kong1jia1

実 Réel 实

実業	じつぎょう	industrie	实业	shi2ye4
実現	じつげん	réaliser	实现	shi2xian4
実在	じつざい	réel, vrai	实在	shi2zai4
実行	じっこう	appliquer, mettre en pratique	实行	shi2xing2

宙 Espace 宙

| 宙乗 | ちゅうのり | performance acrobatique en vol | 特技飞行 | te4ji4fei1xing2 |
| 宇宙 | うちゅう | univers | 宇宙 | yu3zhou4 |

官 Fonctionnaire 官

官吏	かんり	fonctionnaire	官吏	guan1li4
官報	かんぼう	*Gazette Officielle*	官报	guan1bao4
官民	かんみん	officiels et peuple	官民	guan1min2

宜 Convenable 宜 / yi2

| 便宜 | べんぎ | facilités | 便利 | bian4li4 |

Ch. 便宜 / bian4yi2 = *peu usité*

定		Fixer	定	
定期	ていき	période, régulier	定期	ding4qi1
定刻	ていこく	temps fixé	定时	ding4shi2
定木	じょうぎ	carré	正方形	zheng4fang1xing2

学		Etudier	学	
学業	がくぎょう	études	学业	xue2ye4
学生	がくせい	élève	学生	xue2sheng
学士	がくし	diplomé de l'université, licencié	学士	xue2shi4
学問	がくもん	apprentissage	学徒	xuz2tu2
学者	がくしゃ	érudit, savant	学者	xue2zhe3

受		Recevoir	受	
受信	じゅしん	recevoir une lettre	受信	shou4xin4
受取	うけとり	acceptation, reçu	接受 收条	jie1shou4 shou1tiao2
受付	うけつけ	réception, renseignement	收到 情报	shou1dao4 qing2bao4

盲		Aveugle	盲	
盲人	もうじん	aveugle	盲人	mang2ren2
盲従	もうじゅう	obéissance aveugle	忙服从	mang2fu2cong2
文盲	もんもう	analphabète, illettré	文盲	wen2mang2

周		Circonférence	周	
周囲	しゅうい	circonférence	圆周	yuan2zhou1
周旋	しゅうせん	bien accueillir	周旋	zhou1xuan2

| 一周 | いっしゅう | un tour | 一周 | yi1zhou1 |

欧 · Europe · 欧

欧米	おうべい	Europe et Amérique	欧美	ou1mei3
欧化	おうか	européisation, occidentalisation	欧化	ou1hua4
欧州	おうしゅう	Europe	欧洲	ou1zhou1

殴 · Attaquer · 攻

| 殴打 | おうだ | donner l'assaut | 攻打 | gong1da3 |
| 殴合い | なぐりあい | combat au poing, boxe | 拳击 | quan2ji1 |

育 · Cultiver · 育

| 育児 | いくじ | donner naissance à (enfant) | 育儿 | yu4'er |
| 育英 | いくえい | éducation | 教育 | jiao4yu4 |

肯 · Consentir · 肯

| 肯定 | こうてい | affirmation | 肯定 | ken3ding4 |

青 · Vert · 青

青年	せいねん	jeunesse	青年	qing1nian2
青春	せいしゅん	fleur de l'âge	青春	qing1chun1
青物	あおもの	légumes	蔬菜	shu1cai4

雨 · Pluie · 雨

| 雨天 | うてん | temps pluvieux | 雨天 | yu3tian1 |
| 雨戸 | あまど | volet | 护窗板 | hu4chuang1ban3 |

| 雨漏 | あまもり | fuite dans le toit | 雨漏 | yu3lou4 |

肺 Poumon 肺

| 肺炎 | はいえん | pneumonie | 肺炎 | fei4yan2 |
| 肺病 | はいびょう | tuberculose pulmonaire | 肺病 | fei4bing4 |

服 Vêtements 服

服用する ふくようする		prendre un médicament 服 / **fu4** = dose	服用 服药	fu2yong4 **fu4**yao4
服従	ふくじゅう	soumission, obéissance	服从	fu2cong2
洋服	ようふく	costume occidental	洋服	yang2fu2
服装	ふくそう	costume, habillement, tenue	服装	fu2zhuang1

肥 Gros 肥

| 肥料 | ひりょう | engrais | 肥料 | fei2liao4 |
| 肥大 | ひだい | hypertrophie | 肥大 | fei2da4 |

肪 Gras 肪

| 脂肪 | しぼう | graisse, gras | 脂肪 | zhi1fang2 |

国 Pays 国

国民	こくみん	national	国民	guo2min2
国有	こくゆう	nationalisé	国有	guo2you3
国籍	こくせき	nationalité	国籍	guo2ji2
国際	こくさい	international	国际	guo2ji4
国語	こくご	langue maternelle	本国语	ben3guo2yu3

| 国家 | こっか | nation, pays | 国家 | guo2jia1 |

固   Ferme   固

固定	こてい	fixation	固定	gu4ding4
固守	こしゅ	défendre avec acharnement ; tenir bon	固守	gu4shou3
固有	こゆう	inhérent, naturel, propre, spécifique	固有	gu4you3

京   Capitale (d'un pays)   京

京都	きょうと	**Kyoto**	京都	jing1du1
京阪	けいはん	**Kyoto & Osaka**	(京阪)	jing1ban1)
東京	とうきょう	**Tokyo**	东京	dong1jing1

享   Jouir de   享

| 享年 | きょうねん | année de bonheur | 享年 | xiang3nian2 |
| 享楽 | きょうらく | jouir des plaisirs de la vie | 享乐 | xiang3le4 |

岩   Roc   岩

岩石	がんせき	roc, roche	岩石	yan2shi2
岩苔	いわごけ	rocher moussu	岩苔	yan2tai1
岩根	いわね	pied du rocher	岩基部	yan2ji1bu4

忠   Fidèle   忠

| 忠孝 | ちゅうこう | **loyauté & piété filiale** | **忠孝** | **zhong1xiao4** |
| 忠実 | ちゅうじつ | fidèle, loyal | 忠实 | zhong1shi2 |

| 忠告 | ちゅうこく | avertissement sincère, bon conseil | 忠告 | zhong1gao4 |

事   Affaire   事

事業	じぎょう	entreprise	事业	shi4ye4
事故	じこ	accident	事故	shi4gu4
事情	じじょう	affaire, besogne	事情	shi4qing2
事変	じへん	incident	事変	shi4bian4

易   Facile   易

易者	えきしゃ	diseur de bonnes aventures	女算命者	nü3suan4ming4zhe3
貿易	ぼうえき	commerce	貿易	mao4yi4
容易	ようい	facile	容易	rong2yi4

昇   Monter   升

昇天	しょうてん	ascension	升天	sheng1tian1
昇降	しょうこう	ascension et chute	升降	shen1jiang4
昇給	しょうきゅう	monter d'un échelon	升级	sheng1ji2

卓   Table   卓

| 卓球 | たっきゅう | ping-pong | 乒乓球 | ping1pang1qiu2 |
| 卓出 | たくしゅつ | excellence | 卓越 | zhuo2yue4 |

昔   Passé   昔 / xi1

| 昔日 | せきじつ | antiquité | 古代 | gu3dai4 |

昔話	むかしばなし	folklore,	民间传说	
			min2jian1chuan2shuo1	
		légende	传说	chuan2shuo1
昔者	むかしもの	ancien peuple	老民	lao3min2
昔々	むかしむかし	il était une fois	从前	cong2qian2

卑		**Bas**	卑	
卑怯	ひきょう	lâcheté	卑鄙	bei1bi3
卑俗	ひぞく	vulgarisme	粗俗	cu1su2

果		**Fruit**	果	
果物	くだもの	fruit	果子	guo3zi
果実	かじつ	fruit	果实	guo3shi2
果然	かぜん	en effet, de fait	果然	guo3ran2

画		**Dessiner**	画	
画家	がか	dessinateur, peintre	画家	hua4jia1
画室	がしつ	studio d'un peintre	画室	hua4shi4
計画	けいかく	esquisse, plan	计画	ji4hua4

東		**Est**	东	
東洋	とうよう	Est-Ouest	东洋	dong1yang2
東西	とうざい、ひかし-にし	Est-Ouest	东西	dong1xi1
東屋	あずまや	kiosque	凉亭	liang2ting2

直		**Droit**	直	
直接	ちょくせつ	direct	直接的	zhi2jie1de
直立	ちょくりつ	vertical	垂直位置	chui2zhi2 wei4zhi
直通	ちょくつう	communication directe	直通	zhi2tong1
正直	しょうじき	honnêteté	正直	zheng4zhi2

呼		**Appeler**	吁 / **xu1, yu4**	
呼物	よびもの	attraction	吸引	xi1yin3
呼名	よびな	surnom	別名	bie2ming2

味		**Goût**	味	
味気ない		ennuyeux,	乏味	fa2wei4
あじきない		morne	忧愁的	you1chou3de
味方	みかた	allié,	联盟的	lian2mang2de
		supporteur	支持者	zhi1chi2zhe3

明		**Lumineux**	明	
明白	めいはく	clair, évident	明白	ming2bai2
明日	みょうにち, あした	demain, lendemain	明日	ming2ri4
夜明け	よあけ	aurore	曙光	shu3guang1

的		**Marque / *Mot grammatical***	的	
的確	てきかく	précision	准确	zhun3que4
的中	てきちゅう	coup	打	da3
目的	もくてき	but, fin, objectif	目的	mu4di4

居		**Résider**	居	
居間	いま	salon	客厅	ke4ting1
住居	すまい, じゅうきょ	habiter	居住	ju1zhu4
居留	きょりゅう	résider	居留	ju1liu2

屈		**Courber**	屈	
屈折	くっせつ	flexion, réfraction	屈折 折射	qu1zhe2 zhe2she4
屈託	くったく	soin souci	细心 优虑	xi4xin1 you1lü4
屈辱	くつじょく	humiliation	屈辱	qu1ru3

届		**Arriver à**	届 / jie4	
届先	とどけさき	destination	用途	yong4tu2
届書	とどけしょ	rapport écrit	写出产	xie3chu1chan3
行届く	ゆきとどく	être prudent	慎重的	shen4zhong4de
欠席届	けっせきとどけ	rapport de non-assistance	不参加出产	bu4can1jia1chu1chan3

肩		**Epaule**	肩	
肩書	かたがき	titre	称号	cheng1hao1
肩掛	かたかけ	châle	披肩	pi1jian1
肩車	かたぐるま	porter sur les épaules	肩上扛	jian1shang4kang2
肩章	けんしょう	épaulettes	肩章	jian1zhang1
撫で肩	なでがた	épaules tombantes	斜肩	xie2jian1

房	**Chambre**	房

房々した ふさふさした		franges	流苏	liu2su1
房事	ぼうじ	rapports sexuels	房事	fang2shi4
官房	かんぼう	officiel	官方	guan1fang1

門   **Porte**   门

門番	もんばん	portier	门房	men2fang2
門口	かどぐち	entrée	门口	men2kou3
専門	せんもん	spécial	专门	zhuan1men2

刷   **Imprimer / Brosser**   刷

刷新	さっしん	réformer, renouveler	刷新	shua1xin1
刷物	すりもの	imprimés	印刷品	yin4shua1pin3
印刷	いんさつ	impression	印刷	yin4shua1

所   **Place**   所

所在	しょざい	endroit, local, place	所在	suo3zai4
所言	しょげん	formulation	写	xie3
所持	しょじ	possession	所有	suo3you3

芽   **Bourgeon**   芽

芽生	めばえ	bourgeon	芽	ya2
発芽	はつが	bourgeonner	发芽	fa1ya2

阻   **Empêcher**   阻

阻止	そし	arrêter, empêcher, freiner	阻止	zu3zhi3

阻害	そがい	empêchement	阻碍	zu3'ai4

附 — Proche — 附

付近	ふきん	voisinage	附近	fu4jin4
附則	ふそく	dispositions additionnelles	附则	fu4ze2
附属	ふぞく	annexe, auxiliaire	附属	fu4shu3

妻 — Femme — 妻

妻子	さいし, つまこ	femme et enfants	妻子	qi1zi3
妻帯	さいたい	matrimonie	夫妻的	fu1qi1de
妻君	さいくん	sa moitié	老婆	lao3po

垂 — Pendre — 垂

垂下	すいか	instance – Ch diff. Ch. Régler après enquête ; juger	审理中	shen3li2zhong1
垂直	すいちょく	perpendiculaire, vertical	垂直的	chui2zhi2de

弦 — Corde — 弦

弦月	げんげつ	croissant (de lune)	新月	xin1yue4
弦楽	げんがく	musique à cordes	弦乐	xian2yue4
弓弦	ゆみずる	corde d'un arc	弓弦	gong1xian2

弧 — Arc — 弧

弧状の	こじょうの	en forme d'arc	弧形	hu2xing1
弧度	こど	radiant	弧度	hu2du4
括弧	かっこ	parenthèses	圆括弧	yuan2kuo4hu2

条		Bande	条	
条約	じょうやく	pacte, traité	条约	tiao2yue1
条例	じょうれい	règlement	条例	tiao2li4
条件	じょうけん	condition, terme	条件	tiao2jian4

委		Charger	委	
委任	いにん	mandater	委任	wei3ren2
委員	いいん	membre du comité	委员	wei3yuan2
委託	いたく	confier	委托	wei3tuo1
委細	いさい	détail	细目	xi4mu4
委任状	いにんじょう	mandat	委任状	wei3ren2zhuang4

姉		Sœur ainée	姉	
姉妹	しまい, あねいいもと	sœur	姊妹	zi3mei4
従姉妹	いとこ	cousine	堂姊妹	tang2zi3mei4
十姉妹	じゅうしまつ	perruche	雌鹦鹉	ci2ying1wu3

姓		Nom de famille	姓	
姓名	せいめい	nom et prénom	姓名	xing2ming2
百姓	ひゃくしょう	fermier Ch. 百姓 / bai3xing4 = peuple	佃农	dian4nong2

妹		Plus jeune sœur	妹	
妹背	いもせ	mari et femme	夫妇	fu1fu4
姉妹	しまい	sœur	姊妹	zi3mei4

始		Commencer	始	

始球	しきゅう	première balle (Baseball)	第一球	di3yi1qiu2
始末	しまつ	le début et la fin, les tenants et aboutissants	始末	shi3mo4
始発	しはつ	première voiture d'un train	头节车厢	tou2jie2che1xiang1

免		Exempter de	免	
免官	めんかん	démission	辞职	ci2zhi2
免状	めんじょう	diplôme	证书	zheng4shu1
免税	めんぜい	exempt d'impôts (de taxes,etc.)	免税	mian3shui4

芳		Parfumé	芳	
芳紀	ほうき	âge (d'une jeune femme)	芳龄	fang1ling2
芳志	ほうし	ses bons vœux	(芳志	fang1zhi4)
芳名	ほうめい	bon nom, réputation	(芳名	fang1ming2)

放		Mettre	放	
放火	ほうか	incendier	放火	fang4huo3
放送	ほうそう	diffuser	放送	fang4song4
放免	ほうめん	acquittement,	宣判无罪	xuan1pan2 wu2zui4
		relâcher	放松	fang4song1

毒		Poison	毒	
毒薬	どくやく	poison	毒药	du2yao4
毒瓦斯	どくがす	gaz toxique	毒瓦斯	du2wa3si1
毒舌	どくぜつ	langue acérée	挖苦话	wa1kuhua4
毒殺	どくさつ	empoisonnement	毒害	du2hai4

具		**Posséder**	具	
具合	ぐあい	condition	条件	tiao2jian4
具体的	ぐたいてき	concret, particulier	具体	ju2ti3

典		**Cérémonie**	典	
典獄	てんごく	directeur de prison	监狱长	jian1yu4zhang3
典型てき てんけいてき		exemple, modèle, type	典型	dian3xing2
式典	しきてん	cérémonie	仪式 典礼	yi2shi4 dian3li3

取		**Prendre**	取	
取消	とりけし	annuler, supprimer	取消	qu3xiao1
取引	とりひき	transaction	和解	he2jie3
取材	しゅざい	choix des matériaux	取材	qu3cai2

泣		**Pleurer**	泣 / qi4	
泣言	なきごと	grief, plainte	诉苦 控告	su4ku3 kong4gao4
泣上戸	なきじょうご	ivrogne sentimental	感情的酒鬼 gan3qing2dejiu3gui3	
泣虫	なきむし	pleurnicheur	爱哭的人	ai3ku1deren2

注		**Verser**	注	
注射	ちゅうしゃ	injecter	注射	zhu4she4
注意	ちゅうい	faire attention à	注意	zhu4yi4
注目	ちゅうもく	fixer son regard sur	注目	zhu4mu4
注視	ちゅうし	regarder attentivement	注视	zhu4shi4
注釈	ちゅうしゃく	annoter	注解	zhu4jie3

| 注文 | ちゅうもん | ordre normal des choses | 正常 | zheng4chang2 |

法 | Loi | 法

法王	ほうおう	Pape	罗马教皇 Luo2ma3jiao4huang2
法人	ほうじん	personne juridique	法人	fa3ren2
法律	ほうりつ	loi	法律	fa3lü4
法規	ほうき	lois et règlements	法规	fa3gui1
法外な	ほうがいな	absurde	荒缪的	huang1miu4de
法廷	ほうてい	cour de justice, tribunal	法庭	fa3ting2

泌 | Sécréter | 泌

| 泌尿 | ひにょう,
ひつにょう | uriner | 泌尿 | mi4niao4 |
| 泌尿器 | ひにょうき | appareil urinaire | 泌尿器 | mi4niao4qi1 |

泳 | Nager | 泳

| 水泳 | すいえい | nage | 水泳 | shui3yong3 |
| 泳法 | えいほう | style de nage | 泳式样 | yong3shi4yang4 |

波 | Vague | 波

波止場	はとば	quai	河堤 堤岸	he2di1 di1'an4
波及	はきゅう	affecter, engloutir, influencer	波及	bo1ji2
波紋	はもん	rides à la surface de l'eau ; ondulations	波纹	bo1wen2

河 Rivière 河

河原	かわら	lit d'une rivière à sec Ch. 河源 / he2yuan2 = source d'un cours d'eau	干涸河床	gan1he2he2chuang1
河畔	かはん	bord de rivière, rive	河岸	he2'an4
河童	かっぱ	**monstre de rivière**	河妖怪	he2yao1guai4

況 Circonstances 況

情況	じょうきょう	situation	情况	qing2kuang4
不況	ふきょう	dépression	不景气	bu4jing3qi4

治 Administrer 治

治療	ちりょう	cure, traitement	治疗	zhi4liao2
治安	ちあん	ordre public	治安	zhi4'an1
政治	せいじ	politique	政治	zheng4zhi4

泊 S'ancrer 泊

泊り客	とまりきゃく	invité, visiteur	客人	ke4ren
碇泊	ていはく	ancrer un bateau	泊船	bo2chuan2

油 Huile 油

油煙	ゆえん	noir de fumée	油烟	you2yan1
油紙	ゆうし, あぶらかみ	papier huilé	油纸	you2zhi3
油絵	あぶらえ	peinture à l'huile	油画	you2hua4

| 石油 | せきゆ | pétrole | 石油 | shi2you2 |

沸		**Bouillir**	**沸**	
沸き立つ わきたつ		bouillir	沸	fei4
沸騰	ふっとう	bouillir, bouilloner	沸騰	fei4teng2

沼		**Mare**	**沼**	
沼地	しょうち, ぬまち	bourbier	泥塘	ni2tang2
沼気	しょうき	gaz des marais	沼气	zhao3qi4
沿		**Le long de**	**沿**	
沿岸	えんがん	côte, littoral	沿岸	yan2'an4
沿線	えんせん	le long de la ligne	沿线	yan2xian4
沿道	えんどう	le long de la route	沿路	yan2lu4

芝		**Gazon / Sésame**	**芝** / **zhi1**	
芝生	しばふ	pelouse	草地	cao3di4
芝居	しばい	théâtre	剧场	ju4chqng3
芝刈り機 しばかりき		tondeuse à gazon	扎草机	zha2cao3ji1

述		**Raconter**	**述** / **shu4**	
述語	じゅつご	prédicat (grammaire)	谓语	wei4yu3
著述	ちょじつ, ちょじゅつ	paternité	作者身份 zuo4zhe3shen1fen4	

迭		**Alterner**	迭	
更迭	こうてつ	alterner, changer (d'occupation)	更迭	geng1die2

迫		**Forcer**	迫	
迫害	はくがい	persécution	迫害	po4hai4
迫力	はくりょく	pouvoir oppressif	(迫力	po4li4)

9 traits

前		**Avant**	前	
前日	ぜんじつ	veille	前夕	qian2xi1
前例	ぜんれい	précédent	前例	qian2li4
前方	ぜんぽう	front	前方	qian2fang1
前後	ぜんご	avant et après	前后	qian2hou4
前進	ぜんしん	avancer, progresser	前进	qian2jin4
前途	ぜんと	avenir	前途	qian2tu2

茎		**Tige**	茎	
歯茎	はぐき	gencive	齿龈	chi3yin2
地下茎	ちかけい	rhizome	地下茎	di4xia4jing1

荘		**Village**	庄	
別荘	べっそう	villa	别墅	bie2shu4
荘厳	そうごん	solennité	庄严	zhuang1yan2

某		**Quelqu'un**	某	
某氏	ぼうし	un tel, un certain monsieur	某人	mou3ren2
某所	ぼうしょ	un certain lieu	某所	mou3suo3

急		**Impatient**	急	
急行	きゅうこう	train express	快车	kuai4che1
急変	きゅうへん	urgence	紧急	jin3ji2

| 急所 | きゅうしょ | partie vitale | 生命部分
sheng1ming4bu4fen | |

柔 — Tendre — 柔

柔和	にゅうわ	gentillesse, humilité Ch. 柔和 / rou2he2 = doux, moelleux	亲切 谦虚	qin1qie4 qian1xu1
柔弱	にゅうじゃく	effeminé Ch. 柔弱/ rou2ruo4 = délicat, faible	女人气 懦弱的	nü3ren2qi4<u>de</u> nuo4ruo4de
柔術	じゅうじつ	*jujitsu*	柔术	rou2shu4

政 — Administration — 政

政府	せいふ	gouvernement	政府	zheng4fu3
政変	せいへん	crise politique	政发作	zheng4fa1zuo4
政事	せいじ	affaires gouvernementales, politiques	政事	zheng4shi4

珍 — Rare — 珍

珍重	ちんちょう	apprécier	珍重	zhen1zhong4
珍味	ちんみ	délicieux	美味	mei3wei4
珍事	ちんじ	accident	意外	yi4wai4

郊 — Faubourg — 郊

| 郊外 | こうがい | banlieue | 郊区 | jiao1qu1 |
| 近郊 | きんこう | faubourg | 近郊 | jin4jiao1 |

炭 — Charbon — 炭

| 炭酸 | たんさん | acide carbonique | 碳酸 | tan4suan1 |

石炭	せきたん	charbon	炭	tan4
木炭	もくたん	charbon de bois	木炭	mu4tan4
炭火	すみび	braise, feu du charbon	炭火	tan4huo3

背		**Dos**	背	
背景	はいけい	cadre, décor	背景	bei4jing3
背任	はいにん	abus de confiance	背信非	bei4xin4fei1
背後	はいご	au dos, drrière le dos	背后	bei4hou4
背中	せなか	arrière	(背中	bei4zhong1)
峠		***Symbole japonais / Cime***	岭	
峠	とうげ	cime, grandes montagnes	岭	ling3

| 峡 | | **Gorge** | 峡 | |
| 峡谷 | きょうこく | gorge, ravin | 峡谷 细谷 | xia2gu3 xi4gu3 |

幽		**Calme**	幽	
幽境	ゆうきょう	écarté, solitaire	幽静	you1jing4
幽谷	ゆうこく	vallée profonde	幽谷	you1gu3
幽霊	ゆうれい	fantôme, spectre	幽灵	you1ling2

紅		**Rouge**	红	
紅梅	こうばい	prunier en fleurs	红梅	hong2mei2
紅白	こうはく	rouge et blanc	红白	hong2bai2
紅顔	こうがん	figure rouge	红脸	hong2lian3

糾 Chercher / Emmêler 纠 / jiu1

糾明	きゅうめい	interrogatoire	审讯	shen3xun4
糾弾	きゅうだん	censure	弹劾	tan2he2
			审查处	shen3cha2chu4

約 Pacte 约

約手	やくて	billet à ordre	记名期票	ji4ming2qi1piao4
約束	やくそく	rendez-vous	约会	yue4hui
		Ch. 约束 / yue4shu4 = contraindre		
約一年	やくいちねん	environ un an	约一年	yue4yi1nian2

紀 Inscrire 纪

紀元	きげん	époque, ère	纪元	ji4yuan2
紀律	きりつ	discipline	记律	ji4lü4
記念	きねん	célébrer, commémorer	纪念	ji4nian4
世紀	せいき	siècle	世纪	shi4ji4

封 Sceller 封

封筒	ふうとう	enveloppe	信封	xin4feng1
封鎖	ふうさ	faire le blocus de	封锁	feng1suo3
封建	ほうけん	féodal	封建	feng1jian4

持 Tenir 持

| 持久 | じきゅう | endurance | 持久力 | chi2jiu3li4 |
| 持病 | じびょう | maladie chronique | 慢性病 | man4xing4bing4 |

| 持主 | もちぬし | propriétaire | 物主 | wu4zhu3 |

拷   **Battre**   拷

| 拷問 | ごうもん | torture, torturer | 拷 | kao3 |
| | | | 拷打 | kao3da3 |

拾   **Ramasser**   拾

| 拾得 | しゅうとく | cueillir, ramasser | 拾 | shi2 |
| 拾い読み ひろいよみ | | lecture décousue | 东拉西扯的阅读 dong1la1xi1deyue4du2 | |

括   **Lier**   括

| 括弧 | かっこ | parenthèses | 圆括弧 yuan2kuo3hu2 | |

指   **Doigt**   指

指紋	しもん	empreinte digitale	指纹	zhi3wen2
指導	しどう	diriger, guider	指导	zhi3dao3
指揮	しき	commander, diriger	指挥	zhi3hui1
指示	しし, しじ	indiquer, montrer	指示	zhi3shi4
指輪	ゆびわ	anneau	指环	zhi3huan2

牲   **Sacrifice / Bétail**   牲

| 犠牲 | ぎせい | sacrifice | 牺牲 | xi1sheng1 |

契	**Contrat**	契	
契約　けいやく	contrat	契约	qi4yue1

柱	**Colonne**	柱	
柱時計　はしらどけい	pendule	挂钟	gua4zhong1
柱石　ちゅうせき	pilier	柱石	zhu4shi2

柄	**Manche**	柄	
柄杓　ひしゃく	louche	长柄汤勺	chang2bing3tang1shao2
人柄　ひとがら	caractère personnel	自私的性质	zi4si1dexing4zhi4
横柄　おおへい	arrogance	傲慢	ao4man4

枯	**Desséché**	枯	
枯葉　かれは	feuille morte	枯叶	ku1ye4
枯草　かれくさ	herbe sèche	枯草	ku1cao3
枯死する	dessécher,	使干枯	shi3gan1ku1
こしする	mourir	死	si3
木枯し　こがらし	coup de gel	一阵结冰	yi1zhen4jie2bing1

相	**Réciproque**	相 / xiang1	
相手　あいて	rival	对手	dui4shou3
相談　そうだん	consultation	协商	xie2shang1
相伴　しょうばん	participation	参加	can1jia1

秒	**Seconde**	秒	

一秒	いちびょう	une seconde	一秒	yi1miao3
科		**Branche de sciences**	**科**	
科料	かりょう	amende	罚款	fa2kuan3
科学	かがく	science	科学	ke1xue2
科目	かもく	cours, sujet	科目	ke1mu4

秋		**Automne**	**秋**	
秋風	しゅうふう, あきかぜ	vent d'automne	秋风	qiu1feng1
秋雨	しゅうう, あきさめ	pluie d'automne	秋雨	qiu1yu3
秋波	しゅうは	faire de l'œil, œillade	秋波	qiu1bo1
秋蚕	あきご	élevage de vers à soie d'automne	(秋蚕)	qiu1can2)
秋草	あきぐさ	fleurs d'automne	(秋草)	qiu1cao3)
秋口	あきぐち	début de l'automne	秋开始 qiu1kai1shi3	

柳		**Saule**	**柳**	
柳行李	やなぎご	malle d'osier	柳行李 liu3xing2li	
柳眉	りゅうび	beaux sourcils	美眉毛 mei3mei2mao	

悩		**S'irriter**	**悩**	
悩殺する のうさつする		enchanter, fasciner	使狂喜 用目光慑眼	shi3kuang1xi3 yong4mu4guang1she4yan3

苦悩	くの	détresse	苦恼	ku3nao3

恒

Permanent 恒

恒星	こうせい	étoile (fixe)	恒星	heng2xing1
恒久	こうきゅう	perpétuité	永久	yong3jiu3

根

Haïr 恨

根事	こんじ	regret	恨事	hen4shi4
痛恨	つうこん	éprouver une haine implacable	痛恨	tong4hen4

畑

Champ cultivé 畑 / tian2

畑水練 はたけすいれん	connaissance livresque 书本知道 shu1ben3zhi1dao4

段

Marche / Section 段

段階	だんかい	rang	段	duan4
段落	だんらく	graduellement, petit à petit	逐渐 逐步	zhu2jian4 zhu2bu4
階段	かいだん	escalier, marche	楼梯 梯级	lou3ti1 ti1ji2

Ch. 阶段 / jie1duan4 = étape, phase

係

En charge / Système 系

係員	かかりいん	officier en charge	官员	guan1yuan2
関係	かんけい	relation	关系	guan1xi4
係累	けいるい	dépendant	从属的	cong2shu3de
係長	かかりちょう	chef de bureau	办公长	ban4gong1chang2

侯

Seigneur féodal / Attendre 侯

| 侯爵 | こうしゃく | marquis | 侯爵 | hou2jue2 |

俗 Coutume 俗

俗悪	ぞくあく	vulgaire et grossier	俗粗的	su2cu1de
俗化	ぞっか	vulgarisation	普及	pu3ji2
俗事	ぞくじ	affaire de tous les jours	整个的事务	zheng3ge4deshi4wu4
俗語	ぞくご	langage pouplaire	俗话	su1hua4
		Ch. 俗语 / su2yu3 = dicton		

侵 Envahir 侵

| 侵入 | しんにゅう | invasion | 入侵 | ru4qin1 |
| 侵略 | しんりゃく | agression | 侵略 | qin1lüe4 |

保 Maintenir 保

保護	ほご	protection	保护	bao3hu4
保証	ほしょう	assurer, garantir	保证	bao3zheng4
保険	ほけん	assurance	保险	bao3xian3

信 Croire 信

信仰	しんこう	croyance, foi	信仰	xin4yang3
信用	しんよう	fidélité, loyauté	信用	xin4yong4
信頼	しんらい	avoir confiance en	信頼	xin4lai4

便 Convenable 便

| 便乗する びんじょうする | monter à bord (d'un bateau), prendre l'avantage | 上船 乗机 | shang4chuan2 cheng2ji1 |

| 便利 | べんり | convenance | 便利 | bian4li4 |
| 便宜 | べんぎ | à son aise | 便宜 | bian4yi2 |

俊

| 俊 | | **Excellent / Beau** | 俊 | |
| 俊才 | しゅんさい | génie,
prodige,
homme de talent | 才华
神奇的
俊杰 | cai2hua2
sehn2qi2de
jun4jie2 |

侮

侮		**Insulte**	侮	
侮辱	ぶじょく	insulter	侮辱	wu3ru3
侮蔑	ぶべつ	dédain	蔑视	mie4shi4

促

促		**Urger**	促	
促進	そくしん	promouvoir	促进	cu4jin4
催促	さいそく	hâter, presser, urger	催促	cui1cu4

待

待		**Traiter**	待	
待望	たいぼう	attente	等待	deng3dai4
待遇	たいぐう	traitement	待遇	dai4yu4
待命	たいめい	attendre l'ordre	待命	dai4ming4

律

律		**Loi**	律	
律気もの りちぎもの		compagnon simple et <u>honnête</u>	正直的人	zheng4zhi2deren2
律動	りつどう	mouvement rhythmique	节律运动	jie2lü4yun4dong4
法律	ほうりつ	loi	法律	fa3lü4

後   **Arrière**   后

後継ぎ	あとつぎ	héritier, successeur	后继	hou4ji4
後手に	うしろでに	mains derrière le dos Ch. 后手 / hou4shou3 = marge	双手抄在背后 shuang1shou3chao1zai4bei4hou4	
後半	こうはん	la deuxième moitié	后半	hou4ban4
後光	ごこう	halo	光晕	guang1yun4
後刻	ごこく	après	以后	yi3hou4
後先	あとさき	derrière & devant	(后先 后前	hou4xian1) hou4qian2

狭   **Etroit**   狭

狭隘	きょうあい	étroitesse	狭隘	xia2'ai4
狭義	きょうぎ	au sens restreint	狭义	xia2yi4

狩   **Chasse**   狩

狩猟	しゅりょう	chasse	狩猎	shou4lie4
狩猟犬	しゅりょうけん	chien de chasse	(狩猎犬 猎狗	shou4lie4quan3) lie4gou3

独   **Seul**   独

独立	どくりつ	indépendance	独立	du2li4
独裁	どくさい	dictature	独裁	du2cai2
独案内	どくあんあい	guide	指导书	zhi3dao3shu1

祝   **Féliciter**   祝

祝日	しゅくじつ	fête	祝日	zhu4ri4

| 祝杯 | しゅくはい | toast | 祝酒 | zhu4jiu3 |
| 祝福 | しゅくふく | bénédiction | 祝福 | zhu4fu2 |

神 — Dieu — 神

神学	しんがく	théologie	神学	shen2xue2
神道	**しんとう**	**Shintoïsme**	神道	shen2dao4
神社	**じんじゃ**	**temple shinto**	(神社	shen2she4)
			神寺院	shen2si4yuan4

祖 — Ancêtres — 祖

祖先	**そせん**	**ancêtres**	**祖先**	**zu3xian1**
祖父	そふ	garnd-père	祖父	zu3fu4
祖母	そぼ	grand-mère	祖母	zu3mu3

威 — Puissance — 威

威光	いこう	prestige	威信	wei1xin4
威嚇	いかく	menacer	威吓	wei1he4
威張る	いばる	hautain	傲慢的	ao4man4de

茂 — Luxuriant — 茂

| 繁茂する | | florissant | 繁荣的 | fan2rong2de |
| はんもする | | Ch. 繁茂 / fan2mao4 = luxuriant, touffu | | |

美 — Joli — 美

美実	びじつ,びじゅつ	beaux-arts	美术	mei3shu4
美点	びてん	mérite	功绩	gong1ji4
美人	びじん	beauté	美人	mei3ren2

美学	びがく	esthétique	美学	mei3xue2
美徳	びとく	vertu	美徳	mei3de2
美食	びしょく	mets délicats, bonne chère	美食	mei3shi2

奏   Jouer de la musique   奏

奏楽	そうがく	performance musicale	成绩乐	cheng2ji4yue4
		Ch. 奏乐 / zou4yue4 = jouer de la musique		
奏攻	そうこう	succès	成功	cheng2gong1

春   Printemps   春

| 春夏秋冬 しゅん-か-しゅう-とう | | les quatre saisons | 春夏秋冬 chun1xia4qiu1dong1 | |
| 春雨 | はるさめ | pluie printanière | 春雨 | chun1yu3 |

盾   Bouclier   盾

矛盾	むじゅん	contradiction	矛盾	mao1dun4
厚恩	こうおん	grande faveur	厚恩	hou4en1
厚意	こうい	amabilité, bonne intention	厚意	hou4yi4

厘   *Unité de mesure*   厘

| 厘 | りん | plus petite mesure : 1/3 mm, etc. | 厘 | li2 |

度   Degré   度

| 度合 | どあい | degré | 度 | du4 |
| 度数 | どすう | nombre en degré | 度数 | du4shu |

度量	どりょう	générosité, tolérance, avoir l'esprit large	度量	du4liang4

虐   Cruel   虐

虐政	ぎゃくせい	despotisme, gouvernement tyrannique	虐政	nüe4zheng4
虐殺	ぎゃくさつ	brutaliser jusqu'à la mort, carnage	虐杀	nüe4sha1
虐待	ぎゃくたい	maltraiter	虐待	nüe4dai4

疫   Epidémie   疫

疫病	えきびょう やくびょう	épidémie, peste	疫病	yi4bing4
疫痢	えきり	choléra	霍乱	huo4luan4

Ch. 疫痢 / yi4li4 = maladie épidémique

飛   Voler   飞

飛行機	ひこうき	aéronef	飞行器 飞机	fei1xing2qi1 fei1ji1
飛散	ひさん	survoler	飞过	fei1guo4
飛切り	とびきり	surfin	精细	jing1xi4

食   Manger   食

食物	しょくもつ, たべもの	nourriture	食物	shi2wu4
食料	しょくりょう	vivres	食料	shi2liao4
食事	しょくじ	repas	饮食	yin3shi2
断食	だんじき	jeûne	断食	duan4shi2

発		**Envoyer**	发	
発表	はっぴょう	publication	发表	fa1biao3
発火	はっか	prendre feu Ch. Aussi : se mettre en colère	发火	fa1huo3
発狂	はっきょう	devenir fou	发狂	fa1kuang2
発音	はつおん	prononciation	发音	fa1yin1
発見	はっけん	découvrir	发现	fa1xian4
発心	ほっしん	éveil religieux	宗教的觉醒 zong1jiao4dejue2xing3	

軍		**Armée**	军	
軍人	ぐんじん	militaire	军人	jun1ren2
軍備	ぐんび	préparation militaire Ch. 军备 / jun1bei4 = armement	军事训练	jun1shi4xun4lian4
軍旗	ぐんき	étendard	军旗	jun1qi2
軍費	ぐんぴ	dépenses militaires	军费	jun1fei4
軍艦	ぐんかん	bateau de guerre	军舰	jun1jian4
軍隊	ぐんたい	troupes	军队	jun1dui4

冠		**Chapeau**	冠 / **guan1**	
冠木門	かぶきもん	portique avec barre transversale	柱廊与横的杆 zhu4lang2yu2heng2degan1	
冠詞	かんし	article (Gram.)	词条	ci2tiao2

室		**Salle**	室	
室外	しつがい	extérieur	室外	shi4wai4
室内	しつない	intérieur	室内	shi4nei4
教室	きょうしつ	salle de classe	教室	jiao4shi4

宣 Déclarer 宣

宣教師	せんきょうし	missionnaire	传教者	chuan2jiao4zhe3
宣告	せんこく	proclamer, verdict	宣告	xuan1gao4
宣戦	せんせん	déclaration de guerre	宣战	xuan1zhan4

窃 Voler 窃

| 窃盗 | せっとう | vol | 盗窃 | dao4qie4 |

突 Brusquement 突

| 突然 | とつぜん | soudain | 突然 | tu1ran2 |
| 突発 | とっぱつ | éclat,
poussée | 突然
突发 | tu1ran2
tu1fa1 |

客 Hôte 客

客観	きゃっかん, かっかん	objectivité	客观	ke4guan1
客月	かくげつ	mois dernier	去月	qu4yue4
客語	かくご	objet, prédicat	谓语	wei4yu4

帝 Souverain 帝

帝王	ていおう	monarque, souverain	帝王	di4wang2
帝国	ていこく	empire	帝国	di4guo2
帝都	ていと	capitale	首都	shou3du1
栄枯	えいこ	prospérité et déclin p d	繁荣 倾斜	fan2rong2 qing1xie2

栄 Honneur 荣

栄転	えいてん	promotion	提升	ti2sheng1
栄光	えいこ	gloire,	荣耀	rong2yao4
		halo	光晕	guang1yun4
栄養	えいよう	aliment	食物	shi2wu4
栄冠	えいかん	couronne (guirlande)	花冠	hua1guan1
栄進	えいしん	promotion	推动	tui1dong4

冒 — Risquer — 冒

冒険	ぼうけん	aventure	冒险	mao4xian3
冒瀆	ぼうどく, ぼうとく	blasphème	冒犯的话	mao4fan4dehua4
冒頭	ぼうとう	discours d'inauguration	开幕词	kai1mu4ci2

Ch. 冒头 / mao4tou2 = réapparaître

| 感冒 | かんぼう | rhume | 感冒 | gan3mao4 |

南 — Sud — 南

南洋	なんよう	Mers du Sud	南洋	nan2yang2
南米	なんべい	Amérique du Sud	南美	nan2mei3
南北	なんぼく	sud et nord	南北	nan2bei3
東西南北 とうざいなんぼく		est ouest sud nord	东西南北	dong1xi1nan2bei3
南極	なんきょく	pôle sud	南极	nan2ji2

風 — Vent — 风

風邪	ふうじゃ, かぜ	grippe, rhume	流感 伤风	liu2gan3 shang1feng1
風流	ふうりゅう	remarquable et élégant	风流	feng1liu2
風車	ふうしゃ, かぜぐるま	moulin à vent	风车	feng1che1

| 風采 | ふうさい | apparence | 外形 | wai4xing2 |
| | | | 外表 | wai4biao3 |

胞 | | **Placenta** | 胞 |

| 胞衣 | ほうい，えな | placenta | 胞衣 | bao1yi1 |
| 胞子 | ほうし | spore | 胞子 | bao1zi3 |

胎 | | **Fœtus** | 胎 |

胎教	たいきょう	soins prénatals	胎教	tai1jiao4
胎児	たいじ	embryon	胎儿	tai1'er2
胎毒	たいどく	syphilis	(胎毒	tai1du2)
			梅毒	mei2du2

胆 | | **Foie** | 胆 |

胆石	たんせき	calcul biliaire	胆石	dan3shi2
胆勇	たんゆう	courage déterminé	(胆勇	dan3yong3)
胆汁	たんじゅう	bile	胆汁	dan3zhi1

削 | | **Eplucher** | 削 |

| 削除 | さくじょ | élimination | 消除 | xiao1chu2 |
| 削減 | さくげん | réduction | 削減 | xue1jian3 |

耐 | | **Endurer** | 耐 |

耐火	たいか	incombustible, réfractaire	耐火	nai4huo3
耐空	たいくう	rester en l'air	(耐空	nai4kong1)
耐久	たいきゅう	endurance Ch. 耐久 / nai4jiu3 = durable	耐力 持久力	nai4li4 chi2jiu3li4

要 — Important — 要

要求	ようきゅう	demande	要求	yao1qiu2
要件	ようけん	document important	要件	yao1jian4
要領	ようりょう	points essentiels	要领	yao4ling3

面 — Face — 面 / mian4

面白い	おもしろい	intéressant	关系到	guan1xi4dao4
面会	めんかい	interview, réunion	访问 会议	fang3wen4 hui4yi4
面識	めんしき	connaissance	认识	ren4shi

品 — Objet — 品

品物	しなもの	article	物品	wu4pin3
品位	ひんい	dignité Ch. 品位 / pin3wei4 = qualité	高位	gao1wei4
品性	ひんせい	caractère (d'une personne) Ch. 品性 / pin3xing4 = moralité	性质	xing4zhi4
品評会	ひんぴょうかい	concours Ch. 品評 / pin3ping2 = juger	竞赛	jing4sai4

哀 — Chagrin — 哀

哀願	あいがん	supplication	哀求	ai1qiu2
哀別	あいべつ	mauvaise séparation	不好的分居	bu4hao3defen1ju1
哀話	あいわ	tragique histoire,	悲哀的语长	bei1'ai1deyu3chang2
		triste h.	悲剧的 悲伤的	bei1ju4de bei1shang1de

怠

怠		Négligent	怠	
怠業	たいぎょう	grève perlée, sabotage	怠工	dai4gong1
怠惰	たいだ	paresse	怠惰	dai4duo4
怠慢	たいまん	négliger	怠慢	dai4man4

点

点		Goutte	点	
点火	てんか	allumer le feu	点火	dian3huo3
点字	てんじ	carctère braille	盲字	mang2zi4
点乎	てんこ	appel	(点乎	dian3hu1)
			点名	dian3ming2

苦

苦		Amer	苦	
苦手	にがて	point faible	弱点	ruo4dian3
苦心	くしん	labeur, peine	苦心	ku3xin1
苦痛	くつう	peine, souffrance	苦痛	ku3tong1
苦力	くーりー	coolie	苦力	ku3li4

若

若		Comme si	若	
若死	わかじみ	mort précoce	早熟死	zao3shu2si3
若人	わこうと	jeune homme (poét.)	年轻人	nian2qing1ren2
若者	わかもの	jeune homme	小伙子	xiao3huo3zi
老若	ろうにやく	jeunes et vieux	老小	lao3xiao3
若干	じゃっかん	un certain nombre, quelque	若干	ruo4gan1

衷

衷		Cœur	衷	

衷心	ちゅうしん	du fond du cœur ; cordial, sincère	衷心	zhong1xin1
衷情	ちゅうじょう	sentiments intimes ; du fond du cœur	衷情	zhong1qing2
			由衷地	you2zhong1di4

革		Cuir	革	
革命	かくめい	révolution	革命	ge2ming4
革新	かくしん	innovation, réforme	革新	ge2xin1
革易	かくえき	réforme	(革易	ge2yi4)

星		Etoile	星	
星座	せいざ	constellation	星座	xing1zuo4
星占い	ほしうらない	horoscope	占星	zhan1xing1

皇		Empereur	皇	
皇居	こうきょう	Palais Impérial	皇宮	huang2gong1
皇子	おうじ	prince impérial	皇太子	huang2tai4zi3
皇帝	こうてい	empereur	皇帝	huang2di4

泉		Source	泉	
泉水	せんすい	fontaine, source	泉水	quan2shui3
温泉	おんせん	source chaude, eaux thermales	温泉	wen1quan2

音		Son	音	
音楽	おんがく	musique	音乐	yin1yue4
音波	おんぱ	onde sonore	音波	yin1bo1
音階	おんかい	gamme	音阶	yin1jie1

音信	おんしん, いんしん	correspondance, nouvelle	音信	yin1xin4
音声	おんせい	voix	声音	sheng1yin1
音痴	おんち	surdité	聋	long2
			音痴	yin1chi1

者　Personne　者

田舎者	いなかもの	campagnard, provincial	乡下人	xiang
			外地人	wai4di4ren2
			外省人	wai4sheng3ren2
学者	がくしゃ	homme cultivé	学者	xue2zhe3

香　Parfumé　香

香料	こうりょう	aromate, épice, parfum	香料	xiang1liao4
香水	こうすい	eau de senteur, parfum	香水	xiang1shui3
花の香	はなのか	parfum de fleur (poét.)	花香	hua1xiang1

思　Penser　思

思想	しそう	idée, pensée	思想	si1xiang3
思い出	おもいて	mémoires, souvenir	想起	xiang3qi3
思し召し おぼひめし		votre opinion	看法	kan4fa3

界　Limite　界

世界	せかい	monde	世界	shi4jie4
財界	ざいかい	cercles financiers	財界	cai2jie4
界隈	かいわい	voisinage	邻居	lin2ju1

胃 Estomac 胃

胃病	いびょう	maux d'estomac	胃病	wei4bing4
胃弱	いじゃく	digestion difficile : dyspepsie	消化不良	xiao1hua4bu4liang2
胃癌	いがん	cancer de l'estomac	胃癌	wei4'ai2

勇 Courageux 勇

勇気	ゆうき	brave, courageux	勇气	yong3qi4
勇者	ゆうしゃ	héros	神人	shen2ren2
勇み肌	いちみはだ	galanterie	对女子	dui4nü3zi3

苗 Pousse 苗

苗物	なえもの	pousse	苗	miao2
苗床	なえどこ	semis	苗床	miao2chuang2
苗字	みょうじ	nom de famille	姓	xing4

単 Simple 単

単語	たんご	mot	单词	dan1ci2
単調	たんちょう	monotonie	单调	dan1diao4
単物	ひとえもの	vêtement non doublé (mince & froid)	单薄	dan1bo2

専 Entièrement / Spécial 专

専心	せんしん	se consacrer à, se vouer à	专心	zhuan1xin1
専売	せんばい	monopole	专利	zhuan1li4
専用	せんよう	usage exclusif	专用	zhuan1yong4

重		Lourd	重	
重大	じゅうだい	important, sérieux	重大	zhong4da4
重役	じゅうやく	directeur (d'usine)	厂长	chang3zhang3
丁重	ていちょう	courtoisie, politesse	礼貌	li3mao4

県		Préfecture	X	
県知事	けんちじ	préfet	省长	sheng3zhang3
県道	けんどう	route préfectorale	省道	sheng3dao4
県庁	けんちょう	bureau préfectoral	省局	sheng2ju2

負		Porter	负	
負担	ふたん	fardeau	负担	fu4dan1
負債	ふさい	s'endetter	负债	fu4zhai4
負傷	ふしょう	être blessé	负伤	fu4shang1

貞		Fidèle	贞	
貞節	ていせつ	chasteté, fidélité	贞节	zhen1jie2
貞女	ていじょ	femme chaste	贞女	zhen1nü3
貞淑	ていしゅく	femme vertueuse	贞节的女人 zhen1jie2denü3ren2	

首		Tête	首	
首相	しゅしょう	premier ministre	首相	shou3xiang4
首席	しゅせき	en chef ; place d'honneur	首席	shou3xi2
首府	しゅふ	capitale ; chef-lieu	首府	shou3fu3

省		**Omettre**	省	
省察	せいさつ	introspection	内省	nei4sheng3
省略	しょうりゃく	omettre	省略	sheng3lüe

看		**Voir**	看	
看病	かんびょう	soigner	看病	kan4bing4
看護婦	かんごふ	infirmière	护士	hu4shi
看取	みとり	prendre soin d'un malade	看护	kan1hu4
看板	かんばん	panneau publicitaire	看板	kan4ban3
			护板	hu4ban3

咲		**Fleurir / x**	咲 / **xiao4**	
早咲き	はやざき	floraison précoce	早开花	zao3kai1hua1

砂		**Sable**	砂	
砂利	じゃり	gravier	砂	sha1
砂時計	すなどけい	sablier	砂时计	sha1shi2ji4
砂糖	さとう	sucre	砂糖	sha1tang2

研		**Broyer**	研	
研学する けんがくるる		poursuivre ses études	(研学	yan2xue2)
研究	けんきゅう	étude, recherche	研究	yan2jiu1

砕　Casser　砕

砕氷船	さいひょうせん	brise-glace		碎冰船	sui4bing1chuan2
砕身	さいしん	travailler dur		辛勤工作	
					xin1qin2gong1zuo4
粉砕	ふんさい	pulvérisation		分化	fen3hua4
				研末	yan2mo4

訂　Corriger　订

訂正	ていせい	correction, révision		订正	ding4zheng4
訂正版	ていせいばん	édition révisée		订正版	ding4zheng4ban3

計　Compter　计

計量	けいりょう	mesurer		计量	ji4liang4
計算	けいさん	calcul		计算	ji4suan4
計画	けいかく	plan		计划	ji4hua4

故　Cause　故

故人	こじん	défunt		已故的	yi3gu4de
		Ch. 故人 / gu4ren2 = vieille connaissance			
故国	ここく	son pays natal		同乡	tong2xiang1
故意	こい	intentionnellement, volontairement		故意	gu4yi4
故障	こしょう	ennui, panne (machine), pépin		故障	gu4zhang4

勅　Edit impérial　X

勅語	ちょくご	message impérial		皇帝的信	huang2di4dexin4

| 勅許 | ちょっきょ | sanction impériale | 皇帝的制裁 huang2di4dezhi4cai2 | |
| 勅使 | ちょくし | messager impérial | 皇帝的使 | huang2di4deshi3 |

昨 Hier 昨

昨日	さくじつ, きのう	hier	昨天	zuo2tian1
昨夜	さくや, ゆうべ	la nuit dernière	昨夜	zuo2ye4
昨年	さくねん	l'an dernier	去年	qu4nian2
昨今	さっこん	dernièrement, récemment	最近	zui4jin4

昭 Clair 昭

| 昭代 | しょうだい | période brillante | 昭代 | zhao1dai4 |
| 昭和 | しょうわ | ère Showa | 昭和 | zhao1he2 |

映 Refléter 映

| 映写 | えいしゃ | projection | 放映 | fang4ying4 |
| 映画 | えいが | cinéma | 电影 | dian4ying3 |

軌 Ornière 軌

軌道	きどう	orbite, voie ferrée	轨道	gui3dao4
軌範	きはん	exemple	榜样	bang3yang4
軌条	きじょう	rail	钢轨	gang1gui3
広軌	こうき	grande jauge	广量规	guang3liang2gui1
挟軌	きょうき	jauge étroite	侠量规	xia2liang2gui1
常軌	じょうき	cours normal (des choses)	正常的进展 zheng4chang2dejin4zhan3	

規

規		**Règle**	規	
規則	きそく	règle	規則	gui1ze2
法則	ほうそく	loi, règlement	法則	fa3ze2
校則	こうそく	règlement de l'école	校則	xiao4ze2

屋

屋		**Maison**	屋	
屋敷	やしき	maison	屋	wu1
屋根	やね	toit	屋顶	wu1ding3
屋外	おくがい	en plein air	在屋外	zai4wu1wai4

既

既		**Déjà**	既	
既定の	きていの	arrêté, établi	既定	ji4ding4
既婚の	きこんの	marié	新郎	xin1lang2
規制	きせい	tout prêt	完全准备	wan2quan2zhun3bei4

為

為		**Afin**	为 / wei4	
為政者	いせいしゃ	administrateur	行政官	xing2zheng4guan1
為替	かわせ	billet à ordre	记名期票	ji4ming2qi1piao4

帥

帥		**Commandant en chef** 帅		
元帥	げんすい	maréchal, amiral	元帅 海军上将	yuan2shuai4 hai3jun1shang4jiang4
統帥	とうすい	commandant en chef	统帅	tong3shuai4

昼 | Jour | 昼

昼夜	ちゅうや	jour et nuit	昼夜	zhou1ye4
昼間	ちゅうかん	le jour	白昼	bai2zhou1
昼寝	ひるね	sieste	午睡	wu3shui4

限 | Limiter | 限

限度	げんど	limite	限度	xian4du4
限界	げんかい	frontière, limite	界限	jie4xian4
期限	きげん	fixer un délai	限期	xian4qi1

乗 | Monter / Prendre | 乗

乗馬	じょうば	monter à cheval	骑马	qi2ma3
乗客	じょうきゃく	passager	乘客	cheng2ke4
乗降	じょうこう, のりおり	monter et descendre	登上降落	deng1shang4jiang1luo4
乗用の	じょうようの	pour chevaucher	为骑马	wei2qi2ma3
乗船	じょうせん	embarcation	小船	xiao3chuan2
乗組員	のりくみいん	équipage	乘务员	cheng2wu4yuan2
			乘务组	cheng2wu4zu3

型 | Modèle | 型

| 模型 | もけい | modèle, moule, patron | 模型 | mo2xing2 |
| 型紙 | かたがみ | modèle papier | 型纸 | xing2zhi3 |

姻 | Mariage | 姻

| 姻戚 | いんせき | parent par alliance | 姻亲 | yin1qin1 |
| 婚姻 | こんいん | mariage | 婚姻 | hun1yin1 |

怒 — Colère — 怒

怒気	どき	colère	怒气	nu4qi4
怒涛	どとう	vagues en furie	怒涛	nu4tao1
憤怒	ふんぬ, ふんど	indignation	愤怒	fen4nu4

盆 — Plateau / Bassin — 盆

盆祭り	ぼんまつり	**Festival des Lanternes**	灯联欢节 deng1lian2huan1jie2
盆栽	ぼんさい	*bonsaï*, plante en pot	盆花	pen2hua1
盆地	ぼんち	bassin, cuvette	盆地	pen2di4

施 — Donner l'aumône / Pratiquer — 施

施主	せしゅ	meneur d'un deuil Ch. 施主 / shi4zhu3 = bienfaiteur, donateur	丧事长	sang1shi2zhang3
施療	せりょう	traitement médical gratuit	无偿的医疗 wu2chang2deyi1liao2	
施設	しせつ	établissement	设施	she4shi1

架 — Construire — 架

| 架橋 | かきょう | pont en construction | 架桥 | jia1qiao2 |
| 架設 | かせつ | installation (tél., etc.) | 设备 | she4bei4 |

査 — Examiner — 査

査定	さてい	évaluer, révision	估价 审查	gu1jia2 shen3cha2
査証	さしょう	visa	签证	qian1zheng4
査問	さもん	demande	要求	yao1qiu2
査収	さしゅう	reçu Ch. 査收 / cha2shou1 = recevez s .v.p.	收条	shou1tiao2

| 査察 | ささつ | inspection | 检查 | jian3cha2 |
| 巡査 | じゅんさ | policier | 警察 | jing1cha2 |

英		**Eminent**	英	
英米	えいべい	Anglais & Américain	英美	ying1mei3
英国	えいこく	Angleterre	英国	ying1guo2
英語	えいご	langue anglaise	英语	ying1yu3
英名	えいめい	renommée	英名	ying1ming2
英雄	えいゆう	héros	英雄	ying1xiong2
英断	えいだん	décision rapide	快决心 kuai4jue2xin1

姿		**Apparence**	姿	
姿勢	しせい	posture	姿势	zi1shi4
姿目	すがため	long miroir	长镜子 chang2jing4zi
容姿	ようし	visage et figure	(容姿	rong2zi1)

洋		**Etranger**	洋	
洋服	ようふく	vêtement étranger	洋服	yang2fu
太平洋	たいへいよう	Pacifique	太平洋	tai4ping2yang2
洋酒	ようしゅ	vin étranger	洋酒	yang2jiu3

洗		**Laver**	洗	
洗礼	せんれい	baptême	洗礼	xi3li3
洗濯	せんたく	lavage	洗涤	xi3di3
洗面所	せんめんじょ	cabinet de toilette	洗手间	xi3shou3jian1

| 浅 | | **Peu profond** | 浅 | |

浅手	あさで	blessure superficielle	浅伤	qian3shang1
浅学	せんがく	apprentissage superficiel	浅学	qian3xue2
浅見	せんけん	vue superficielle	浅见	qian3jian4
浅瀬	あさせ	bas-fond	浅滩	qian3tan1
浅慮	せんりょ	faible considération	浅考虑	qian3kao3lü4
浅黄	あさぎ	bleu clair	浅蓝	qian3lan2

派 Envoyer 派

派手	はで	gaieté, somptuosité	快活 豪华	kuai4huo2 hao2hua2
派出	はしゅつ	envoi	派遣	pai4qian3
派遣隊	はけんたい	envoi de troupes	派遣队	pai4qian3dui4
立派	りっぱ	splendide	辉煌的	hui1huang2de

活 Vivre 活

活動	かつどう	agir	活动	huo2dong
活字	かつじ	caractère mobile	活字	huo2zi4
活仏	いきぼとけ	bouddha vivant	活佛	huo2fo2
活力	かつりょく	énergie, vitalité	活力	huo2li4
活気	かっき	animation	活跃	huo2yue4
活花	いけばな	**arrangement floral**	花准备	hua1zhun3bei4

浄 Clair 浄

浄水	じょうすい	eau claire	净水	jing4shui3
浄財	じょうざい	obole	钱礼物	qian2li3wu4
浄罪	じょうざい	pardon / purification des péchés	罪恶净化	zui4'e4jing4hua4

津		Port / Gué	津 / jin1	
津々浦々 つずうらうら		tout le pays	整个国	zheng3ge4guo2
津波	つなみ	raz de marée	海啸	hai3xiao4

染		Teindre	染	
染料	せんりょう	teinture	染料	ran3liao4
伝染	でんせん	contagion, infection	感染	gan3ran3
染物	そめもの	choses teintes	染物	ran3wu4

是		Ceci / Etre	是	
是迄	これまで	jusqu'ici	到今	dao4jin1
是非	ぜひ	par tous les moyens Ch. 是非 / shi4fei1 = vrai & faux	千方百计	qian1fang1bai3ji4
是認	ぜにん	admission, approbation	准许	zhun3xu3

逆		Aller à l'encontre	逆	
逆流	ぎゃくりゅう	contre-courant	逆流	ni4liu2
逆上 ぎゃくじょう；のぼせ		avoir le sang qui monte à la tête, folie	愤怒欲狂 疯狂	fen4nu4yu4kuang2 feng1kuang2
逆説	ぎゃくせつ	paradoxc	反论	fan3lun4

迷		Etre fasciné	迷	
迷信	めいしん	superstition	迷信	mi2xin4
迷惑	めいわく	perplexité	迷惑	mi2huo4
迷子	まいご	enfant perdu Ch. fille perdue	堕落的孩子 故女	duo4luo4dehai2zi gu1nü3

送

		Envoyer	送	
送金	そうきん	versement	(送金 付款	song4jin1) fu4kuan3
送別	うべつ	adieu	送別	song4bie2
送電	うでん	transmission électrique	传电	chuan2dian4
送付	そうふ	envoi	发送物	fa1song4wu4
送迎	そうげい	adieu & bienvenue	(送迎	song4ying2)
放送	ほうそう	diffuser	放送	fang4song4

退

		Retirer	退	
退職	たいしょく	prendre sa retraite	退休	tui4xiu1
退去	たいきょ	évacuation	撤退	che4tui4
立退き	たちのき	déportation, retrait	放逐 退缩	fang4zhu2 tui4suo1
退却	たいきゃく	battre en retraite	退却	tui4que4
退屈	たいくつ	ennui	厌倦	yan4juan4
退歩	たいほ	régression	衰退	shai1tui4

追

		Poursuivre	追	
追っ手	おって	force de poursuite	(追力	zhui1li4)
追跡	ついせき	chasse, poursuite	追逐	zhui1zhu2
追放	ついほう	exile	流放	liu2fang4

赴

		Aller	赴	
赴任する ふにんする		prendre posession de son poste	赴任	fu4ren4

建		**Construire**	建	
建立	こんりゅう	bâtir, construire	建立	jian4li4
建築	けんちく	construire	建筑	jian4zhu4
建設	けんせつ	bâtir, construire	建设	jian4she4
建具	たてぐ	installation	定居	ding4ju1

逃		**Fuir**	逃	
逃亡	とうぼう	s'enfuir, s'évader	逃亡	tao2wang2
逃走	とうそう	s'échapper	逃走	tao2zou3
逃口上	にげこうじょう	évasion, excuse	逃跑	tao2pao3
			借口	jie4kou3

10 traits

恋		**Aimer**	恋	
恋愛	れんあい	amour	恋爱	lian4'ai4
恋人	こいびと	amoureux	恋人	lian4ren2

差		**Différence**	差	
差支え	さしつかえ	empêchement, obstacle	障碍	zhang4'ai4
差当り	さしあたり	pour l'instant	现在	xian4zai4
差額	さがく	différence, solde	差额	cha1'e2
差別	さべつ	distinction	差别	cha1bie2

挙		**Lever**	举	
挙手	きょしゅ	lever la main	举手	ju3shou3
挙国	きょこく	tout le pays	举国	ju3guo2
挙式	きょしき	célébration	举行 (仪式	ju3xing2 yi2shi4)
桑港 そうこう, さんふらんしすこ		San Francisco	旧金山 三藩市 圣弗朗西斯科	jiù jīn shān sān fān shì shèng fú lǎng xī sī kē

桑		**Mûrier**	桑	
桑畑	くわばたけ	champ de mûriers	桑树田	sang1shu4tian2
翁		**Vieillard**	翁	

| 翁の面 おきなのめん | masque de vieillard (Noh) | 翁面 | weng1mian4 |

恐	**Peur**	恐	
恐れ入る おそれいる	être intimidé	恐吓	kong3he4
恐慌 きょうこう	panique	恐慌	kong3huang1
恐縮する きょうしゅくする	être reconnaissant, regretter	承认	cheng2ren4
恐怖 きょうふ	terreur	恐怖	kong3bu4

致	**Causer**	致	
一致 いち	d'accord, identique	一致	yi1zhi4
致命 ちめい	fatal, mortel	致命的	zhi4ming4de

珠	**Perle**	珠	
珠算 たまざん、しゅざん	calcul sur abaque	珠算	zhu1suan4
珠玉 しゅぎょく	joyau	珠宝	zhu1bao3
珠数 じゅず	rosaire	玫瑰经	mei2guijing1

殺	**Tuer**	杀	
殺人 さつじん	assassin, meurtrier	杀人犯	sha1ren2fan4
殺生 せっしょう	destruction de vie	杀生	sha1sheng1
殺伐な さつばつな	sanglant	带血的	dai4xue4de
殺害 さつがい	meurtre, tuer	杀害	sha1hai4

| 殺菌 | さっきん | désinfecter, stériliser | 杀菌 | sha1jun1 |
| 殺到 | さっとう | précipitation | 仓促 | cang1cu4 |

班 — Groupe — 班

| 班長 | はんちょう | chef d'escouade | 班长 | ban1zhang3 |

皆 — Tous — 皆

皆勤	かいきん	assiduité	勤勉	qin2mian3
皆無	かいむ	rien	没有什么东西 mei2you3shen2medong1xi1	
皆目	かいもく	entièrement, (pas) du tout	皆	jie1

峰 — Pointe — 峰

| 峰打ち | みねうち | frapper qn avec le dos d'une épée | 剑背打 | jian4bei4da3 |
| 峰頂 | ほうちょう | sommet d'une montagne | 峰顶 | feng1ding3 |

笑 — Rire — 笑

笑顔	えがお, わらいがお	visage souriant	笑颜	xiao4yan2
可笑しい おかしい		amusant, risible	可笑	ke3xiao4
笑話	しょうわ, わらいばなし	histoire drôle	笑话	xiao4hua

紋 — Armoiries / Sillon — 纹

| 紋所 | もんどころ | armoiries familiales | 纹章 | wen2zhang1 |

| 紋付 | もんつき | vêtement avec armoiries familiales | 纹章衣 | wen2zhang1yi1 |

純 — **Pur** — 纯

純心	じゅんしん	cœur pur	纯心	chun2xin1
純金	じゅんきん	or pur	纯金	chun2jin1
純益	じゅんえき	bénéfice net	纯利	chun2li4

紙 — **Papier** — 纸

紙一枚	かみいちまい	une feuille de papier	一张纸	yi1zhang1zhi3
紙入れ	かみいれ	bourse	钱包	qian2bao1
紙切り	かみきり	coupe-papier	裁纸刀	cai2zhi3dao1
新聞紙	しんぶんし	papier journal	新闻纸	xin1wen2zhi3

納 — **Payer** — 纳

納税	のうぜい	paiement des taxes	纳税	na4shui4
出納	すいとう	recettes et dépenses	收入与支出 shou1ru4yu3zhi1chu1	
納屋	なや	grange	谷仓	gu3cang1

級 — **Degré** — 级

| 級長 | きゅうちょう | moniteur | 级长 | ji2zhang3 |
| 階級 | かいきゅう | classe | 阶级 | jie1ji2 |

紛 — **Confus** — 纷

| 紛争 | ふんそう | dispute | 纷争 | fen1zheng1 |
| 粉乱 | ふんらん | confusion | 纷乱 | fen1luan4 |

紡　Filer　纺

| 紡績 | ぼうせき | filage du coton | 纺棉 | fang3mian2 |
| 紡錘 | ぼうすい | fuseau | 纺锤 | fang3chui2 |

素　Naturel　素

素顔	すがお	visage non peint	素颜	su1yan2
素人	しろうと	amateur	爱好者	ai4hao4zhe3
素敵	すてき	chic, magnifique	漂亮的	piao4langde
素振り	すぶり	comportement	行为	xing2wei2

城　Rempart　城

城下	じょうか	enceinte fortifiée, rempart	城	cheng2
城守	じょうしゅ	châtelain	城堡主	cheng2bao3zhu3
城址	じょうし	ruines d'un château	城废墟	cheng2fei4xu1
城門	じょうもん	porte d'entrée	城门	cheng2men
城下の盟 じょうかのちかい		capitulation	投降	tou2xiang2

埋　Enterrer　埋

埋葬	まいそう	enterrement	埋葬	mai2zang4
埋設	まいせつ	pose (d'un câble, etc.)	埋设	mai2she4
埋立地	うめたてち	terre reconquise	在征服地	zai4zheng1fu2di4
埋没する まいぼつする		être enterré	埋没	mai2mo4
埋れ木	うもれぎ	bois fossile	化石的木	hua4shi2demu4

| 埋骨 | まいこつ | enterrement | 埋葬 | mai2zang4 |

振   Agiter   振

振動	しんどう	oscillation	振动	zhen4dong4
振興	しんこう	avancement, promotion	提升	ti2sheng1
振舞い	ふるまい	action, comportement	行为	xing2wei2
空振り	からぶり	manquer une balle	球失败	qiu2shi1bai4
振子	ふりこ	pendule	摆锤	bai3chui2
振替	ふりかえ	transfert	转移	zhuan3yi2

捜   Rechercher   捜

| 捜索 | そうさく | fouiller, rechercher | 搜索 | sou1suo3 |
| 捜査 | そうさ | perquisition | 搜查 | sou1cha2 |

捕   Attraper   捕

| 捕獲 | ほかく | capturer, saisir | 捕获 | bu3huo4 |
| 捕鯨 | ほげい | pêche à la baleine | 捕鲸 | bu3jing1 |

哲   Sage   哲

| 哲学 | てつがく | philosophie | 哲学 | zhe2xue2 |
| 哲学者 | てつがくしゃ | philosophe | 哲学者 | zhe2xue2zhe3 |

特   Spécial   特

| 特別 | とくべつ | particulier, spécial | 特别 | te4bie2 |
| 特権 | とっけん | privilège | 特权 | te4quan2 |

| 特色 | よくでょく | caractéristique, particularité | 特色 | te4se4 |

校 — Vérifier — 校

校正	こうせい	corriger une faute d'impression	校正	jiao4zheng4
校了	こうりょう	finir de corriger	校了	jiao4le
学校	がっこう	école	学校	xue2xiao4

核 — Noyau — 核

| 核心 | かくしん, がいしん | cœur, noyau | 核心 | he2xin1 |
| 核兵器 | かくへいき | arme nucléaire | 核武器 | he2wu3qi4 |

桜 — Cerisier — 櫻

桜色	さくらいろ	rose Ch. 櫻桃色 / ying1tao2se4 = cerise	玫瑰	mei2gui
桜草	さくらそう	primevère	报春	bao4chun1
桜花	おうか	fleur de cerisier	櫻花	ying1hua1

株 — Actions / *Numératif* — 株 / zhu1

株式	かぶしき	action, part	股份	gu3fen4
株券	かぶけん	certificat (d'actions)	股份保证	gu3fen4bao3zheng4
株式会社 かぶしきかいしゃ		société par action	股份公词	gu3fen4gong1ci2

根 — Racine — 根

| 根性 | こんじょう | disposition, nature | 本情 | ben3qing2 |

| 根絶 | こんぜつ | exterminer, extirper | 根絶 | gen1jue2 |
| 根本 | こんぽん | (cause, origine), fondamental, radical | 根本 | gen1ben3 |

格 — Ligne — 格

格別	かくべsつ	spécialement	特別的 te4bie2de	
格式	かくしき	statut social Ch. 格式 / ge2shi = forme, formle	社会的身份 she4hui4deshen1fen	
格子	こうし	carreau, damier	格子	ge2zi

称 — Appeler — 称

| 称号 | しょうごう | titre | 称号 | cheng1hao4 |
| 名称 | めいしょう | nom, dénomination | 名称 | ming2cheng1 |

秘 — Secret — 秘

秘密	ひみつ	mystère, secret	秘密	mi4mi4
秘訣	ひけつ	formule secrète, truc	秘诀	mi4jue2
秘書	ひしょ	secrétaire privé	私人秘书	si1ren2mi4shu1

秩 — Ordre — 秩

| 秩序 | ちつじょ | ordre public | 秩序 | zhi4xu4 |

租 — Emprunter / Louer — 租

租税	そぜい	impôts, taxes	租税	zu1shui4
租界	そかい	concession	租界	zu1jie4
租借	そしゃく	bail (terre)	租借	zu1jie4

料		Présumer	料 / liao4	
料理	りょうり	cuisine	烹饪	peng1ren4
		Ch. 料理 / liao4li3 = arranger, s'occuper de la maison		
料率	りょうりつ	tarif	费率表	fei1lü4biao3
料金	りょうきん	charge	负载	fu4zai4

粉		Poudre	粉	
粉末	ふんまつ	poudre	粉末	fen3mo4
粉食	ふんしょく	nourriture en poudre	粉食物	fen3shi2wu4
粉砕	ふんさい	pulvérisation	粉碎	fen3sui4

粋		Essence	粹	
粋人	すいじん	homme du monde / homme intègre	纯粹的人	chun2cui4deren2
純粋	じゅんすい	pureté	纯净	chun2jing4
		Ch. 纯粹 / chun2cui4 = pur, parfait		
国粋	こくすい	quintessence nationale	国粹	guo2cui4

耗		Consommer	耗	
消耗	しょうもう	consommation	消耗	xiao1hao4
消耗品	しょうもうひん	article de consommation	消耗品	xiao1hao4pin3

耕		Labourer	耕	
耕地	こうち	terre arable	耕地	geng1di4
耕作	こうさく	culture	耕作	geng1zuo4
筆耕	ひっこう	stencil	蜡纸	la4zhi3

桃		**Pêche**	桃	
桃色	ももいろ	rose vif	桃色	tao2se4
桜桃	おうとう	cerisier	樱桃树	ying1tao2shu4

帰		**Revenir**	归	
帰宅	きたく	retour à la maison	返回家	fan3hui2jia1
帰化	きか	naturalisation	入国籍	ru4guo2ji2
帰国	きこく	retour au pays	归国	gui1guo2
帰心	きしん	brûler d'envie de rentrer chez soi	归心	gui1xin1
帰途	きと	sur le chemin du retour	归途	gui1tu2
帰朝	きちょう	retour de l'étranger	外国的返回 wai4guo2defan3hui2	

悦		**Heureux**	悦	
悦楽	えつらく	joie, plaisir	喜悦	xi3yue4
恐悦	きょうえつ	plaisir, ravissement	高兴	gao1xing4

悔		**Regretter**	悔	
悔悟	かいご	repentir	悔悟	hui3wu4
悔改め	くいあらため	repentir	悔改的	hui4gai3de

悟		**Réaliser**	悟 / **wu4**	
悟入	ごにゅう	éveil spirituel	神显示	shen2xian3shi4
悟道	ごどう	atteindre la sagesse suprême	最高的明知 zui4gao1deming2zhi4	

隻		L'une de la paire	只	
隻手	せきしゅ	une main	一只手	yi1zhi1shou3
隻眼	せきがん	un œil	一只眼 yi1zhi1yan3	

留		Retenir	留	
留針	とめばり	épingle / laisser une épingle (acupuncture)	留针	liu2zhen1
留学	りゅうがく	étudier à l'étranger	留学	liu2xue2
留守	るす	absence	缺席	que1xi2

Ch. 留守 / liu2shou3 = rester en garnison

俵		Sac / Distribuer	俵 / biao3	
米俵	こめだわら	sac de riz en chanvre	米袋	mi3dai4
一俵	いっぴょう	un sac	一袋	yi1dai4

倫		Principes	伦	
倫理	りんり	principes moraux	伦理	lun2li3
倫敦	ロンドン	Londres	伦敦	lun2dun1

倹		Econome	俭	
倹約	けにゃく	économie	俭	jian3
検素	けんそう	simplicité, sobriété	俭朴	jian3pu3

個		Individuel	个	
個人	こじん	individu	个人	ge4ren2
個展	こてん	*one man show*	个展	ge4zhan3
個性	こせい	personnalité	个性	ge4xing4

| 個体 | こたい | individuel | 个体 | ge4ti3 |
| 個人主義 こじんしゅぎ | | individualisme | 个人主义 | ge4ren2zhu3yi4 |

倍 — Fois — 倍

三倍	さんばい	triple	三倍	san1bei4
倍数	ばいす	multiple	倍数	bei4shu4
倍額	ばいがく	somme double	倍額	bei4'e2

借 — Emprunter — 借

| 借金 | しゃっきん | dette, prêt | 债务 借出 | zhai4wu4 jie4chu1 |
| 借主 | かりぬし | débiteur, emprunteur | 债务人 | zhai4wu4ren2 |

値 — Valeur — 値

値段	ねだん	prix	价值	jia4zhi2
値引	ねびき	réduction de prix	减价	jian3jia4
価値	かち	dignité, valeur	高位 重要性	gao1wei4 zong4yao4xing4

候 — Temps — 候

| 候文 | そうろうぶん | style épistolaire | 书信休 | shu1xin4xiu1 |
| 気候 | きこう | climat, temps | 气候 | qi4hou4 |

修 — Etudier — 修

修養	しゅうよう	culture, savoir-vivre	修养	xiu1yang3
修道院	しゅうどういん	monastère	修道院	xiu1dao4yuan4
修繕	しゅうぜん	réparation	修繕	xiu1shan4

徐		**Lentement**	徐	
徐行	じょこう	aller lentement	徐步	xu2bu4
徐々に	じょじょに	lentement	徐徐	xu2xu2

從		**Suivre**	从	
從順	じゅうじゅん	obédience	顺从	shun4cong2
從来	じゅうらい	autrefois	从前	cong2qian2
		Ch. 从来 / cong2lai2 = depuis le commencement, toujours		
從容たる しょうようたる		calme, posé	从容	cong2rong2
從者	じゅうしゃ	suivant	随从者	sui2cong2zhe3

徒		**En vain**	徒	
徒弟	とてい	apprenti	徒弟	tu2di4
生徒	せいと	étudiant	学生	xue2sheng1
		Ch. 生徒 / sheng1tu2 = disciple		

孫		**Petit-fils**	孙	
孫子	まごこ	descendant	子孙	zi3sun1
		Ch. 孙子 / sun1zi2 = petit-fils		
子孫	しそん	descendant	子孙	zi3sun1

将		**Etre sur le point de**	将	
将校	しょうこう	officier	军官	jun1guan1
将軍	しょうぐん	général	将军	jiang1/4jun1
将来	しょうらい	futur	将来	jiang1lai2

祥		Heureux	祥	
祥瑞	しょうずい	bon augure, heureux présage	祥瑞	xiang2rui4
祥月	しょうつき	mois de décès d'une personne	死亡月	si3wang2yue4

被		Porter / Couverture	被	
被害	ひがい	dommage	損害	sun3hai4
被告	ひこく	accusé	被告	bei4gao4
被服	ひふく	vêtements et effets	被服	bei4fu2

倒		Retourner	倒	
倒壊	とうかい	s'écrouler	倒塌	dao3ta1
倒産	とうさん	insolvabilité	倒产	dao1chan3
倒屏風	さかさびょうぶ	paravent renversé	倒屏风	dao4ping2feng1

俳		Poème	俳	
俳句	はいく	**haïku, vers de 17 syllabes**	俳句	pai2ju4
俳人	はいじん	poète d'haïku	俳人	pai2ren2
俳優	はいゆう	acteur	演员	yan3yuan2

倣		Imiter	仿	
模倣	もほう	imitation	模仿	mo2fang3

栽		Cultiver	栽	
栽培	さいばい	cultiver	栽培	zai1pei2
盆栽	ぼんさい	**bonsai,** paysage en pot	盆景	pen2jing3

蚕		Ver à soie	蚕	
蚕業	さんぎょう	sériciculture	养蚕业	yang3can2ye4
蚕糸	さんし	soie naturelle	蚕丝	can2si1

泰		Tranquille	泰	
泰平	たいへい	paix	泰平	tai4ping2
泰西	たいせい	occident, ouest	泰西	tai4xi1
泰然たる たいぜんたる		maître de soi	泰然	tai4ran2

剤		Dosage	剤	
薬剤師	やくざいし	pharmacien	药剂师	yao4ji4shi3

原		Origine	原	
原因	げんいん	cause	原因	yuan2yin1
原文	げんぶん	texte original	原文	yuan2wen2
原稿	げんこう	manuscrit original	原稿	yuan2gao3

辱		Honte	辱	
辱知	じょくち	connaissance	知识	zhi1shi
恥辱	ちじょく	déshonneur, honte	耻辱	chi3ru3

席		Siège	席	
席次	せきじ	ordre des places, préséance	席次	xi2ci4
席場	せきじょう	dans la salle	(席场	xi2chang3)
出席	しゅっせき	assister à	出席	chu1xi2

座 — Siège — 座

座席	ざせき	salon, siège	客厅	ke4ting1
			座位	zuo4wei4
座談	ざだん	conversaation	座谈	zuo4tan2
座長	ざちょう	président	会长	hui4zhang3
			(座长	zuo4zhang3)

庫 — Dépôt — 庫

| 庫裏 | くり | cure | 本堂神甫的住所 ben3tang2shen2fu3dezhu4suo3 | |
| 金庫 | きんこ | coffre, Trésor de l'état | 金库 | jin1ku4 |

唐 — Ancien nom pour la Chine / Offenser — 唐 / tang2

唐辛	とうがらし	poivron rouge	红甜椒	hong2tian2jiao1
唐紙	からかみ	porte coulissante	拉门	la1men2
唐金	からかめ	bronze	青铜艺术品 qing1tong2yi4shu4pin3	

庭 — Cour — 庭

| 庭球 | ていきゅう | tennis | 网球 | wang3qiu2 |
| 庭花 | にわばな | fleurs du jardin | 庭院的花 | ting2yuan2dehua1 |

症 — Maladie — 症

| 症状 | しょうじょう | symptome (maladie) | 症状 | zheng4zhuang4 |
| 病症 | びょうしょう | maladie (nature de la ~) | 病症 | bing4zheng4 |

病 — Malade — 病

| 病院 | びょういん | hôpital | 病院 | bing4yuan4 |

| 病気 | びょうき | maladie | 病气 | bing4qi4 |
| 病人 | びょうにん | malade | 病人 | bing4ren2 |

疾 | | **Malaise** | 疾 | |
疾病	しっぺい	maladie	疾病	ji2bing4
疾風	しっぷう	vent violent	疾风	ji2feng1
疾走	しっそう	excès de vitesse	超过规定车速 chao1guo4gui1ding4che1su4	
疾患	しっかん	maladie (ennui, malheur)	疾患	ji2huan4
疾呼	しっこ	cri	疾呼	ji2hu1
疾苦	しっく	souci, souffrance	疾苦	ji2ku3

疲 | | **Fatigué** | 疲 | |
疲弊	ひへい	épuisé	疲敝	pi2bi4
疲労	ひろう	fatigué	疲劳	pi2lao2
疲れ目	つかれめ	œil fatigué	疲目	pi2mu4

倉 | | **Dépôt** | 仓 | |
倉庫	そうこ	entrepôt	仓库	cang1ku4
米倉	こめぐら	grenier à riz	米仓	mi3cang1
保税倉庫 ほぜいそうこ		entrepôt des douanes	关税仓库 guan1shui4cang1ku4	

茶 | | **Thé** | 茶 | |
| 茶色 | ちゃいろ | marron clair / Ch. brun foncé | 茶色 | cha2se4 |
| 茶の湯 | ちゃのゆ | **cérémonie du thé** | 茶话会 | cha2hua4hui4 |

茶飯事 さはんじ　affaire de tous les jours　正正的天事
　　　　　　　　　　　　　　　　　　　zheng3zheng3detian1shi4

家

家来 けらい　caution

Famille

家

担保　dan1bao3

家庭 かてい　famille　家庭　jia1ting2

家族 かぞく　membre d'une famille　家族　jia1zu2

家主 やぬし, いえぬし propriétaire　家主　jia1zhu3

宰

Gouvernement

宰

宰相 さいしょう　Premier Ministre　宰相　zai3xiang1

容

Tolérer

容

容赦 ようしゃ　pardon　寛恕　kuan4shu4

容姿 ようし　traits du visage　容貌　rong2mao4

容積 ようせき　en vrac　散装的　san3zhuang1de

害

Malheur

害

害毒 がいどく　mal, malheur　害　hai4

害虫 がいちゅう　insecte nuisible　害虫　hai4chong2

損害 そんがい　endommager　損害　sun3hai4

宮

Sanctuaire / Fonctionnaire

官

宮中 きゅうちゅう　Cour Impériale　官廷　guan1ting2

宮内庁 くないちょう　Bureau de la maison impériale　馆内厅　guan1nei4ting1

宮様 みやさま　prince　亲王　qin1wang2

| 宮司 | ぐうじ | prêtre Shinto | 神社神甫 | |
| | | Ch. 官司 / guan1si2 = procès | | shen2she4shen2fu |

| 宴 | | **Régaler** | 宴 | |
| 宴会 | えんかい | « beuverie », festin | 宴会 | yan4hui4 |

案		**Etre anxieux / Affaire 案 / an4**		
案外	あんがい	inattendu	意外的	yi4wai4de
案内	あんない	guide	指导	zhi3dao3
案山子	かかし	épouvantail	草人	cao3ren2

党		**Clan**	党	
党派	とうは	parti, fraction	党派	dang3pai4
政党	せいとう	parti politique	政党	zheng4dang3

帯		**Ceinture**	帯	
帯留	おびどめ	pagne	缠腰布	chan2yao1bu4
帯封	おびふ	demi-pagne	半要不	ban1yao1bu4
地帯	ちたい	zone	地帯	di4dai4

骨		**Os**	骨	
骨組	ほねぐみ	ossature	骨架	gu3jia4
骨折	ほねおり	effort	剧痛	ju4tong4
		Ch. 骨折 / gu3zhe2 = fracture		
骨格	こっかく	squelette	骨骼	gu3ge2

索		**Corde**	索	
索引	さくいん	index	索引	suo3yin3
捜索	そうさく	fouiller, rechercher	搜索	sou1suo3

針		**Aiguille**	针	
針路	しんろ	cours, direction	方向	fang1xiang4
針金	はりがね	fil	丝, 线	si1, xian4
針仕事	はりしごと	couture faire de la couture :	缝 做针线活 zuo4zhen1xian4huo2	feng2

劍		**Epée**	剑	
劍術	けんじゅつ	technique de défense, escrime	剑术	jian4shu4
劍幕	けんまく	attitude colérique	在发怒	zai4fa1nu4
劍舞	けんぶ	danse de l'épée	剑舞	jian4wu3
荒		**Inculte**	荒	
荒地	あれち	terre inculte, terrain en friche	荒地	huang1di4
荒物	あらもの	ustensiles de cuisine	厨房用具	chu2fang2yong4ju4
荒土	こうど	friche	荒土	huang1tu3

剛		**Dur**	刚	
剛力	ごうりき	homme fort	刚人	gang1ren2
金剛石	こんごうせき	diamant	金刚石	jin1gang1shi2

剖		**Ouvrir**	剖	
解剖	かいぼう	dissection	解剖	jie3pou1

脳		**Cerveau**	脳	
脳病	のうびょう	maladie du cerveau	脳病	nao3bing4
脳天	のうてん	couronne de la <u>tête</u>	脳壳	nao3ke2
洗脳	せんのう	lavage de cerveau	洗脳	xi3nao3

朕		**Moi**	朕	
朕	ちん	Nous (réservé à l'Empereur)	朕	zhen4

脈		**Pouls**	脉	
脈搏	みゃくはく	pouls	脉搏	mai4bo2
山脈	さんみゃく	chaîne de montagnes	山脉	shan1mai4

胸		**Poitrine**	胸	
胸算	むなざん	calcul mental	心算	xin1suan4
胸中	きょうちゅう	cœur, esprit	(脑中	nao3zhong1)
			脑怀	nao3huai2
胸部	きょうぶ	poitrine	胸部	xiong1bu4

胴		**Tronc**	胴 / **dong4**	
胴巻	どうまき	ceinture ventrale	腹带	fu4dai4
胴着	どうぎ	sous-vêtement	内衣	nei4yi1
胴体	どたい	corps	人体	ren2ti3

脂		Graisse	脂	
脂肪	しぼう	graisse, gras	脂肪	zhi1fang2
松脂	まつやに	résinde de pin	松脂	song1zhi1
脂下がる やにさがる		se donner des airs (grands ~)	摆架子	bai3jia1zi
			装阔气	zhuang1kuo4qi4

能		Habileté	能	
能書き	のうがき	bouffée	突然	tu1ran2
能楽	**のうがく**	**danse Noh**	能乐	neng2yue4

恩		Bonté	恩	
恩人	おんじん	bienfaiteur	恩人	en1ren2
恩給	おんきゅう	pension	寄宿生	ji4su4sheng1
恩典	おんてん	faveur	恩典	en1dian3

配		Distribuer	配	
配偶	はいぐ	les époux	配偶	pei4'ou3
配達	はいたつ	livraison	配备	pei4bei4
配当	はいとう	distribution	分配	fen1pei4
配給	はいきゅう	ration	配给	pei4ji3

員		Membre	员	
員数	いんす，いんず	nombre (militaire)	（员数	yuan2shu3)
定員	ていいん	effectif réglementaire	定员	ding4yuan2
店員	てんいん	vendeur	店员	dian4yuan2

高		Haut	高	
高等	こうとう	supérieur	高等	gao1deng3
高級	こうきゅう	de haut niveau	高级	gao1ji2
残高	ざんだか	bilan	资产	zi1chan3

草		Herbe	草	
草花	くさばな	plante en fleur	草花	cao3hua1
草書	そうしょ	style cursif	草体的	cao3ti3de
草木	そうもく	arbres et plantes	草木	cao3mu4

畜		Elever des animaux	畜/xu4	
畜生	ちくしょう	bête	畜生	chu4sheng
家畜	かちく	bétail	家畜	jia1chu4
鬼畜	きちく	démon	鬼畜	gui3chu4

恵		Faveur	恵	
恩恵	おんけい	bienfait, faveur	恩惠	en1hui4
恵与する けいよする		accorder	给予	ji3yu3
知恵	ちえ	sagesse	智慧	zhi4hui4

息		Haleine	息	
息子	むすこ	garçon	男孩	nan2hai2
息災	そくさい	bonne santé	好健康	hao3jian4kang1
消息	しょうそく	nouvelles	消息	xiao1xi

臭		Puant	臭	

| 臭気 | しゅうき | mauvaise odeur, puanteur | 臭气 | chou4qi4 |
| 臭化 | しゅうか | bromination | 臭化 | chou4hua4 |

貢		**Offrir en tribut**	贡	
貢献	こうけん	contribution	贡献	gong4xian4
貢物	みつぎもの	tribut	贡物	gong4wu4

夏		**Eté**	夏	
夏休	なつやすみ	vacances d'été	夏休	xia4xiu1
夏季	かき	été	夏季	xia4ji4

真		**Vrai**	真	
真実	しんじつ	vérité	真实	zhen1shi2
真人間	まにんげん	homme vrai	真实人	zhen1shi2ren2
真相	しんそう	situation réelle	真情	zhen1qing2

| 唆 | | **Inciter** | 唆 / suo1 | |
| 示唆 | しさ | suggestion | 暗示 | an4shi4 |

破		**Briser**	破	
破産	はさん	banqueroute	破产	po4chan3
破天荒	はてんこ	inouï, sans précédent	破天荒	po4tian1huang1
破約	はやく	manquer à sa promesse, violer un engagement	破约	po4yue4

砲

Canon

砲/炮/pao4

砲撃	ほうげき	bombardement	炮击	pao4ji1
砲台	ほうたい	batterie	炮台	pao4tai2
砲兵	ほうへい	artillerie	炮兵	pao4bing1

討

Attaquer

讨

討伐	とうばつ	lancer une expédition punitive	讨伐	tao3fa2
討論	とうろん	discussion	讨论	tao3lun4
討議	とうぎ	débats	政治**会议** zheng4zhi4hui4yi4zhong1	

託

Confier

托 / tuo1

託児所 たくじしょ、たくじじょ		maison d'enfants	孩子家	hai2zijia1
委託	いたく	confiance	信任	xin4ren4

訓

Exercer

训

訓示	くんじ	adresser ses instructions	训示	xun4shi4
訓練	くんれん	entraînement	训练	xun4lian4

記

Note

记

記者	きしゃ	journaliste	记者	ji4zhe3
記事	きじ	chronique	记事	ji4shi4
記念	きねん	commémoration	纪念	ji4nian4

部

Partie

部

部屋	へや	pièce	房间	fang2jian1

| 部分 | ぶぶん | partie | 部分 | bu4fen |
| 部下 | ぶか | subordonné | 部下 | bu4xia4 |

| 蚊 | | **Moustique** | 蚊 | |
| 蚊帳 | かや | moustiquaire | 蚊帐 | wen2zhang4 |

時		**Temps**	时	
時間	じかん	heure, temps	时间	shi2jian1
時日	じじつ	date, temps	日期	ri4qi1
時期	じき	période	时期	shi2qi1
時代	じだい	âge, époque, temps	时代	shi2dai4

畔		**Bord**	畔	
池畔	ちはん	bord d'un étang	池畔	chi2pan4
湖畔	こはん	bord d'un lac	湖畔	hu2pan4

畝		*Unité de superficie*	亩	
畝	ぼう,	30 tsubos / 0.0667 ha	亩	mu3
	うね	sillon	黎沟	li2gou1

軒		**Elevé**	轩	
軒端	のきば	(bord d'un) avant-toit	屋檐	wu1yan2
軒並	のきなみ	rangée de pavillons	轩排	xuan1pai2
一軒や	いっけんや	maison isolée	孤独家	gu1du2jia1

| 眠 | | **Sommeil** | 眠 | |
| 永眠 | えいみん | mort | 永睡 | yong3shui4 |

| 睡眠 | すいみ | sommeil | 睡眠 | shui4mian2 |

財 — Richesse — 財

財政	ざいせい	économie, finances	财政	cai2zheng4
財産	ざいさん	biens, propriétés	财产	cai2chan3
財布	さいふ	bourse	钱袋	qian2dai4

展 — Ouvrir — 展

展覧会	てんらんかい	exhibition	展览会	zhan3lan3hui4
展開	てんかい	développement	展开	zhan3kai1
発展	はってん	expansion	发展	fa1zhan3

扇 — Eventail — 扇

| 扇風機 | せんぷうき | ventilateur électrique | 电扇 | dian4shan4 |
| 扇子 | せんす | éventail | 扇子 | shan4zi |

郎 — Titre de fonctionnaire — 郎 / lang2

| 郎党 | ろうとう | écuyer | 骑马的人 | qi2ma3deren2 |
| 野郎 | やろう | mec / barbare, sauvage | 野人 | ye3ren2 |

郡 — Préfecture — 郡 / jun4

| 郡長 | ぐんちょう | chef d'un comté, comte | 伯爵 | bo2jue2 |
| 郡部 | ぐんぶ | comté | 伯爵领地 | bo2jue2ling3di4 |

島 — Ile — 岛

| 島嶼 | とうしょ | îles | 岛屿 | dao3yu3 |

| 半島 | はんとう | péninsule | 半岛 | ban4dao3 |
| 島国 | しまぐに | pays insulaire | 岛国 | dao3guo2 |

馬		**Cheval**	马	
馬鹿	ばか	fou	疯子	feng1zi
馬力	ばりき	cheval vapeur	马力	ma3li4
桂馬	けいま	cavalier (aux échecs)	马	ma3

師		**Professeur**	师	
師団	しだん	division (armée)	师团	shi1tuan2
師範	しはん	professeur	教师	jiao4shi1
牧師	ぼくし	pasteur	牧师	mu4shi1

除		**Diviser**	除	
除幕	じょまく	dévoiler, ôter le rideau	(除幕	chu2mu4)
除名	じょめい	exclure, rayer d'une liste	除名	chu2ming2
掃除	そうじ	balayer	扫除	sao3chu2

院		**Cour**	院	
院政	いんせい	système de chambre du gouvernement	(除政	chu2zheng4)
上院	じょういん	chambre haute, Sénat	议院 元老院	yi4yuan4 yuan2lao3yuan4
病院	びょういん	hôpital	病院	bing4yuan4

| 陣 | | **Ordre de bataille** | 阵 | |
| 陣笠 | じんがさ | chapeau de paille du soldat | 阵笠 | zhen4li4 |

陣太鼓	じんたいこ	tambour de guerre	阵鼓	zhen4gu3

降		**Descendre**	降	
降口	おりぐち	sortie	出口	chu1kou3
降雨	こうう	pluie tombante	降雨	jiang4yu3
乗降	じょうこう	monter et descendre	乘降	cheng2jiang4
降伏	こうふく	se rendre	投降	tou2xiang2
降下	こうか	chute, descente	降落 下降	jiang4luo4 xia4jiang4
降車	こうしゃ	descendre de (train, etc.)	下	xia4

陥		**S'enfoncer**	陥	
陥落	かんらん	chute, effondrement	陷落	xian4luo4
陥没	かんぼつ	effondrement	倒塌	dao3ta1

陛		**Marches**	陛	
陛下	へいが	Votre Majesté	陛下	bi4xia4

書		**Ecrire**	书	
書記	しょき	secrétaire	秘书	mi4shu1
書類	しょるい	document	证书	zheng4shu1
読書	どくしょ	lecture	阅读	yue4du2

兼		**Double**	兼	
兼務	けんむ	poste supplémentaire	兼务	jian1wu4
兼任	けんにん	cumul de poste	兼任	jian1ren4

食べ兼ねる たべかねる	incapable de manger : rassasier	使吃饱	shi3chi1bao3

恭 — Respectueux — 恭

恭賀新年 きょうがしんねん	Bonne Année !	恭贺新禧	gong1he4xin1xi3
恭敬　きょうけい	respectueux	恭敬	gong1jing4

弱 — Faible — 弱

弱点　じゃくてん	point faible	弱点	ruo4dian3
弱震　じゃくしん	faible secousse (tremblement de terre)	弱震	ruo4zhen4
弱虫　よわむし	un faible	弱者	ruo4zhe3

変 — Changer — 変

変形　へんけい	transformation Ch. 変形 / bian4xing2 = se déformer	改変	gai3bian4
変死　へんし	mort violente	横死	heng4si3

殊 — Spécial — 殊

殊の外　ことのほか	extrêmement	极端地	ji2duan1di4
殊勝　しゅしょう	remarquable	殊	shu1

残 — Reste — 残

残高　ざんだか	débris, restes	残骸	can2hai2

| 残忍 | ざんにん | brutalité / cruel, inhumain | 残忍 | can2ren3 |
| 残念 | ざんねん | regret | 惋惜 | wan3xi1 |

殉　　Se sacrifier pour une cause　殉

| 殉職 | じゅんしょく | mourir à la tâche | 殉职 | xun4zhi2 |
| 殉死 | じゅんし | auto-immolation | 自我牺牲 | zi4wo3xi1sheng1 |

烈　　Violent　烈

烈女	れつじょ	héroïne, femme de vertu irréprochable	烈女	lie4nü3
烈風	れっぷう	vent violent	烈风	lie4feng1
烈火	れっか	feu ardent	烈火	lie4huo3

娠　　Grossesse　娠

| 任娠 | にんしん | grossesse | 妊娠 | ren4shen4 |

娯　　Réjouir　娯

| 娯楽 | ごらく | amusement, plaisir | 娱乐 | yu2le4 |
| 娯楽品 | ごらくひん | pièce | 娱乐品 | yu2le4pin3 |

娘　　Fille　娘

| 娘子軍 | じょうしぐん | bataillon féminin | 娘军 | niang2jun1 |
| 箱入娘 | はこいりむすめ | sa fille chérie | 亲爱的娘 | qin1'ai4deniang2 |

姫　　Dame　姫

| 姫君 | ひめぎみ | princesse | 公主 | gong1zhu3 |

| 姫御前 | ひめごぜん | princesse | 王妃 | wang2fei1 |
| 寵姫 | ちょうき | concubine favorite | 宠姫 | chong3ji1 |

脅		**Forcer**	胁	
脅迫	きょうはく	chantage, menacer	敲诈 胁迫	qiao1zha4 xie2po4
脅喝	きょうかつ	menace	威胁	wei1xie2
脅威	きょうい	menace	威胁	wei1xie2

旅		**Voyage**	旅	
旅館	**りょかん**	**hôtel (japonais)**	旅馆	lü3guan3
旅行	りょこう	voyage	旅行	lü3xing2
旅費	りょひ	frais de voyage	旅费	lü3fei4
旅券	りょけん	passeport	护照	hu4zhao4
旅程	りょてい	trajet	旅程	lü3cheng2
旅路	たびじ	voyage	旅途	lü3tu2

衰		**Décliner**	衰	
衰亡	すいぼう	tomber en ruines	衰亡	shuai1wang2
衰微	すいび	tomber en décadence	衰微	shuai1wei1
衰弱	すいじゃく	affaiblissement	衰弱	shuai1ruo4

般		**Transporter / Sorte**	般	
一般化	いっぱんか	généralisation	推广	tui1guang3
今般	こんぱん	dernièrement	最近	zui4jin4
一般	いっぱん	généralité	一般性	yi1ban1xing4

| 航 | | **Naviguer** | 航 | |

航海	こうかい	navigation	航海	hang2hai3
航路	こうろ	route maritime	航路	hang2lu4
航跡	こうせき	sillage	航迹	hang2ji4
航空	こうくう	aviation	航空	hang2kong1
航空便	こうくうびん	courrier par avion	航空信	hang2kong1xin4

益　　　　Davantage　　　益

益々	ますます	davantage, encore plus	多多益善	duo1duo1yi4shan4
有益	ゆうえき	utile	有益的	you3yi4de
利益	りえき	bénéfice	利益	li4yi4
益虫	えきちゅ	insecte utile	益虫	yi4chong2
益友	えきゆう	ami sincère	益友	yi4you3

恥　　　　Honte　　　耻

| 恥辱 | ちじょく | honte | 耻辱 | chi3ru3 |
| 破廉恥 | はれんち | infamies | 破坏名誉的话 | po4huai4ming2yu4dehua4 |

職　　　　Devoir　　　职

職業	しょくぎょう	occupation	职业	zhi2ye4
職工	しょっこう	employés et ouvriers	职工	zhi2gong1
職務	しょくむ	devoir, emploi	职务	zhi2wu4
職場	しょくば	lieu de travail	职场	zhi2chang3
職員	しょくいん	employé, personnel	职员	zhi2yuan2
職人	しょくにん	artisan	工匠	gong1jiang4

射 — Tirer — 射

射的	しゃてき	tir	射击	she4ji1
発射	はっしゃ	coup de feu, décharge	发射	fa1she4
射程	しゃてい	portée de tir	射程	she4cheng2

准 — Critère — 准

准尉	じゅんい	sous-officier Ch. 准尉 / zhun3wei4 = aspirant	士官	shi4guan1
准将	じゅんしょう	général de brigade	准将	zhun3jiang4
批准	ひじゅん	ratification	批准	pi1zhun3

凍 — Geler — 冻

凍死	とうし こごえじに	mort de froid	冻死	dong4si3
凍魚	とうぎょ	poisson congelé	冻鱼	dong4yu2
凍傷	とうしょう	gelure	冻伤	dong4shang1

流 — Couler — 流

流言	りゅうげん	rumeurs	流言	liu2yan2
流行	りゅうこう	mode, popularité	流行	liu2xing2
流転	るてん	impermanence	非永久情	fei1yong3jiu4qing2
流産	りゅうざん	avortement	流产	liu2chan3
流血	りゅうけつ	saignement	流血	liu2xue4
流星	りゅうせい	étoile filante	流星	liu2xing1

浮 — Flotter — 浮

| 浮気 | うわき | inconsistance | 无常的 | wu2chang2de |
| 浮世 | うきよ | vie flottante | 浮动的世 | fu2dong4deshi4 |

浮沈	ふちん,うきしずみ	sombrer et émerger, hauts et bas	浮沉	fu2chen2
浮浪者	ふろうしゃ	vagabond	流浪者	liu2lang4zhe3
浮標	ふひょう	bouée	浮标	fu2biao1
浮力	ふりょく	dérive Ch. 浮力 / fu2li4 = poussée	漂流	piao1liu2

浜　　Rivage　　滨

浜辺	はまべ	au bord de l'eau	滨边	bin1bian4
海浜	かいひん	plage	海滨	hai3bin1
京浜	けいひん	Tokyo et Yokohama	东京和横滨 Dong1jing1he2Heng2bin1	

浴　　Bain　　浴

浴衣	よくい, ゆかた	peignoir de bain	浴衣	yu4yi1
浴場	よくじょう	baignade, bains	浴场	yu4chang3
浴室	よくしつ	salle de bain	浴室	yu4shi4
浴槽	よくそう	baignoire, tub	浴盆	yu4pen2
欲客	よっきゃく	client de spa	欲客	yu4ke4
入浴	にゅうよく	entrer dans le bain	入浴	ru4yu4

浸　　Imbiber　　浸

浸水	しんすい	inondation	水灾	shui3zai1
浸透	しんとう	saturation Ch. 浸透 / jin4tou4 = imprégner, tremper	饱和	bao3he2
浸礼	しんれい	baptême par immersion	浸礼	jin4li3

消		Disparaître	消	
消費	しょうひ	consommation	消費	xiao1fei4
消化	しょうか	digestion	消化	xiao1hua4
消毒	しょうどく	désinfection	消毒	xiao1du2

浦		Côte	浦 / pu3	
鯛の浦	たいのうら	crique de Tai no ura / baie des daurades	鯛 小湾	diao1xiao3wan1
津々浦々 つつうらうら		tout le pays	全国	quan2guo2

酒		Alcool	酒	
酒精	しゅせい, アルコウル	alcool	酒精	jiu3jing1
酒宴	しゅえん	banquet, fête	酒会	jiu3hui4
酒飲み	さけのみ	buveur	酒徒	jiu3tu2

浪		Flot	浪	
浪人	ろうにん	chômeur	失業共人	shi1ye4gong1ren2
浪費	ろうひ	dépense inutile, gaspiller	浪費	lang4fei4
浮浪	ふろう	vagabondage	流浪	liu2lang4

海		Mer	海	
海岸	かいがん	côte, littoral	海岸	hai3'an4
海水浴	かいすいよく	bain de mer	海水浴	hai3shui3yu4
海産	かいさん	produits marins	海産	hai3chan3
海外	かいがい	à l'étranger, outre-mer	海外	hai3wai4
海抜	かいばつ	altitude, au-dessus de la mer	海抜	hai3ba2

| 海軍 | かいぐん | marine | 海军 | hai3jun1 |

鬼

Fantôme 鬼

| 鬼神 | きしん, きじん | démons et divins | 鬼神 | gui3shen2 |
| 鬼門 | きもん | quartier tabou
Ch. Porte de l'enfer | 鬼门关 | gui3men2guan1 |

逐

Poursuivre 逐

| 逐一 | ちくいち | en détail, minutieux
Ch. 逐一 / zhu2yi1 = un à un | 仔细的 | zi3xi4de |
| 逐電 | ちくでん | évasion,
fuite | 越狱
逃跑 | yue4yu4
tao2pao3 |

逓

Changer / x X

| 逓信 | ていひん | cmmunications | 通信 | tong1xin4 |

途

Chemin 途

途中	とちゅう	en chemin	途中	tu2zhong1
途次	とじ	étape, halte	途次	tu2ci4
途端	とたん	sur le point de	正要	zheng4yao4
途方もない とほうもない		extraordinaire	特別的	te4bie2de
途絶	とぜつ	cessation	终止	zhong1zhi3
前途	ぜんと	avenir	前途	qian2tu2

通

Passer / Dégager 通

通行	つうこう	circuler, traffic	通行	tong1xing2
通信	つうしん	correspondance	通信	tong1xin4
通知	つうち	informer, notifier	通知	tong1zhi1

通俗	つうぞく	popularité	通俗	tong1su2
通訳	つうやく	interprète	译员	yi4yuan2
通商	つうしょう	commerce	通商	tong1shqng1

造		**Faire**	造	
造船	ぞうせん	construction navale	造船	zao4chuan2
造化	ぞうか	création	創造	chuang4zao4
		Ch. 造化 / zao4hua4 = a/ Ciel, Nature b/ bonne fortune (chance)		
造花	ぞうか	fleur artificielle	人造花	ren2zao4hua1

速		**Rapide**	速	
速記	そっき	sténographie	速记	su4ji4
速達	そくたつ	livraison express	速交货	su4jiao1huo4
			快的交货	kuai4de...
速力	そくりょく	vitesse	速度	su4du4

連		**Joindre**	连	
連帯	れんたい	être en relation	连带	lian2dai4
連中	れんじゅう	compagnie	连队	lian2dui4
連結	れんけつ	combinaison	结合	jie2he2

透		**Pénétrer**	透	
透明	とうめい	transparence	透明	tou4ming2
透視	とうし	clairvoyance	透视	tou4shi4
透写	とうしゃ	tracé	定线	ding4xian4

勉   **Encourager**   勉

勉強	べんきょう	étudier	学习	xue2xi2
		Ch. 勉强 / mian3qiang3 = se forcer		
勉励	べんれい	diligence	勤勉	qin2mian3
		Ch. 勉励 / mian3li4 = encourager		
勉学	べんがく	études	学	xue2

起   **Se lever**   起

起源	きげん	origine	起源	qi3yuan2
起床	きしょう	se lever	起床	qi3chuang2
起重機	きじゅうき	grue	起重机	qi3zhong4ji1

11 traits

率		Proportion	率	
率先する そっせんする		prendre la tête	率	shuai4
率直	そっちょく	franchise Ch. 直率 / zhi2shuai4 = droiture	坦率	tan3shuai4
能率	のうりつ	efficacité	効率	xiao4lü4
税率	ぜいりつ	taux de taxes, tarif douanier	税率	shui4lü4

荷		Charge / Porter	荷 / he4	
荷為替	にがわせ	crédit documentaire	押汇信用证 ya1hui4xin4yong4zheng4	
荷造り	にづくり	emballage	包装	bao1zhuang1
荷物	にもつ, かもつ	bagage	行李	xing2li2

頂		Sommet	頂	
頂上	ちょうじょう	sommet	顶上	ding3shang4
絶頂	ぜっちょう	zénith	天顶	tian1ding3
頂点	ちょうてん	point culiminant	顶点	ding3dian3
山頂	さんちょう	sommet d'une montagne	山顶	shan1ding3

球		Ballon	求	
球投げ	たまなげ	jouer au ballon	提足求	ti1zu2qiu2
地球	ちきゅう	globe	地球	di4qiu2
野球	やきゅう	baseball	棒球	bang4qiu2

理   **Raison**   理

理性	りせい	raison	理性	li3xing4
理智	りち	intellect	理智	li3zhi4
理窟 ～屈	りくつ	esprit, logique	理屈	li3qu1

現   **Révéler**   現

現代	げんだい	les temps modernes	现代	xian4dai4
現金	げんきん	argent liquide	现金	xian4jin1
現実	げんじつ	actualité	现实	xian4shi2

彩   **Couleur**   彩

| 彩色 | さいしき | en couleur | 彩色 | cai3se4 |
| 色彩 | しきさい | couleur | 色彩 | se4cai3 |

務   **S'appliquer à**   务

義務	ぎむ	devoir, obligation	义务	yi4wu4
任務	にんむ	charge, devoir, tâche	任务	ren4wu
事務	じむ	occupation, travail	事务	shi4wu4

教   **Instruire**   教

教会	きょうかい	église	教会	jiao4hui4
教育	きょういく	éducation	教务	jiao4wu4
教師	きょうし	enseignant, maître	教师	jiao4shi1
教訓	きょうくん	leçon	教训	jiao4xun
教授	きょうじゅ	professeur	教授	jiao4shou4
教室	きょうしつ	salle de classe	教室	jiao4shi4

崩 — S'écrouler — 崩

| 崩潰 | ほうかい | effondrement | 崩溃 | beng1kui4 |
| 崩御 | ほうぎょ | cession, décès | 放弃 死亡 | fang4qi4 si3wang2 |

符 — Signe — 符

切符	きっぷ	billet	票	piao4
符節	ふせつ	compte	账户	zhang4hu4
護符	ごふ	talisman	护符	hu4fu2

笛 — Flûte — 笛

| 笛吹 | ふえふき | joueur de flûte | 笛吹者 | di2chui1zhe3 |
| 汽笛 | きてき | sifflet | 汽笛 | qi4di2 |

第 — *Préfixe pour les nombres ordinaux* — 第

第一	だいいち	le premier	第一	di4yi1
次第	しだい	ordre	次第	ci4di4
及第	きゅうだい	être reçu aux examens	及第	ji2di4
第三者	だいさんしゃ	la troisième personne	第三者	di4san1zhe3
第六感	だいろっかん	le sixième sens	第六感	di4liu2gan3

紺 — Bleu / x — X

| 紺青 | こんしょう | bleu de Prusse | 普蓝 | pu3lan2 |
| 紺屋 | こうや, こんや | teinturier | 染匠 | ran3jiang |

経 — Chaîne (d'un tissu) — 经

| 経験 | けいけん | expérience | 经验 | jing1yan4 |

| 経済 | けいざい | économie, finances | 经济 | jing1ji4 |
| 経文 | きょうもん | sutra | 经文 | jing1wen2 |

細		**Mince**	细	
細工	さいく	travail soigné	细工	xi4gong1
細大	さいだい	en détail	详细地	xiang2xi4de
細君	さいくん	ma femme, ma moitié	妻子	qi1zi

紳		**Notable**	绅	
紳士	しんし	gentilhomme	绅士	shen1shi4
紳士協定 しんしきょうてい		*gentleman's agreement*	绅士协定	shen1shi4xie2ding4

終		**Fin**	终	
終結	しゅうけつ	conclusion, terminer	终结	zhong1jie2
終点	しゅうてん	terminus	终点	zhong1dian3
始終	しじゅう	tout le temps, toujours	始终	shi3zhong1
終日	しゅうじつ	toute la journée	整日	zheng3ri4
終夜	しゅうや	toute la nuit	整夜	zheng3ye4
終止	しゅうし	terminaison	终止	zhong1zhi3

紹		**Réussir**	绍	
紹介	しょうかい	introduction	介绍	jie4shao4
紹介状	しょうかいじょう	letrre d'introduction	介绍信	jie4shao4xin4
紹続	しょうぞく	succession	继位	ji4wei4

| 組 | | **Groupe** | 组 | |

組立て	くみたて	construction	组成	zu3cheng2
組合	くみあい	association	组合	zu3he2
組閣	そかく	formation d'un cabinet	组阁	zu3ge2
組織	そしき	organisation	组织	zu3zhi1

執		**Tenir**	执	
執務	しつむ	routine au travail	(执务	zhi2wu4)
執筆	しっぴつ	écriture	执笔	zhi2bi3
執達吏	しったつり	bailli, huissier	执大员	zhi2da2yuan2

赦		**Gracier**	赦	
赦免	しゃめん	pardon	赦免	she4mian3
赦罪	しゃざい	amnistie, pardon, absoudre qn	赦罪	she4zui4

域		**Limites / Territoire**	域	
域内	いきない	sans frontières	域内	yu4nei4
域外	いきがい	hors des frontières	域外	yu4wai4

培		**Cultiver**	培	
培養	ばいよう	cultiver	培养	pei2yang3
培育	ばいいく	éduquer, élever	培育	pei2yu4

採		**Cueillir**	采	
採炭	さいたん	mine de charbon	采炭	cai3tan4
採掘	さいくつ	exploiter, extraire (mine)	采掘	cai3jue2

| 採用 | さいよう | adoption | 采用 | cai3yong4 |

推　Déduire　推

推理	すいり	raisonnement	推理	tui1li3
推移	すいい	évaluer, transition	推移	tui1yi2
推定	すいてい	présomption	推定	tui1ding4

捨　Abandonner　舍

捨子	すてご	enfant abandonné	舍孩子	she3hai2zi
捨場	すてば	décharge, dépotoir	垃圾場	la1ji1chang3
四捨五入 ししゃごにゅう		arrondir à 5 la partie supérieure à 4	四舍五入	si4she3wu3ru4
喜捨	きしゃ	aumônes	施舍	shi1she3

探　Chercher　探

探検	たんけん	exploration	探险	tan4xian3
探偵	たんてい	détective	侦探	zhen1tan4
探海燈	たんかいとう	projecteur	探照灯	tan4zhao4deng1

控　Contrôler　控

控え目の ひかえめの		se dominer, maîtrisé	控制	kong4zhi4
控訴	こうそ	appel (à la cour) Ch. 控诉 / kong4su4 = accuser	上诉	shang4su4
控除	こうじょ	soustraction	减法	jian3fa3

掃　Balayer　扫

| 掃除 | そうじ | nettoyer | 扫除 | sao3chu2 |

| 掃海 | そうかい | nettoyer la mer | 扫海 | sao3hai3 |

授		**Donner**	授	
授業	じゅぎょう	décorer, enseigner, leçon	授业	shou4ye4
授与	じゅよ	récompense	奖励	jiang3li4
教授	きょうじゅ	enseignement, professeur	教授	jiao1shou4

揭		**Publier / Enlever**	揭	
揭示	形状	annoncer, bulletin, note	揭示	jie1shi4
揭載	けいさい	publication	揭晓	jie1xiao3

措		**Arranger / Oter**	措	
措辞	そじ	choix des mots	措辞	cuo1ci2
措置	そち, しょち	arrangement	措置	cuo1zhi4

掘		**Creuser**	掘	
掘出し物 ほりだしもの		bonne affaire	笔好买卖 yi1bi3hao3mai3mai4	
発掘	はっくつ	déterrer des trésors	发掘	fa1jue2

接		**Connecter**	接	
接木	つぎき	arbre greffé	接穗木	jie1sui4mu4
接待	せったい	réception	接待	jie1dai4
接吻	せっぷん	baiser	接吻	jie1wen3
接近	せっきん	approche	接近	jie1jin4
接触	せっしょく	contact	接触	jie1chu4

| 接客 | せっきゃく | recevoir des invités | 接客 | jie1ke4 |

救 — Sauver — 救

救い主	すくいぬし	le Sauveur	救世主	jiu4shi4zhu3
救命	きゅうめい	sauver la vie	救命	jiu4ming4
救世軍	きゅうせいぐん	Armée du salut	救世军	jiu4shi4jun1

械 — Machine — 机

| 器械 | きかい | instrument | 器物 | qi4wu4 |
| 機械 | きかい | mécanisme | 机械 | ji1xie4 |

梅 — Prune — 梅

梅雨	ばいう	saison des pluies, pluie des prunes	梅雨	mei2yu3
梅花	ばいか	prunier en fleurs (abricotier du Japon)	梅花	mei2hua1
入梅	にゅうばい	saison des pluies	入梅	ru4mei2

移 — Déplacer — 移

移転	いてん	transfert	转移	zhuan3yi2
移民	いみん	immgration	移民	yi2min2
移住	いじゅう	migration	移居	yi2ju1

粒 — Grain — 粒

| 粒状 | りゅうじょう | granulé | 粒状 | li4zhuang4 |
| 粒々 | りゅうりゅう | assidûment | 刻苦地 | ke4ku3de |

粘

粘土	ねばつち, ねんど	argile
粘度	ねんど	viscosité
粘着	ねんちゃく	adhésion

粘 / 黏

粘土	nian2tu3
粘合	nian2he2
粘性/黏性	nian2xing4
黏着	nian2zhuo2

粗　Gros

粗末	そまつ	grossier, vulgaire
粗雑	そざつ	rude, sauvage
粗製	そせい	sans soin

粗

粗俗	cu1su2
粗野	cu1ye3
粗制	cu1zhi4

断　Rompre

断絶	だんぜつ	extinction, couper, rompre
断水	だんすい	coupure d'eau
断念	だんねん	abandonner, renoncer à une idée
断食	だんじき	jeûne

断

断断絶	duan4jue2
断水	duan4shui3
断念	duan4nian4
断食	duan4shi2

釈　Expliquer

釈放	しゃくほう	libérer un prisonnier, relâcher
釈迦	しゃか	Gautama, Sakya

釈

释放	shi4fang4
释迦牟尼	Shi4jia1mou2ni2

帳　Rideau / Tente

帳面	ちょめん	livre de comptes Ch. 帳 / zhang4 = camp, tente
帳消し	ちょうけし	annulation de la dette

帳 / 账

账簿	zhang4bu4
债取消	zhai4qu3xiao1

掛

掛物	かけもも	tableau / Ch. rouleau
掛値	かけね	surcharge
掛金	かけきん	acompte

Accrocher

挂

挂轴	gua4zhou2
负荷过重	fu4he4guo4zhong4
部分付款	bu4fen4fu4kuan3

排

排他	はいた	exclusion (personne)
排斥	はいせき	rejet
排列	はいれつ	arrangement, mettre en ordre

Arranger

排

排挤	pai2ji3
排斥	pai2chi4
排列	pai2lie4

惨

惨状	さんじょう	situation lamentable, scène désastreuse
惨事	さんじ	désastre
惨殺	ざんさつ	meurtre

Cruel

惨

惨状	can3zhuang4
惨剧	can3ju4
凶杀	xiong1sha1

情

情緒	じょうちょ	émotion, morosité
情熱	じょうねつ	passion
情勢	じょうせい	circonstance, cours des événements
悼惜	とうせき	chagrin, lamentation Ch. 悼(念) / dao4 (nian4) = pleurer qn

Sentiment

情

情绪	qing2xu4
热情	re4qing2
情势	qing2shi4
悲伤	bei1shang1
哀叹	ai1tan4

惜

| 惜敗 | せきはい | défaite regrettable |

Epargner

惜

惜敗北 xi1bai4bei3

痛惜	つうせき	gros chagrin Ch. 痛惜 / tong4xi1 = regretter vivement	大悲伤	da4bei1shang1

停		**Arrêter**	停	
停留場	ていりゅうじょう	arrêt	停留場	ting2liu2chang3
停車場	ていしゃじょう	gare Ch. 停车场 / ting2che1zhan4 = parking	火车站 huo3che1zhan4	
停止	ていし	cessation, suspension	停止	ting2zhi3
停電	ていでん	coupure de courant	停电	ting2dian4

偶		**Image**	偶	
偶像	ぐうぞう	effigie, idole	偶像	ou3xiang4
偶感	ぐうかん	pensées errantes	偶感	ou3gan3
偶数	ぐうすう	nombre pair	偶数	ou3shu4
偶然	ぐうぜん	par chance, fortuit, occasionnel	偶然	ou3ran2
偶発	ぐうはつ	accidentellement	偶发	ou3fa1
配偶	はいぐう	combinaison Ch. 配偶 / pei4'ou3 = les époux	配合	pei4he2

偏		**Pencher**	偏	
偏窟	へんくつ	excentricité	偏激	pian1ji1
偏愛	へん-あい	favoritisme, impartialité	偏爱	pian1'ai4
偏見	へんけん	idée préconçue, préjugé	偏见	pian1jian4
偏向	へんこう	déviation, tendance	偏向	pian1xiang4
偏狭	へんきょう	borné, étroit d'esprit	偏狭	pian1xia2
偏心	へんしん	partial	偏心	pian1xin1

偽 — Faux — 伪

偽札	にせさつ	faux billet de banque	伪币	wei3bi4
偽証	ぎしょ	faux témoignage	伪证	wei3zheng4
偽造	偽造	falsification, tromperie	伪造	wei3zao4

貨 — Marchandises — 货

貨物	かもつ	marchandise	货物	huo4wu4
貨車	かしゃ	wagon de marchandises	货车	huo4che1
貨財	かざい	richesses	财富	cai2fu4
貨宝	かほう	trésor	财宝	cai2bao3
貨殖	かしょく	fabricant de monnaie	货币制造者	huo4bi4zhi4zao4zhe3
貨幣	かへい	monnaie	货币	huo4bi4

袋 — Sac — 袋 / dai4

袋小路	ふくろこうじ	voie sans issue , cul-de-<u>sac</u>	死胡同	si3hu2tong4
袋叩	きにする ふくろだたきにする	mutiler, rosser	断肢 战胜	duan4zhi1 zhan4sheng4
足袋	**たび**	**chaussettes japonaises**	短统袜	duan3tong3wa4

得 — Nécessiter — 得 / dei3

得手	えて	adresse, dextérité Ch. 得手 / de4shou3 = doucement, de plain-pied	灵巧	ling2qiao3
得策	とくさく	bonne police	好治安	hao3zhi4'an1
得心	とくしん	conviction	确信	que4xin4

猟　Chasser　猎

猟人	りょうじん	chasseur	猎人	lie4ren2
猟犬	りょうけん	chien de chasse	猎狗	lie4gou3
猟師	りょうし	chasseur	猎户	lie4hu4
			猎手	lie4shou3

猛　Fort　猛

猛火	もうか	flammes rageuses	猛火	meng3huo3
猛犬	もうけん	chien méchant Ch.凶猛 / xiong1meng3	猛狗	meng3gou3
猛毒	もうどく	poison mortel	致命毒	zhi4ming4du2

視　Regarder　視

視力	しりょく	vision	视力	shi4li4
視界	しかい	champ de vision	视界	shi4jie4
視察	しさつ	inspection	视察	shi4cha2

側　Côté　側

側面	そくめん	côté, profil	側面	ce4mian4
左側通行 ひだりがわつうこう		« Rester à gauche »	在待左側的	zai4dai1zuo3ce4de
側近者	そっきんしゃ	serviteur attenant	近的仆人	jin4depu2ren2

健　En bonne santé　健

健康	けんこう	santé	健康	jian4kang1
健全	けんぜん	sain, solide	健全	jian4quan2
健忘症	けんぼうしょ	amnésie	健忘症	jian4wang4zheng4

御 Honorifique / Impérial 御

御中	おんちゅう	MM.	先生	xian1sheng1
御馳走	ご-ちそう	divertissement (de nourriture)	食物消遣	shi2wu4xiao1qian3
御者	ぎょしゃ	conducteur de chevaux	御者	yu4zhe3
御輿	みこし	autel portatif	轻便的宗教 qing1bian4dezong1jiao4	

術 Art 术

術語	じゅつご	terme technique	术语	shu4yu3
術策	じゅっさく	stratagème	计策	ji4ce4
算術	さんじゅつ	arithmétique	算术	suan4shu4
美術	びじつ,びじゅつ	beaux-arts	美术	mei3shu4
技術者	ぎじゅつしゃ	technicien	技术员	ji4shu4yuan2

斎 Régime végétarien 斎

斎場	さいじょう	endroit du service religieux	斋场	zhai1chang3
斎戒	さいかい	purification Ch. 斋戒 / zhai1jie1 = faire abstinence	洁身礼	jie2shen1li3
斎日	さいじつ	jour de jeûne	斋日	zhai1ri4

規 Règle 規

規律	きりつ	règlement	规律	gui1lü4
規則	きそく	règle	规则	gui1ze2
規則書	きそくしょ	prospectus	即将出版的书 ji2jiang1chu1ban3deshu1	

麻	Chanvre	麻	
麻布　あさぬの	toile de chanvre (de lin)	麻布	ma2bu4
麻縄　あさなわ	corde de chanvre	麻绳	ma2sheng2
胡麻　ごま	graine de sésame	芝麻籽	zhi1ma2zi3

康	Bonne santé	康	
健康　けんこう	santé	健康	jian4kang1
健康保険 けんこうほけん	assurance maladie	健康保险 jian4kang1bao3xian3	

庸	Ordinaire	庸	
庸才　ようさい	talent médiocre	庸才	yong1cai2
凡庸の　ぼん-ようの	lieu commun	凡庸场	fan2yong1chang3

庶	Multiple	庶	
庶子　しょし	enfant illégitime	非法子	fei1fa3zi3
	Ch. 庶出子 / shu4chu1zi3 = enfant issu d'une concubine		
庶民金庫 しょみんきんこ	mont-de-piété officiel	庶民金库	shu4min2jin1ku4
		当铺 /	dang1pu

虚	Vide	虚	
虚無　きょむ	nihilisme	虚无	xu1wu2
虚無僧　こむそう	moine pèlerin	虚无僧	xu1wu2seng1
虚弱　きょじゃく	faiblesse, infirmité	虚弱	xu1ruo4

産   **Produire**   产

産業	さんぎょ	industrie	产业	chan3ye4
産婆	さんば	sage-femme	助产士	zhu4chan3shi4
産卵	さんらん	laitance, œuf / pondre	产卵	chan3luan3
産物	さんぶつ	produit	产物	chan3wu4
産湯	うぶゆ	premier bain de bébé	娃娃第一洗澡	wa2wadi4yi1xi3zao3
産出	さんしゅつ	rendement	出产	chu1chan3

翌   **Prochain**   翌

翌日	よくじつ, あくるひ	lendemain	翌日	yi4ri4
翌朝	よくちょう, あるくあさ	lendemain matin	翌晨	yi4chen2
翌年	よくねん, あくるとし	année prochaine	翌年	yi4nian2

習   **Pratiquer**   习

習字	しゅうじ	**calligraphie**	**习字**	**xi2zi4**
習俗	しゅうぞく	us et coutumes	习俗	xi2su2
習慣	しゅうかん	habitude	习惯	xi2guan4

祭   **Tenir une cérémonie**   祭

祭日	さいじつ	congé national	国家的休假	guo2jia1dexiu1jia4
		Ch.祭 / ji4 = offrir en sacrifice		
祭礼	さいれい	festival	联欢节	lian2huan1jie2

窒		**Renfermer**	窒	
窒素	ちっそ	azote	氮	dan4
窒息	ちっそく	asphyxie	窒息	zhi4xi1

窓		**Fenêtre**	窗	
窓掛	まどかけ	rideau de fenêtre	窗帘	chuang1lian2
窓外	そうがい	derrière la fenêtre, dehors	窗外	chuang1wai4

寂		**Silencieux**	寂	
寂寞	せきばく	solitude	寂寞	ji4mo4
寂滅	じゃくめつ	nirvana	涅槃	nie4pan2

密		**Dense**	密	
密林	みつりん	forêt dense, jungle	密林	mi4lin2
密告	みっこく	information secrète	密告	mi4gao4

宿		**Passer la nuit**	宿	
宿屋	やどや	auberge	客栈	ke4zhan4
宿替え	やどかえ	déplacer	移动	yi2dong4
宿無し	やどなし	personne sans domicile	无住处人	wu2zhu4chu4ren2
宿泊	しゅくはく	logement	宿舍	su4she4
寄宿舎	きしゅくしゃ	dortoir	集体宿舍	ji2ti3su4she4

寄		**Approcher / Envoyer**	寄 / ji4	
寄付	きふ	contribution	份额	fen4'e2

| 寄贈 | きぞう, きそう | contribution | 捐税 | juan1shui4 |

堂 　　　　Hall　　　　堂

| 堂々 | どうどう | imposant, majestueux | 堂堂 | tang2tang2 |
| 食堂 | しょくどう | salle à manger
Ch. 食堂 / shi2tang2 = réfectoire | 餐厅 | can1ting1 |

常 　　　　Ordinaire　　　　常

常用	じょうよう	usage commun	常用	chang2yong4
常識	じょうしき	sens commun	常识	chang2shi2
常夏	ことなつ	été durable	长夏	chang2xia4

崇 　　　　Honorer　　　　崇

| 崇拝する
すうはいする | | vénérer | 崇拜 | chong2bai4 |
| 崇高 | すうこう | noble, prestige | 崇高 | chong2gao1 |

叙 　　　　Exposer　　　　叙 / xu4

| 叙任 | じょにん | installation | 委任 | wei3ren2 |
| 叙勲 | じょくん | remise (de diplôme, etc.)
Ch. 叙 / xu4 = bavarder | 放回 | fang4hui2 |

斜 　　　　Incliné　　　　斜

斜面	しゃめん	plan incliné	斜面	xie2mian4
斜視	しゃし	strabisme	斜视	xie2shi4
傾斜	けいしゃ	inclinaison	倾斜	qing1xie2

飢

		Avoir faim	饥	
飢死	うえじに	mort de faim	饥死	ji1si3
飢餓	きが	faim	饥饿	ji1'e4
飢饉	ききん	disette, famine	饥馑	ji1jin3

欲

		Désir	欲	
欲望	よくぼう	désir, envie	欲望	yu4wang4
欲念	よくねん	désir	欲念	yu4nian4
欲求	よっきゅう	besoin	欲求	yu4qiu2

匿

		Cacher	匿	
匿名	とくめい	anonyme	匿名	ni4ming2
隠匿	いんとく	cacher, dissimuler	隐匿	yin3ni4

商

		Commerce	商	
商業	しょうぎょう	commerce	商业	shang1ye4
商人	しょうにん、あきんど	marchand	商人	shang1ren2
商売	しょうばい	commerce	商务	shang1wu4
商標	しょうひょう	marque commerciale, déposée	商标	shang1biao1
商品	しょうひん	marchandise	商品	shang1pin3
商船	しょうせん	navire marchand	商船	shang1chuan2

望

		Désirer	望	
望遠鏡	ぼうえんきょう	télescope	望远镜	wang4yuan3jing4
望外	ぼうがい	inattendu	意外的	yi4wai4de

懇望	こんもう	supplication	懇求	ken3qiu2

彫		**Sculpter**	**雕**	
彫刻	ちょうこく	sculpture	雕刻	diao1ke4
彫物	ほりもの	sculpture	雕物	diao1wu4

雪		**Neige**	**雪**	
雪崩	なだれ	avalanche	雪崩	xue3beng1
雪駄	せった	sandale à semelle de cuir	皮凉鞋	pi3liang2xie2
雪合戦	ゆきがっせん	bataille de boules de neige	雪球战	xue3qiu2zhan4

豚		**Cochon**	**猪**	
豚小屋	ぶたごや	porcherie	猪舍	zhu1she4
豚肉	とんにく, ぶたにく	viande de porc	猪肉	zhu1rou4

脱		**Omettre**	**脱**	
脱稿	だっこう	achever un écrit	脱稿	tuo1gao3
脱走	だっそう	désertion	脱逃	tuo1tao2
脱税	だつぜい	évasion fiscale	脱税	tuo1shui4

脚		**Pied**	**脚**	
脚本	きゃくほん	drame, livret d'opéra	脚本	jiao3ben3
脚色	きゃくしょく	dramatisation	戏剧化	xi4ju4hua4
脚絆	きゃはん	guêtres	护腿套	hu4tui3tao3

圏		Cercle	圏	
圏帯	けんたい	astragale (canon*)	炮的环形垫	
			pao4dehuan2xing2dian4	
圏内	けんない	dans la sphère	圈内	quan1nei4
圏外	けんがい	hors de la sphère	圈外	quan1wai4

票		Bulletin de vote	票	
投票	とうひょう	vote	投票	tou2piao4
伝票	でんぴょう	facture, reçu	收条	shou1tiao2
票数	ひょうすう	nombre de votes	票数	piao4shu4
票札	ひょうさつ	bulletin de vote	选票	xuan3piao4

酔		Ivre	醉	
酔払い	よっぱらい	ivrogne	醉鬼	zui4gui3
酔狂	すいきょう	caprice	任性	ren4xing4
酔いざめ		récupération après intoxication	x	
よいざあめ		Ch. désintoxication	解毒	jie3du2
生酔い	なまよい	à moitié soûl	醉意	zui4yi4

患		Maladie	患	
患者	かんじゃ	patient	患者	huan4zhe3
患部	かんぶ	partie malade	患处	
急患(者)		cas d'urgence ;	急诊情况	
きゅうかん(しゃ)		(urgentiste)	ji2zhen3qing2kuang4	

章		Chapitre	章	
文章	ぶんしょう	article, œuvre	文章	wen2zhang1
勲章	くんしょう	décoration, médaille	奖章	jiang3zhang1

旗章	はたじるし	enseigne	旗帜	qi2zhi4

累 — Entasser — 累

累績	るいせき	accumuler	累积	lei3ji1
累進	るいしん	progression	累进	lei3jin4
累進税	るいしんぜい	impôt progressif	累进税	lei3jin4shui4

異 — Différent — 异

異教	いきょう	paganisme	异教	yi4jiao4
異人	いじん	étranger	异人	yi4ren2
異状	いじょう	accident	意外	yi4wai4
異常	いじょう	anomalie	异常	yi4chang2
異存	いぞん	objection	意议	yi4yi4
異名	いみょう	surnom	别名	bie2ming2

魚 — Poisson — 鱼

魚介	ぎょかい	poissons et coquillages	鱼壳	yu2ke2
魚市場	うおいちば	marché au poisson	鱼市场	yu2shi4chang3
魚屋	さかなや	poissonnier	鱼贩子	yu2fan4zi

黒 — Noir — 黑

黒人	こくじん	Noir	黑人	hei1ren2
黒板	くろばん	tableau noir	黑板	hei1ban3
黒潮	くろしお	Kuroshio	黑潮	hei1chao2

巣 — Nid — 巣

巣立ちする すだちする		quitter le nid	巢离开	chao2li2kai1
巣窟	そうくつ	repaire, tanière	巢穴	chao2xue2

責		**Devoir**	**责**	
責任	せきにん	responsabilité	责任	ze2ren4
責苦	せめく	supplice, torture	酷刑	ku4xing2
呵責	かしゃく	torture Ch. 呵责 / he1ze2 = réprimer sévèrement	拷问	kao3wen2

唯		**Seulement**	**唯**	
唯物論	ゆいぶつろん	matérialisme	唯物论	wei2wu4lun4
唯一	ゆいいつ	le seul, seulement Ch. 惟一 / wei2yi1 (en remplacement)	唯一	wei2yi1
唯今	ただいま	à présent	(唯今	wei2jin1)

唱		**Chanter**	**唱**	
唱歌	しょうか	chanter	唱歌	chang4ge1
唱道	しょうどう	plaidoyer	辩护	bian4hu4
合唱	がっしょう	chœur	合唱	he2chang4

副		**Vice**	**副**	
副官	ふくかん	aide de camp	副官	fu4guan1
副詞	ふくし	adverbe	副词	fu4ci2
副業	ふくぎょう	activité secondaire	副业	fu4ye4
副大統領 ふくだいとうりょう		vice-premier ministre	副总理	fu4zong3li3

| 副社長 | ふくしゃちょう | vice-président (d'une société) | 副会长 | fu4hui4zhang3 |

郭

| | | Rempart extérieur | 郭 / guo1 | |
| 郭公鳥 | かっこうどり | coucou de l'Himalaya | 中杜鹃 | zhong1du4juan1 |

許

		Permettre	许	
許可	きょか	permission	许可	xu3ke3
許否	きょひ	permission	x	

訴

| | | Accuser | 诉 | |
| 訴訟 | そしょ | cas, procès | 诉讼 | su4song4 |

訳

		Traduire	译	
訳文	やくぶん	traduction	译文	yi4wen2
訳者	やくしゃ	traducteur	译者	yi4zhe3
訳語	やくご	mot ulisé en traduction	译词	yi4ci2

訪

		Rendre visite à	访	
訪問	ほうもん	visite	访问	fang3wen2
来訪者	らいほうしゃ	visiteur	来访者	lai2fang3zhe3

設

		Fonder	设	
設備	せつび	installation	设备	she4bei4
説値	せつち	fondation	设置	she4zhi4
設計	せっけい	plan, projet	设计	she4ji4
設立	せつりつ	organisation	设立	she4li4

| 設定 | せってい | création | 創造 | chuang4zao4 |
| 施設 | しせつ | institution | 设施 | she4shi1 |

部 | | **Partie** | 部

部下	ぶか	subordonné	部下	bu4xia4
部屋	へや	chambre,	屋	wu1
			卧室	wo4shi4
		pièce	房间	fang2jian1
部分	ぶぶん	part, portion	部分	bu4fen

乾 | | **Sec** | 干

| 乾燥 | かんそう | sécheresse | 干燥 | gan1zao4 |
| 乾杯 | かんぱい | **à la votre** | **干杯** | **gan1bei1** |

略 | | **Bref** | 略

略々	ほぼ	presque	几乎	ji1hu1
		Ch. 略略 / lüelüe =	差不多	cha4buduo1
		brièvement		
略式	りゃくしき	simplicité	(略式	lüe4shi4)
			幼稚	you4zhi4
略史	りゃくし	croquis historique	(略史	lüe4shi3)

野 | | **Terrain** | 野

野生	やせい	sauvage	野生	ye3sheng1
野心	やしん	ambition	野心	ye3xin1
野球	やきゅう	base-ball	棒球	bang4qiu2
野菜	やさい	légumes	野菜	ye3cai4
野党	やと	parti	(野党	ye3dang3)
		non-gouvernemental		

| 野蛮 | やばん | barbarisme | 野蛮 | ye3man2 |

動　Se mouvoir　动

動物	どうぶつ	animal	动物	dong4wu4
動作	どうさ	action, mouvement	动作	dong4zuo4
動詞	どうし	verbe	动词	dong4ci2
動機	どうき	intention, motif	动机	dong4ji1
動員	どういん	mobilisation	动员	dong4yuan2
動脈	どうみゃく	artère	动脉	dong4mai4

転　Changer　转

転地	てんち	changement de climat	转气候	zhuan3qi4hou4
転任	てんにん	changement de poste	转业	zhuan3ye4
自転車	じてんしゃ	bicyclette	自行车	zi4xing2che1

軟　Mou　软

軟球	なんきゅう	*soft ball*	软求	ruan3qiu2
軟骨	なんこつ	cartilage	软骨	ruan3gu3
軟弱	なんじゃく	faiblesse	软弱	ruan3ruo4
軟水	なんすい	eau douce	软水	ruan3shui3
軟化	なんか	ramollissement	软化	ruan3hua4
軟禁	なんきん	garde à vue	软禁	ruan3jin4

眼　Yeux　眼

眼前	がんぜん	sous les yeux	眼前	yan3qian2
眼縁	まぶち	paupière	眼皮	yan3pi2
眼科	がんか	ophtalmologie	眼科	yan3ke1

販		Faire commerce de	販	
販路	はんろ	débouché	销路	xiao1lu4
販売	はんばい	vente	販卖	fan4mai4
販売店	はんばいてん	magasin	货栈	huo4zhan4

敗		Etre vaincu	败	
敗北	はいぼく	défaite	败北	bai4bei3
敗頽	はいたい	décadence	没落	mo4luo4
敗軍	はいぐん	défaite d'une armée	败军	bai4jun1

閉		Fermer	闭	
閉会	へいかい	clôturer une réunion	闭会	bi4hui4
閉口	へいこう	être ennuyé	烦闷	fan2men4
		Ch. 闭口 / bi4kou3 = se taire		
閉鎖	へいさ	clôture	闭幕	bi4mu4

問		Demander	问	
問合せ	といあわせ	enquête, s'informer	问讯	wen4xun4
問答	もんどう	questions et réponses	问答	wen4da2
問題	もんだい	problème	问题	wen4ti2

朗		Brillant	朗	
朗読	ろうどく	lire à haute voix, réciter	朗读	lang3du2
			朗诵	lang3song4

尉		*Rang militaire*	尉	
大尉	たいい	capitaine	上尉	shang4wei4

尉管	いかん	officier subalterne	尉官	wei4guan1

啓   **Révélation**   启

啓示	けいじ	révélation	启示	qi3shi4
啓発	けいはつ	développement Ch. 启发 / qi3fa1 = éclairer	发展	fa1zhan3
拝啓	はいけい	Chère Mme, Cher Mr	敬启者	jing4qi3zhe3

鳥   **Oiseau**   鸟

鳥居	とりい	**portail d'un temple Shinto**	鸟居	niao3ju1
鳥屋	とりや	volailler	家禽商	jia1qin2shang1
鳥類	ちょうるい	les oiseaux	鸟类	niao3lei4

陸   **Terre**   陆

陸上	りくじょう	terre	陆上	lu4shang4
陸軍	りくぐん	armée de terre	陆军	lu4jun1
陸地	りくち	continent, terre ferme	陆地	lu4di4
陸海軍	りくかいぐん	armée de terre et marine	陆海军	lu4hai3jun1
陸戦隊	りくせんたい	corps de fusilliers marins	陆战队	lu4zhan4dui4

陶   **Poterie**   陶

陶酔	とうすい	intoxication Ch. 陶醉 / tao2zui4 = s'enivrer	毒害	du2hai4
陶器	とうき	poterie, céramique	陶器	tao2qi4
陶然と	とぜんと	joyeux	陶然	tao2ran2

険 Dangereux 险

険呑	けんのん(な)	dangereux, risqué	风险	feng1xian3
険悪	けんあく(な)	dangereux	险恶	xian3'e4
危険	きけん	danger	危险	wei1xian3
険路	けんろ	chemin escarpé	险路	xian3lu4
険相	けんそう	aspect mystérieux	险相	xian3xiang4
険阻	けんそ	escarpement dangereux	险阻	xian3zu3

陰 Ombre 阴

陰気	いんき	lugubre, maussade	阴沉的 阴森的	yin1chen2de yin1se1de
陰謀	いんぼう	intrigue	阴谋	yin1mou2
陰部	いんぶ	parties sexuelles	阴部	yin1bu4
陰険な	いんけんな	sournois	阴险	yin1xian3
陰徳	いんとく	bonne action récompensée dans l'autre monde	阴德	yin1de2
陰暦	いんれき	calendrier lunaire	阴历	yin1li4

陪 Accompagner 陪

| 陪食する
ばいしょくする | | avoir l'honneur de déjeuner avec son supérieur | 陪食 | pei2shi2 |
| 陪審官 | ばいしんかん | jury | 陪审团 | pei2shen3tuan2 |

陳 Exposer 陈

| 陳情 | ちんじょう | pétition | 请求书 | qing3qiu2shu1 |
| 陳列 | ちんれつ | exposition | 陈列 | chen2lie4 |

陵		**Tombeau**	陵	
御陵	ごりょう	mausolée impérial	皇帝的陵墓 Huang2di4deling2mu4	

隆		**Prospère**	隆	
隆盛	りゅうせい	prospérité	成功	cheng2gong1
隆起	りゅうき	protubérance	隆起	long2qi3

粛		**Solennel**	粛	
粛々と	しゅくしゅくと	solennellement	粛 **隆**重的	su4 long2zhong4de
粛然と	しゅくぜんと	sentiments graves et respectueux	粛然	su4ran2

黄		**Jaune**	黄	
黄色	きいろ, こうしょく	jaune	黄色	huang4se4
黄泉	こうせん, よみ	Hadès, les Enfers, l'autre monde	黄泉	huang2quan2
黄金	おうごん, こがね	or	黄金	huang2jin1

基		**Base**	基	
基督教	きりすと-きょう	christianisme	基督教	Ji1Du1jiao4
基金	ききん	fonds	基金	ji1jin1
基礎	きそ	fondation	基础	ji1chu3

華		Fleur	华	
華燭の典 かしょくのてん		cérémonie de mariage	结婚的典	jie2hun1dedian1
華僑	かきょう	Chinois à l'étranger	华侨	hua2qiao2
華美	かび	splendeur	华美	hua2mei3
蓮華	れんげ	lotus	莲花	lian2hua1

剰		**Surplus**	剩	
剰余	じょうよ	surplus	剩余	sheng4yu2
乗数	じょうすう	nombre restant (math.)	剩数	sheng4shu4

張		**Déployer**	张	
張札	はりふだ	placard, poster	张贴	zhang1tie1
張子	はりこ	papier-mâché	混凝纸浆 hun4ning2zhi3jiang1	

勘		**Perception / Réviser**	勘 / kan1	
勘交	かんこう	considération	考虑	kao3lü4
勘定	かんじょう	comptabilité	会计	kuai4ji4
勘違い	かんちがい	mécompréhension	不理解力	bu4li3jie3li4

強		**Fort**	强	
強制	きょうせい	contrainte	强制	qiang2zhi1
強請	きょうせい, ゆすい	chantage	敲诈	qiao1zha4
強情	ごうじょう	obstination	坚持	jian1chi2

郵	**Poste**	邮	
郵便　ゆうびん	poste	邮	you2
郵便局 ゆうびんきょく	bureau de poste	邮局	you2ju2
郵送する ゆうそうする	envoyer par la poste	邮寄	you2ji4

婦	**Femme**	妇	
婦人　ふじん	femme	妇人	fu4ren2
主婦　しゅふ	maîtresse de maison	主妇	zhu3fu4
夫婦　ふうふ	mari et femme	夫妇	fu1fu4

婚	**Mariage**	婚	
婚約　こにゃく	fiançailles	婚约	hun1yue1
婚期　こんき	jour de mariage	婚期	hun1qi1
婚姻　こんいん	mariage	婚姻	hun1yin1

貧	**Pauvre**	贫	
貧民(窟) ひんみん(くつ)	nécessiteux / (bidonville)	贫民(窟)	pin2min2 (ku1)
貧困　ひんこん	pauvreté	贫困	pin2kun4
貧血　ひんけつ	anémie	贫血	pin2xue4
貧乏　びんぼう	pauvreté, pénurie	贫乏	pin2fa2
貧弱　ひんじゃく	pauvre et faible	贫弱	pin2ruo4
貧苦　ひんく	misérable, pauvre	贫苦	pin2ku3

族	**Clan**	族	
族籍　ぞくせき	statut social	法规	fa3gui1

家族	かぞく	famille	家庭	jia1ting2
		Ch. 家族 / jia1zu2 = clan, grande famille		
華族	かぞく	notabilité	头面人物	
			tou2mian3ren2wu4	

旋		**Tourner**	旋	
旋毛	つむじ	boucle de cheveux	(旋毛	xuan2mao2)
			卷曲的头发	juan3qu1detou2fa
旋風	つむじかぜ,	cyclone, tourbillon	旋风	xuan4feng1
	せんぷう			

貫		**Enfiler**	贯	
貫禄	かんろく	dignité, importance	显贵	xian3gui4
貫通	かんつう	pénétration	贯通	guan4tong1
貫目	かんめ	dignité, poids *sérieux*	庄重	zhuang1zhong4
敏		**Prompt**	敏	
敏腕	びんわん	aptitude	才能	cai2neng2
敏活	びんかつ	activité, rapidité	(敏活	min3huo2)
			活动	huo2dong4
敏速	びんそく	activité, rapidité	迅速	xun4su4

舶		**Navire de haute mer**	舶	
舶来	はくらい	importé	舶来	bo2lai2
船舶	せんぱく	navires, vaisseaux	船舶	chuan2bo2

船		**Bateau**	船	
船室	せんしつ	cabine	船舱	chuan2cang1
船客	せんきゃく	passager (d'un bateau)	船客	chuan2ke4

船員	せんいん	équipage	船员	chuan2yuan2
船賃	ふなちん	frêt	货运	huo4yun4
船舶業	せんぱくぎょう	affaires maritimes	船舶业	chuan2bo2ye4

悪 — **Mauvais / Haïr** — 恶

悪口	わるくち, あっこう	insulte	侮辱	wu3ru3
悪寒	おかん	froid	寒冷	han2leng3
悪魔	あくま	démon, diable	恶魔	e4mo2

盗 — **Voler** — 盗

盗人	ぬすびと	voleur	盗窃犯	dao4qie4fan4
盗癖	とうへき	kleptomanie	偷窃癖	tou1qie4pi3
盗難	とうなん	vol	盗窃霏	dao4qie4fei3

液 — **Liquide** — 液

液体	えきたい	liquide	液体	ye4ti3
液汁	えきじゅう	jus, sève	液汁	ye4whi1
液量	えきりょう	mesure liquide	液量	ye4liang4

渋 — **Acre** — 涩

渋紙	しぶかみ	papier tanné	揉革纸	rou2ge2zhi3
渋味	しぶみ	astringence	涩味	se4wei4
渋面	じゅうめん	grimace	鬼脸	gui3lian3

渉 — **Passer à gué** — 涉

| 渉外局
しょうがいきょく | | bureau de relations
publiques | 涉外局 | she4wai4ju2 |

| 交渉 | こうしょう | négociation | 交渉 | jiao1she4 |

淡		**Léger**	淡	
淡水	たんすい	eau douce	淡水	dan4shui3
淡白	たんばく	franchise, sobriété	坦率 适度	tan3shuai4 shi4du4
淡紅色	たんこうしょく	rose	粉红色	fen3hong2se4

Ch. 淡红色 / dan4hong2se4 = rouge clair

済		**Finir / Traverser une rivière**	济	
済崩しな	しくずし	traites échelonnées	分期收回款项 fen1qi1shou4hui2kuan3xiang4	
救済	きゅうさい	aide	救济	jiu4ji4

添		**Ajouter**	添 / tian1	
添木	そえぎ	greffe	接呀	jie1ya2
添削	てんさく	correction	校对	jiao4dui4
添書	てんしょ	lettre d'accompagnement	随附信	sui4fu4xin4

深		**Profond**	深	
深酒	ふかざけ	boire beaucoup	深酒	shen1jiu3
深刻	しんこく	profond	深刻	shen1ke4
深夜	しんや	nuit profonde	深夜	shen1ye4
深長な	しんちょうな	profond	深深	shen1shen1

Ch. 深长 / shen1chang2 = significatif

深緑	しんりょく	vert foncé	深绿	shen1lü4
深手	ふかで	mauvaise blessure	害伤口	hai4shang1kou3

清

清		**Clair**	清	
清潔	せいけつ	propreté	清洁	qing1jie2
清算	せいさん	liquidation	清算	qing1suan4
清朝	しんちょう	**Dynastie Qing**	**清朝**	**qing1chao2**

涼

涼		**Frais**	涼	
涼み船	すずみぶね	bateau de plaisance	游艇	you2ting3
涼風	りょうふう, すずみかぜ	brise rafraîchissante	涼和风	liang2he2feng1

混

混		**Mêler**	混	
混ぜ物	まぜもの	mélange	搅混	jiao3hun4
混合	こんごう	mélanger, mêler	混合	hun4he2
混血	こんけつ	métis, sang-mêlé	混血儿	hun4xue4'er
混同	こんどう	confondre	混同	hun4tong2

渇

渇		**Assoiffé**	渇	
渇水	かっすい	pénurie d'eau	水的贫乏	shui3depin2fa2
渇望	かつぼう	avoir soif de, désirer ardemment	渴望	ke3wang4

涙

涙		**Larme**	泪	
涙腺	るいせん	glande lacrymale	泪腺	lei4xian4
涙金	なみだきん	argent de consolation	安慰奖	an1wei4jiang3
涙眼	るいがん	yeux plein de larmes	泪眼	lei4yan3

婆		Vieille femme	婆	
産婆	さんば	sage-femme	助产士	zhu4chan3shi4
お婆さん おばあさん		grand'mère	婆婆	po2po

淑		Gentil / Propre	洁	
淑徳	しくとく	vertu féminine	(洁德	jie2de2)
淑女	しくじょ	femme	(洁女	jie2nü3)
貞淑	ていしゅく	chasteté	贞洁	zhen1jie2

進		Progrès	进	
進行	しんこう	avance, progès	进行	jin4xing2
進退	しんたい	avancer et reculer	进退	jin4tui4
進歩	しんぽ	progrès	进步	jin4bu4

週		Semaine	周	
週間	しゅうかん	semaine	一周	yi1zhou1
週末	しゅうまつ	week-end	周末	zhou1mo4
週給	しゅうきゅう	salaire hebdomadaire	周工资	zhou1gong1zi1

逸		Manquer / Loisir	逸	
逸散に	いっさんに	à toute vitesse	全速 极快	quan2su4 ji2kuai4
逸話	いつわ	anecdote	逸闻	yi4wen2
逸品	いっぴん	article superbe	漂亮的品	piao4liangdepin3
逸材	いつざい	homme de talent	有才能的人 you3cai2neng2deren2	

逸事	いつじ	anecdote	逸事	yi4shi4
			轶事	yi4shi4
逸楽	いつらく	plaisir	逸乐	yi4le4

逮   **Saisir**   逮

| 逮夜 | たいや | veille de l'anniversaire de la mort | 前夜忌辰 | qian2ye4ji4chen2 |
| 逮捕 | たいほ | arrestation | 逮捕 | dai4bu3 |

郷   **Campagne**   乡

郷土	きょうど	pays natal	乡土	xiang1tu3
郷里	きょうり	ville natale	乡里	xiang1li3
在郷	ざいご	campagne	在乡	zai4xiang1

12 traits

菜		Plat	菜	
菜食	さいしょく	plat de légumes	菜食	cai4shi2
野菜	やさい	légumes	野菜	ye3cai4
菜園	さいえん	jardin potager	菜园	cai4yuan2

尋		Chercher	寻	
尋常	じんじょう	commun, habituel	寻常	xun2chang2
尋問	じんもん	enquête	调查	diao4cha3
		Ch. 寻求 / xun2qiu2 = rechercher, se renseigner sur qn		
千尋	ちひろ	mille brasses, inépuisable	千法寻 不能汲尽的	qian1fa3xun2 bu4neng2ji2jin4de

項		Nuque	项	
項目	こうもく	article, clause	项目	xiang4mu4
項垂れる うなだれる		baisser la tête	低下头	di1xia4tou2
条項	じょうこう	articles et clauses	项目和文章	xiang4mu4he2wen2zhang1

貿		Négoce	贸	
貿易	ぼうえき	commerce	贸易	mao4yi4
貿易商	ぼうえきしょ	négociant	批发商	pi1fa1shang1
貿易風	ぼうえきふう	mousson	季风	ji4feng1

琴		*Instruments de musique*		琴

竪琴	たてごと	harpe	竪琴	shu4qin2
琴柱	ことじ	chevalet (de koto)	琴马	qin2ma3
琴瑟相和す きんしつあいわす		vivre en harmonie conjugale	夫妇的和谐活 fu1fu4dehe2xie2huo2	

紫   **Violet**   紫

| 紫水晶
むらさきずいしょう | | améthyste | 紫石英 | zi3shi2ying1 |
| 紫外線 | しがいせん | rayons ultra-violet | 紫外线 | zi3wai4xian4 |

疎   **Clairsemé**   疏

| 疎水 | そすい | dragage | 疏导 | shu1dao3 |
| 疎開 | そかい | décentralisation | 地方分权 | di4fang1fen1quan2 |

Ch. 疏密 / shu1mi4 = espacement de la population

| 疎遠 | そえん | séparation | 分开 | fen1kai1 |

Ch. 疏远 / shu1yuan3 = se tenir à l'écart

等   **Egal**   等

等級	とうきゅう	degré, rang	等级	deng3ji2
等分	とうぶん	division en parts égales	相等的分	xiang1deng3defen1
等身	とうしん	grandeur nature	与原物同样大小的 yu3yuan2wu4tong2yang4da4xiao3de	

策   **Plan**   策

| 策士 | さくし | intrigant | 阴谋 | yin1mou2 |
| 策略 | さくりゃく | stratagème | 计策 | ji4ce4 |

Ch. 策略 ce4lüe4 = tactique

答   **Répondre**   答

答弁	とうべん	réponse, solution	**答案**	da2'an4
答案	とうあん	sujet d'examen	考验	kao3yan4
答礼	とうれい	renvoi d'appel	电话送回 dian4hua4song4hui2	

筒		**Tube**	筒	
筒袖	つつそで	manche étroite	窄的袖子	zhai3dexiu4zi
筒抜け	つつぬけ	clairement	清楚的	qing1chude
封筒	ふうとう	enveloppe	信封	xin4feng1

筋		**Muscle**	筋	
筋書	すじがき	résumé	简述	jian3shu4
筋向い	すじむかい	diagonalement opposé	使相对的对剑线 shi3xiang1dui4dedui4jian3xian4	
筋肉	きんにく	muscle	筋肉	jin1rou4

筆		*Instrument pour écrire*	笔	
筆不精	ふでぶしょう	paresseux pour écrire	写信懒汉	xie3xin4lan3han4
筆記	ひっき	notes	笔记	bi3ji4
筆算	ひっさん	calculer par écrit	笔算	bi3suan4

幾		**Combien**	几	
幾人	いく人, いくたり	combien de personnes ?	几个人	ji3ge4ren2
幾分	いくぶん	quelque	几分	ji3fen1
幾等	いくら	combien	几	ji3

| 絞 | | **Tordre** | 绞 | |
| 絞り染 | しぼりぞめ | teinture sur écheveau | 绞染 | jiao3ran3 |

| 絞首 | こうしゅ | pendaison | 絞刑 | jiao3xing2 |

統 Gouverner / Communication 统

統制	とうせい	contrôle, régulation	统制	tong3zhi3
統計	とうけい	statistiques	统计	tong3ji4
統治	とうち, とうじ	règne	统治	tong3zhi4

給 Fournir 给 / gei3, ji3

給料	きゅうりょう	salaire	工资 薪	gong1zi1 xin1
給仕	きゅうじ	garçon (de café)	咖啡馆侍者 ka1fei1guan3shi4zhe3	
月給	げっきゅう	salaire mensuel	月薪	yue4xin1

絵 Peindre 绘

絵筆	えふで	pinceau	画笔	hua4bi3
絵本	えほん	illustré	有插图的书 you3cha1tu2deshu4	
絵画	かいが	dessin, peinture	绘画	hui4hua4

結 Nouer 结

結婚	けっこん	mariage	结婚	jie2hun1
結構	けっこう	excellent Ch. 结构 / jie2gou4 = structure	杰出	jie2chu1
結果	けっか	conséquence, résultat	结果	jie2guo3

絡 Tortiller / Filament 络

| 絡繰 | からくり | mécanisme | 机械 | ji1xie4 |
| 絡繹 | らくえき | trafic ininterrompu | 络绎 | luo4yi4 |

絶		**Rompre**	绝	
絶版	ぜっぱん	édition épuisée	绝版	jue2ban4
絶好	ぜっこう	capital	主要的	zhu3yao4de
絶交	ぜっこう	rupture d'amitié	绝交	jue2jiao1

喪		**Deuil**	丧	
喪心	そうしん	distraction Ch. 丧心 / sang4xin1 = scrupule	分心	fen1xin1
喪中	もちゅう	en deuil	丧中	sang1zhong1

森		**Plein d'arbres**	森	
森林	しんりん	forêt	森林	sen1lin2
森閑	しんかん	tranquille	安宁的	an1ning2de

款		**Clause**	款	
款待	かんたい	hospitalité	款待	kuan3dai4

報		**Annoncer**	报	
報告	ほうこく	rapport	报告	bao4gao4
報酬	ほうしゅう	récompense, rémunération	报酬	bao4chou
報知	ほうち	information	通知	tong1zhi1
情報	じょうほう	intelligence, nouvelle, renseignement	情报	qing2bao4

場		**Place**	场	
場所	ばしょ	lieu	场所	chang3suo3

| 場面 | ばめん | scène | 场面 | chang3mian4 |
| 場合 | ばあい | cas, occasion | 场合 | chang3he2 |

堪

		Supporter	堪	
堪能	かんのう,	adroit,	机灵	ji1ling
	たんのうな	capable	堪	kan1
堪忍	かんにん	patience,	忍受	ren3shou4
		tolérance	容忍	rong2ren3

堤

		Digue	提	
堤防	ていぼう	digue, levée de terre	提防	di1fang2
防波堤	ぼうはてい	brise-lames, jetée	防波堤	fang2bo1di1

博

		Gagner / Lutter	博	
博士	はくし, はかせ	Docteur, expert	博士	bo2shi4
博打	ばくち	jeu d'argent, pari	赌博	du3bo2
博覧会	はくらんかい	exposition universelle	博览会	bo2lan3hui4
博愛	はくあい	philanthropie	博爱	bo2'ai4
博物館	はくぶつかん	musée	博物馆	bo2wu4guan3
博学	はくがく	érudit	博学	bo2xue2

揺

		Agiter	揺	
揺らん	ようらん	berceau	摇篮	yao2lan2
動揺	どうよう	branler, osciller	动摇	dong4yao2

援

		Secourir	援	
援護	えんご	support	(援护	yuan2hu4)
			支援	zhi1yuan2

| 援助 | えんじょ | aide | 援助 | yuan2zhu4 |
| 援軍 | えんぐん | renfort | 援军 | yuan2jun1 |

揮   **Etre fortifié / Agiter**   揮

揮発油	きはつゆ	benzine, naphte, huile volatile	挥发油	hui1fa1you2
揮毫	きごう	manier le pinceau	挥毫	hui1hao2
指揮	しき	commander	指挥	zhi3hui1

換   **Echanger**   換

換算	かんさん	change, conversion	换算	huan4suan4
換気	かんき	ventilation	换气	huan4qi4
交換	こうかん	échange, troc	交换	jiao1huan4

揚   **Lever**   扬

揚言する ようげんする	clamer, proclamer	扬言	yang2yan2
揚げ足をとる あげあしをとる	prendre un lapsus	把口误	ba3kou3wu4
揚げ物 あげもの	friture	油煎食品	you2jian1shi2pin3

描   **Décrire**   描

| 描写 | びょうしゃ | décrire, peindre | 描写 | miao2xie3 |
| 心理的描写 しんりてきびょうしゃ | sensationnelle description | 惊人的描写 | jing1ren2demiao2xie3 |

握   **Saisir**   握

| 握り屋 にぎりや | grippe-sou, radin | 贪小利的人 | tan1xiao3li4deren2 |
| | | | 吝啬的人 | lin2se4deren2 |

握手	あくしゅ	poignée de mains	握手	wo4shou3

提 | | **Porter** | 提 | |

提示	ていし, ていじ	soumettre à l'assemblée	提交	ti2jiao1
提灯	ちょうちん	lanterne de papier	提灯	ti2deng1
提案	ていあん	proposition	提案	ti2'an4

極 | | **Extrémité** | 极 | |

極端	きょうくたん	extrémité	极端	ji2duan1
極上	ごくじょう	premier prix (marchandise)	(极上	ji2shang4)
極楽	ごくらく	Paradis (Bouddhiste)	极乐	ji2le4

棒 | | **Bâton** | 棒 | |

棒読み	ぼうよみ	lecture d'une traite	不停顿地阅读 bu4ting2dun4di4yue4du2	
用心棒	ようじんぼう	garde du corps, protecteur	保护人	bao3hu4ren2

検 | | **Examiner** | 检 | |

検束	けんそく	contrôle	检查	jian3cha2
検事	けんじ	travail de procureur	检察	jian3cha2
検閲	けんえつ	inspection, passer en revue	检阅	jian3yue4
検眼	けんがん	test oculaire	检眼	jian3yan3
検疫	けんえき	quarantaine	检疫	jian3yi4
検印	けんいん	sceau d'approbation	剑印	jian3yin4

棺 — Cercueil — 棺

棺桶	かんおけ	cercueil	棺	guan1
出棺	しゅっかん	sortir un cercueil d'une maison	出棺	chu1guan1
寝棺	ねがん	gisant	寝棺	qin3guan1

植 — Plante — 植

植木	うえき	plante	植物	zhi2wu4
植字	しょくじ	composition (imprimerie)	排字	pai2zi4
植民地	しょくみんち	colonie	植民地	zhi2min2di4

棋 — Jeu d'échecs — 棋

| 棋客 | きかく | joueur d'échecs | 棋客 | qi2ke4 |
| 棋戦 | きせん | jeu (dames, échecs, etc.) | 棋战 | qi2zhan4 |

程 — Degré / Règle — 程

程々	ほどどど	relativement	相対	xiang1dui4
程度	ていど	degré, standard	程度	cheng2du4
里程	りてい	distance, trajet	里程	li3cheng2

税 — Taxe — 税

税金	ぜいきん	charge, taxe	税金	shui4jin1
税関	ぜいかん	douane	关税	guan1shui4
税率	ぜいりつ	tarif douanier, taux d'impôt	税率	shui4lü4
税務署	ぜいむしょ	administration fiscale, bureau de perception	税务机关	shui4wu2ji1guan1

| 税理士 ぜいりし | percepteur | 税务员 | shui4wu2yuan2 |

粧

		## 妆 zhuang1	
化粧　けしょう	maquillage	化妆	hua4zhuang1
化粧品 けしょうひん	affaires de toilette	梳洗用具	shu1xi3yong4ju4

雄

Mâle

雄

雄大　ゆうだい	grandeur	雄大	xiong2da4
雄弁　ゆうべん	éloquence	雄辩	xiong2bian4
雄飛　ゆうひ	grand saut	大跳	da4tiao4
雌雄　しゆう	mâle et femelle	雌雄	ci2xiong2
雄図　ゆうと	plan ambitieux, hautes visées	雄图	xiong2tu2
雄壮　ゆうそう	brave, courageux	勇敢	yong3gan3

Ch. 雄壮 / xiong2zhuang4 = grandiose

帽

Coiffure

帽

帽子　ぼうし	chapeau	帽子	mao4zi
帽子掛 ぼうしかけ	patère	帽挂	mao4gua4
無帽　むぼう	sans chapeau	无帽	wu2mao4
幅利き はばきき	homme d'influence	有势力的人	you3shi4li4deren2

幅

Laize

幅

| 全幅　ぜんぷく | grande largeur (tissu) | 全幅面 | quan2fu2mian4 |
| 一幅　いっぷく | un rouleau, une peinture | 一副 | yi1fu2 |

順 | Arranger | 順

順当	じゅんとう	sans difficulté, sans encombre	順当	shun4dang
順序	じゅんじょ	ordre, procédure	順序	shun4xu4
順番	じゅんばん	ordre, tour	(順番	shun4fan1)

愉 | Joyeux | 愉

| 愉快な | ゆかいな | joyeux | 愉快 | yu2kuai4 |
| 愉悦 | ゆえつ | joie | 愉悦 | yu2yue4 |

焼 | Brûler | 焼

焼失	しょうしつ	incendie	火災	huo3zai1
焼餅	やきもち	jalousie Ch. 烧饼 / shao1bing2 = galette de sésame	嫉妒	ji2du4
焼物	やきもの	poterie	陶瓷	tao2ci2

慨 | Regretter / Généreux | 慨

| 慨息 | がいそく | soupir de regret | 慨然长叹
kai3ran2chang2tan4 | |
| 慨世 | がいせい | faire preuve de civisme | 公民责任感
gong1min2ze2ren4gan3 | |

慌 | Troublé | 慌

| 慌忙 | こうぼう | être très occupé | 十分忙 | shi2fen1mang2 |
| 恐慌 | きょうこう | panique | 恐慌 | kong3huang2 |

惰 | Négliger / Paresseux | 惰

| 惰性 | だせい | inertie | 惰性 | duo4xing4 |

| 惰弱 | だじゃく | effeminé | 柔弱 | rou2ruo4 |
| | | | 懦弱 | nuo4ruo4 |

集　Rassembler　集

集会	しゅうかい	assemblée	集会	ji2hui4
集金	しゅうきん	collection d'argent	(集金	ji2jin1)
集合	しゅうご	rassembler	集合	ji2he2

焦　Brûlé　焦

焦土	しょうど	terre brûlée	焦土	jiao1tu3
焦点	しょうてん	foyer	焦点	jiao1dian3
焦慮	しょうりょ	impatience / se faire du souci	焦慮	jiao1lü4

留　Rester　留

留学生	りゅうがくせい	étudiant à l'étranger	留学生	liu2xue2sheng1
留針	とめばり	épingle de sûreté	安全別针	an1quan2bie2zhen1
留守	るす	absence Ch. 留守 / liu2shou3 = rester en garnison	缺席	que1xi2
留置	りゅうち	détention	拘留	ju1liu4
留任	りゅうにん	rester au bureau	留任	liu2ren4
留意	りゅうい	considération Ch. 留意 / liu2yi4 = être attentif à	尊敬	zun1jing4

備　Préparer　备

| 備考 | びこう | note | 备考 | bei4kao3 |
| 備品 | びひん | meuble
Ch. 备品 / bei4pin3 = objet de remplacement | 家具 | jia1ju4 |

傍		Etre près de	榜 / bang4	
傍観する ぼうかんする		regarder faire	注視	zhu4shi4
傍聴	ぼうちょう	audience	倾听	qing1ting1

偉		Grand	伟	
偉業	いぎょう	grande cause, grande œuvre	伟业	wei3ye4
偉人	いじん	grand homme	伟人	wei3ren2
偉大	いだい	grandiose	伟大	wei3da4

貸		Prêt	贷	
貸主	かしぬし	créditeur Adj. N.	贷方的 债权人	dai4fang1de zhai4quan2ren2
貸家	かしや	maison à louer	房屋租召	fang1wu4zu1zhao4
貸借	たいしゃく, かしかり	débit et crédit	贷借	dai4jie4

循		Circuler	循	
循環	じゅんかん	circulation, cycle	循环	xun2huan2
循行	じゅんこう	mouvement direct (astr.)	循行	xun2xing2

復		Tourner	复	
復活	ふっかつ	renaître, ressusciter	复活	fu4huo2
復興	ふっこう	revivre	复兴	fu4xing1
復習	ふくしゅう	réviser	复习	fu4xi2

装 — Vêtement — 装

装飾	そうしょく	décoration	装饰	zhuang1shi4
装置	そうち	équipement	装置	zhuang1zhi4
装幀	そうてい	reliure	装订	zhuang1ding4
装束	しょうぞく	costume de cérémonie, tenue	装束	zhuang1shu4
装身具	そうしんぐ	ornement personnel	(身装饰 个人装饰	shen1zhuang1shi4) de4ren2zhuang1shi4
装備	そうび	équipement	装备	zhuang1bei4

悲 — Affligé — 悲

悲劇	ひげき	tragédie	悲剧	bei1ju4
悲観	ひかん	pessimisme	悲观	bei1guan1
悲惨	ひさん	misérable	悲惨	bei1can3

猶 — Encore — 犹

猶予	ゆうよ	délai, report	延期 拿回	yan2qi1 na2hui2
猶太	ゆだや	Judas	犹大	You2da4

裕 — Abondant — 裕

裕福	ゆうふく	affluence	充裕	chong1yu4
余裕	よゆう	marge, surplus	余力	yu2li4

補 — Suppléer — 补

補充	ほじゅう	complément	补充	bu3chong1
補佐	ほさ	assistance	补佐	bu3zuo3
補助	ほじょ	allocation, subvention	补助	bu3zhu4

街

Rue

街

街道	かいどう	grand'rue	街道	jie1dao4
街路樹	がいろじゅ	arbres en bordure de route	街路树	jie1lu4shu4
市街	しがい	rue Ch. 市街 / shi4jie1 = quartier commerçant	街	jie1

惑

Etre embarrassé

惑

| 惑星 | わくせい | planète | 行星 | xing2xing1 |
| 迷惑 | めいわく | troubler | 迷惑 | mi2huo (4) |

裁

Couper

裁

裁判	さいばん	jugement	裁判	cai2pan4
裁可	さいか	sanction	制裁	zhi4cai2
裁屑	たちくず	coupon d'étoffe	零头布料	ling2tou2bu4liao4

盛

Florissant

盛

盛大	せいだい	prospérité Ch. 盛大 / sheng4da4 = grandiose	盛	sheng4
盛況	せいきょう	animation, événement spectaculaire	盛况	sheng4kuang4
盛年	せいねん	fleur de l'âge	青年	qing1nian2

短

Court

短

短気	たんき	tempérament vif	灵便质	ling2bian4zhi4
短期	たんき	court terme	短期	duan3qi1
短所	たんしょ	défaut	短处	duan3chu

替		**Remplacer**	替	
両替	りょうがえ	change	汇兑	hui4dui4
小為替	こがわせ	mandat postal	邮政汇票 you2zheng4hui4piao4	
交替	こうたい	alterner	交替	jiao1ti4

廃		**Hors d'usage**	废	
廃刊	はいかん	discontinuation	停止	ting2zhi3
廃止	はいし	abolition	废除	fei4chu2
廃物	はいぶつ	article inutile, rebuts	废物	fei4wu4

虜		**Faire prisonnier**	虏	
捕虜	ほりょ	captif	捕 (捕虏	bu3 bu3lu3)
俘虜	ふりょう	prisonnier de guerre	俘虏	fu2lu3

痘		**Variole**	痘	
痘瘡	とうそう	variole	痘 天花	dou4 tian1hua1
種痘	しゅとう	vaccination	种痘	zhong4dou4

痛		**Avoir mal**	痛	
痛快	つうかい	allègre, ecnchanté	痛快	tong4kuai4
痛切	つうせつ	avec chagrin, tristement	痛切	tong4qie4
頭痛	ずつう	mal de tête	头痛	tou2tong4

痢		Dysenterie	痢	
痢病	りびょう	diarrhée, dysenterie	腹瀉	fu4xie4
			痢疾	li4ji

菊		Chrysanthème	菊	
菊版	きくばん	octavo	第八	di3ba1
菊人形	きくにんぎょう	poupée de chrysanthème	菊象	ju2xiang4

登		Monter	登	
登記	とうき	enregistrer	登记	deng1ji1
登山	とうざん	(escalader), gravir une montagne	登山	deng1shan1
登録	とうろく	enregistrement	录制	lu4zhi4

富		Riche	富	
富源	ふげん	ressources naturelles	富原	fu4yuan2
富貴	ふうき	richesses & dignités	富贵	fu4gui4
富士山	ふじさん	**le Mont Fuji**	富士山	Fu4shi4shan1

寒		Froid	寒	
寒気	かんき	air froid	寒气	han2qi4
寒暖	かんだん	température Ch. 暖 / nuan3 = tempéré	气温	qi4wen1
寒流	かんりゅう	courant froid	寒流	han2liu2

営		Faire / x	X	
営業	えいぎょう	affaire, négoce	批发	pi1fa2
営利	えいり	profit	盈利	ying2li4
営倉	えいそう	corps de garde Ch. 哨所 / shao4suo3 = guérite	警卫队	jing3wei4dui4

掌		Paume	掌	
掌大	しょうだい	grand comme la paume	掌大	zhang3da4
掌中	しょうちゅう	dans la main	掌中 掌心	zhang3zhong1 zhang3xin1

覚		Se réveiller	觉	
覚醒	かくせい	se réveiller	觉醒	jue2xing3
自覚	じかく	conscient	自觉	zi4jue2
覚え書	おぼえがき	mémento, notes	笔记本 记录	bi3ji4ben3 ji4lu4

鈍		Emoussé	钝	
鈍重	どんじゅう	entêté, obtus	(钝重 顽固的	dun4zhong4) wan2gu4de
鈍角	どんかく	angle obtus	钝角	dun4jiao3
鈍感	どんかん	insensible	无感觉的	wu2gan3jue2de

創		Commencer	创	
創立	そうりつ	institution	创立	chuang4li4
創作	そうさく	création	创作	chuang4zuo4
創世記	そうせいき	La Genèse	创世纪	Chuang4shi4ji4

割		**Trancher**	割	
割引	わりびき	remise	折扣	zhe2kou4
割引戻し わりびきもどし		rabais	减价	jian3jia4
割当	わりあて	division, partage	分割	fen1ge1

奥		**Intérieur / Profond**	奥 / ao4	
奥印	おくいん	sceau officiel	正式的印	zheng4shi4deyin4
奥書	おくがき	endosser, visa	背书 签证	bei4shu1 qian1zheng4
奥様	おくさま	Mme & Mr	夫人先生	fu1ren2xian1sheng

堅		**Solide**	坚	
堅牢	けんろう	solidité	(坚牢 牢固	jian1lao2) lao2gu4
堅固	けんご	fort, robuste	坚固	jian1gu4
堅実	けんじつ	ferme	坚实	jian1shi2

雲		**Nuage**	云	
雲水	うんすい	prêtre itinérant	巡回的神甫 xun2hui2deshen2fu	
雲行	くもゆき	mouvement dess nuages	云行动	yun2xing2dong4
雲母	うんも, きらら	mica	云母	yun2mu3

脹		**Se dilater**	脹	
脹満	ちょうまん	hydropisie du péritoine Ch. 腹脹 / fu4zhang4 = avoir le ventre ballonné	腹膜的积水	fu4mo2deji1shui3
誇脹	こちょう	exagération	夸张	kua1zhang1

勝		**Victoire**	胜	
勝負	しょうぶ	match	比赛	bi3sai4
勝利	しょうり	triomphe, victoire	胜利	sheng4li4
勝敗	しょうはい	victoire ou défaite	胜败	sheng4bai4

腕		**Bras / Poignet**	腕 / **wan4**	
腕輪	うでわ	bracelet	手镯	shou3zhuo2
腕力	わんりょく	force physique	体力	ti3li4
腕白	わんぱく	désobéissance	违抗	wei2kang4

散		**Disperser**	散	
散財	さんざい	dépense	费用	fei4yong4
散々	さんざん	sévère	严重的	yan2zhong4de
散歩	さんぽ	marche	散步	san4bu4

菌		**Champignon**	菌	
菌学	きんがく	mycologie	真菌学	zhen1jun1xue2
菌類	きんるい	champignons	菌类	jun1lei4

歯		**Dent**	齿	
歯車	はぐるま	roue dentée	齿轮	chi3lun2
犬歯	けんし	croc Ch. 犬齿 / quan3chi3 = canine	犬牙	quan3ya2
歯医者	はいしゃ	dentiste	牙科医生	ya2ke1yi1sheng1

尊		**Honorer**	尊	
尊敬	そんけい	respect	尊敬	zun1jing4

尊大	そんだい	amour-propre	自尊	zi4zun1
尊重	そんちょう	estime	尊重	zun1zhong4
酢		**Vinaigre**	**醋**	
酢の物	すのもの	plat vinaigré	醋的菜	cu4decai4

喜		**Heureux**	**喜**	
喜悦	きえつ	joyeux	喜悦	xi3yue4
喜劇	きげき	comédie	喜剧	xi3ju4
喜捨	きしゃ	contriibution volontaire	服务的捐助 fu2wu4dejuan1zhu4	

善		**le bien**	**善**	
善行	ぜんこう	bonne conduite	好品的	hao3pin2de
善意	ぜんい	bonne foi	善意	shan4yi4
善用	ぜんよう	bon usage	经久耐用	jing1jiu3nai4yong4

象		**Eléphant**	**象**	
象牙	ぞうげ	ivoire	象牙	xiang4ya2
象眼	ぞうがん	incrustation	镶 (嵌)	xiang1 (qian4)
象徴	しょうちょう	symbole	象征	xiang4zheng1

貴		**Cher**	**貴**	
貴族	きぞく	aristocratie	贵族	gui4zu2
貴金属	ききんぞく	métal précieux	贵金属	gui4jin1shu3
貴重	きちょう	précieux	贵重	gui4zhong4
貴方	あなた	tu	你	ni3
蛮		**Sauvage**	**蛮**	

| 蛮人 | ばんじん | sauvage | 蛮人 | man2ren2 |
| 蛮勇 | ばんゆう | brute | 野蛮 | ye3man2 |

量   Mesurer   量

| 量器 | りょうき | instrument de mesure | 量具 | liang2ju4 |
| 分量 | ぶんりょう | quantité | 大量 | da4liang4 |

景   Situation   景

景気	けいき	activité des affaires	景气	jing3qi4
景品	けいひん	cadeau	礼品	li3pin3
景色	けしき	paysage, belle vue	景色	jing3se4

晶   Clair   晶

| 晶形 | しょうけい | cristal | 晶体 | jing1ti3 |
| 水晶 | すいしょう | cristal | 水晶 | shui3jing1 |

最   Le plus   最

最早	もはや	déjà	已经	yi3jing1
最初	さいしょ	début, premier	最初	zui4chu1
最後	さいご	dernier	最后	zui4hou4
最大	さいだい	le plus grand, maximum	最大	zui4da4
最中	さいちゅう	au milieu de	在…中间	zai4…zhong1jian1

普   Général   普

| 普通 | ふつう | ordinaire | 普通的 | pu3tong1de |
| 普及 | ふきゅう | diffusion, propagation | 普及 | pu3ji2 |

普選	ふせん	suffrage universel	普选	pu3xuan3

番　　Paire / Sorte　番

番地	ばんち	numéro de maison	番号	fan1hao4
番号	ばんご	numéro	番号	fan1hao4
番人	ばんにん	gardien	看守者	kan4shou3zhe3
番犬	ばんけん	chien de garde	看门狗	kan4men2gou3

童　　Enfant　童

童貞	どうてい	chasteté, virginité	童贞	tong2zhen1
童話	どうわ	conte	童话	tong2hua4

菓　　Fruit　果

菓子	かし	gâteau Ch. 果子 / guo3zi = fruit	饼 糕	bing3 gao1
茶菓	さか, ちゃか	thé et gâteaux	茶饼	cha2bing3

塁　　Fortification　垒

塁手	るいしゅ	joueur de baseball	垒手	lei3shou3
塁審	るいしん	champ de baseball	垒球出	lei3qiu2tian2
本塁打	ほんるいだ	coup / course de circuit	本垒打	ben3lei3da4
盗塁	とうるい	base perdue	盗垒	dao4lei3

畳　　*Tatami / Superposer*　叠

畳替え	たたみがえ	remplacement de tatami	榻榻米代替 叠席	ta4ta4mi3dai4ti4 die2xi2
畳椅子	たたみいす	chaise pliante	折椅	zhe2yi3

着

着		**Porter**	着	
着手	ちゃくしゅ	commencer	着手	zhuo4shou3
着陸	ちゃくりく	atterrissage	着陆	zhuo4lu4
着席する ちゃくせきする		prendre un siège	着座位	zhuo4zuo4wei4
着々と	ちゃくちゃくと	régulièrement	经常地	jing1chang2de
着荷	ちゃくに	arrivée de marchandises	代达的商品	dai4da4deshang1pin3
着服	ちゃくふく	mettre ses vêtements, détournement de fonds	着装 侵吞资金	zhuo2zhuang4 qin1tun1zi1jin1

喚

喚		**Crier**	喚	
喚起	かんき	réveil (brusque)	唤起	huan4qi3
喚呼	かんこう	hurlement	呼唤	hu1huan4
喚問	かんもん	assignation	传唤	chuan2huan4

距

距		**Etre séparé de**	距	
距離	きょり	distance	距离	ju4li2
近距離	きんりょり	courte distance	近距离	jin4ju4li2

就

就		**Aussitôt**	就	
就いて	ついて	concernant, au sujet de	就	jiu4
就職	しゅうしょく	trouver du travail Ch. 就职 / jiu4zhi2 = entrer en fonction	就业	jiu4ye4
成就	じょうじゅ	accomplissement	完成	wan2cheng2

硫

硫		**Soufre**	硫	
硫酸	りゅうさん	acide sulfurique	硫酸	liu2suan1
硫黄	いおう	soufre	硫磺	liu2huang2

硝		Salpêtre	硝	
硝子	がらす	verre	玻璃	bo1li2
硝石	しょうせき	nitre, salpêtre	硝石	xiao1shi2

硬		Dur	硬	
硬球	こうきゅう	balle dure	硬求	ying4qiu2
硬水	こうすい	eau dure (calcaire)	硬水	ying4shui3
硬化	こうか	durcissement	硬化	ying4hua4

証		Prouver	证	
証文	しょうもん	document	证件	zheng4jian4
証拠	しょうこ	preuve	证据	zheng4ju4
証人	しょうにん	témoin	证人	zheng4ren2
証明	しょうめい	preuve	证明	zheng4ming2
証券	しょうけん	titres, valeurs	证券	zheng4quan4
証言	しょうげん	preuve verbale	证言	zheng4yan2

評		Commenter	评	
評判	ひょうばん	réputation Ch. 评判 / ping2pan4 = juger	声誉	sheng1yu4
評議	ひょうぎ	consultation, délibérer	评议	ping2yi4
評論	ひょうろん	critique	评论	ping2lun4

詐		Tromper	诈	
詐称	さしょう	imitation	仿造	fang3zao4
詐欺	さぎ	escroquerie	诈欺	zha4qi1

詠		**Chant**	咏	
詠歌	えいか	chant	哥咏	ge1yong3
詠史	えいし	épique, poème historique	史诗	shi3shi1

訴		**Accuser**	诉	
訴願	そがん	appel, pétition	诉愿	su4yuan4
訴訟	そしょう	intenter un procès, poursuivre en justice	诉讼	su4song4
訴状	そじょう	plainte écrite	诉状	su4zhuang4
上訴	じょうそ	se pourvoir en appel	上诉	shang4su4
告訴	こくそ	informer, faire appel	告诉	gao4su4
訴追	そつい	action légale, poursuite	(诉追 起诉	su4zhui1) qi3su4

詞		**Terme**	词	
詞藻	しそう	fleurs de rhétorique	词藻	ci2zao3
名詞	めいし	nom (gram.)	名词	ming2ci2
歌詞	かし	paroles d'un chant	歌词	ge1ci2

診		**Examiner**	诊	
診断	しんだん	diagnostic	诊断	zhen3duan4
診察	しんさつ	examiner un malade	诊察	zhen3cha2
診療所	しんりょうじょ	clinique	诊疗所	zhen3liao4suo3

詔		**Edit**	诏	
詔勅	しょうちょく	édit impérial	诏书	zhao4shu1

| 詔書 | しょうしょ | décret impérial | 诏书 | zhao4shu1 |

勤 — Service — 勤

勤勉	きんべん	diligence	勤勉	qin2mian3
勤務	きんむ	devoir, service	勤务	qin2wu4
勤労	きんろう	labeur	勤劳	qin2lao2
勤倹	きんけん	diligence & économie	勤俭	qin2jian3
勤務者	きんむしゃ	serviteur	勤务员	qin2wu4yuan2
勤続	きんぞく	service continu	继续勤	ji4xu4qin2

暁 — Aube — 晓

暁星	ぎょうせい	étoile du matin	晓星	xiao3xing1
暁通	ぎょうつう	savoir	晓得	xiao3de
仏暁	ふつぎょう	point du jour	晓	xiao3

晴 — Beau — 晴

晴天	せいてん	beau temps	晴天	qing2tian1
晴雨	せいう	beau ou pluvieux	晴雨	qing2yu3
晴雨計	せいうけい	baromètre	晴雨表	qing2yu3biao3

晩 — Soir — 晚

晩年	ばんねん	déclin de la vie, vieillesse	晚年	wan3nian2
晩学	ばんがく	apprendre sur le tard	晚学	wan3xue2
晩婚	ばんこん	mariage tardif	完婚	wan3hun1

朝 — Matin — 朝

朝起	あさおき	se lever tôt	很早起床 hen3zao3qi3chuang2
朝飯	あさはん	petit déjeuner	早餐 zao3can1
朝日	あさひ	soleil levant	阳 zhao1yang2

Ch. 朝阳 / chao2yang2 = face au sud

都 — Capitale — 都

都会	とかい	cité	都会	du1hui4
都度	つど	chaque occasion	每个时机	mei3ge4shi2ji1
都合	つごう	circonstance	情况	qing2kuqng4

軽 — Léger — 轻

| 軽々 | かるがる | imprudent, léger | 冒失的 / 轻微 | mao4shi2de / qing1wei1 |

Ch. 轻轻 / qing1qing1 = doucement

| 軽快 | けいかい | allègre | 轻快 | qing1kuai4 |
| 軽率 | けいそつ | étourderie, imprudence | 轻率 | qing1shuai4 |

軸 — Axe — 軸 / zhou2

軸木	じくぎ	éclisse	小木料	xiao3mu4liao4
軸物	じくもの	rouleau de peinture	画轴	hua4zhou2
ペン軸	ぺんじく	porte-plume	笔杆	bi3gan3

貯 — Emmagasiner — 貯

| 貯水 | ちょすい | réservoir d'eau | 貯水 / 蓄水池 | zhu4shui3 / xu4shui3chi1 |
| 貯金 | ちょきん | fonds, réserves | 基金 | ji1jin1 |

貯蓄	ちょきく	fonds de réserves	(貯蓄	zhu4xu4)

喫		**Manger**	**喫 / 吃 / chi1**	
喫煙	きつえん	fumer	吸烟	xi1yan1
喫茶店	きっさてん, きちゃてん	maison de thé	茶馆	cha2guan3

属		**Appartenir / Catégorie 属**		
属国	ぞっこく	dépendance, pays tributaire	属国	shu3guo2
属吏	ぞくり	officier subalterne	附属的人员 fu4shu3deren2yuan2	

雇		**Embaucher**	**雇**	
雇主	やといぬし	employeur	雇主	gu4zhu3
雇傭	こよう	emploi	雇佣	gu4yong1

閑		**Loisir**	**闲**	
閑散	かんさん	désoeuvré, oisif	闲散	xian2san3
閑居	かんきょ	mener une vie oisive	闲居	xian2ju1

間		**Entre**	**间**	
間断	かんだん	interruption	间断	jian4duan4
空閑	くかん あさま	espace, pièce vacante	空间 空房间	kong1jian1 kong4fang2jian1
世間	せけん	public	民众	min2zhong4

開　Ouvrir　开

開放	かいほう	ouverture au public	开放	kai1fang4
開業	かいぎょう	établir une affaire	开业	kai1ye4
開会	かいかい	tenir une réunion	开会	kai1hui4
開通	かいつう	ouvert au trafic	开运输	kai1yun4shu1

Ch. 开通 / kai1tong = d'esprit ouvert
kai1tong1 = ouvrir un passage, frayer la voie

| 開店 | かいてん | ouverture d'un magasin | 开店 | kai1dian4 |
| 開始 | かいし | débuter | 开始 | kai1shi3 |

隊　Equipe　队

隊長	たいちょう	capitaine	队长	dui4zhang3
隊商	たいしょう	caravane	旅行队	lü3xing2dui4
隊員	たいいん	membre d'un parti	党员	dang3yuan2

Ch. 队员 / dui4yuan2 = équipier

陽　Soleil　阳

陽天気	ようてんき	électricité positive	阳电	yang2dian4
太陽	tくいよう	soleil	太阳	tai4yang2
陽気	ようき	saison, bonne humeur	季 愉快的情绪	ji4 yu2kuai4deqing2xu4

堕　Tomber　堕

| 堕落 | だらく | se dégrader | 堕落 | duo4luo4 |
| 堕胎 | だたい | avortement provoqué | 堕胎 | duo4tai1 |

階　Marche　阶

| 階級 | かいきゅう | caste, classe | 阶级 | jie1ji2 |

階段	かいだん	escalier	楼梯	lou2ti1
		Ch. 阶段 / jie1duan4 = étage		
階上	かいじょう	étage supérieur	楼上	lou2shang4

費		**Coûter**	**费**	
費用	ひよう	dépenses	费用	fei4yong4
入費	にゅうひ	dépense	耗费	hao4fei4
消費	しょうひ	consommation	消费	xiao1fei4

棄		**Abandonner**	**弃**	
棄却	ききゃく	rabattre	压低	ya1di1
棄権	きけん	abstention (vote)	弃权	qi4quan2
棄捨	きしゃ	jeter	投掷	tou2zhi4

無		**Non**	**无**	
無事	ぶじ	sécurité	安全	an1quan2
無理	むり	déraisonnable	无理	wu2li3
無料	むりょう	sans frais	无偿	wu2chang2
無産者	むさんしゃ	prolétaire	无产者	wu2chan3zhe3
無線電信		sans fil,	无线电话	
むせんでんしん		radiotélégraphie	wu2xian4dian4hua4	

弾		**Lancer**	**弾**	
弾薬	だんやく	munitions	弹药	dan4yao4
弾力	だんりょく	élasticité	弹性	tan2xing4
弾丸	だんがん	balle, projectile	弹丸	dan4wan2

期 | Période | 期

期限	きげん	période, terme	限期	xian4qi1
期待	きたい	espoir	期待	qi1dai4
最期	さいご	sa mort / Ch. terme final	最终期	zui4zhong1qi1

欺 | Tromper | 欺

| 欺瞞 | きまん, ぎまん | déception
Ch. 期満 / qi1man2 = abuser, duper | 失望 | shi1wang4 |
| 詐欺 | さぎ | escroquerie | 欺诈 | qi1zha4 |

葉 | Feuille | 叶

葉巻	はまき	cigare	雪茄	xue3jia1
葉書	はがき	carte-postale	明信片	ming2xin4pian4
枝葉	しよう	feuille & branche, détails mineurs	枝叶	zhi1ye4

殖 | Engendrer | 殖

殖利	しょくり	faire de l'argent	挣钱	zheng4qian2
殖民地	しょくみんち	colonie	殖民地	zhi2min2di4
殖産	しょくさん	accroissement de production	(殖产	zhi2chan3)
			增产	zeng1chan3
殖財	しょくざい	accroissement de propriété	(殖财	zhi2cai2)
			增加财	zeng1jia1cai2

裂 | Fendre | 裂 / lie4

| 裂傷 | れっしょう | plaie lacérée | 撕坏伤 | si1huai4shang1 |

裂目	さけめ	déchirure, larme	撕碎	si1sui4
			(眼) 泪	(yan3) lei4
破裂	はれつ	explosion	爆炸	bao4zha4

然　　Mais　　然

全然	ぜんぜん	totalement	完全	wan2quan2
自然	しぜん,	nature,	自然	zi4ran2
	しねんと	de lui-même	它自己	ta1zi4yi3
偶然に	ぐうぜんに	par chance, fortuit, occasionnel	偶然	ou3ran2
天然	てんねん	naturel, spontanéité	天然	tian1ran2
同然	どうぜん	identique	相同	xiang1tong2
必然	ひつぜん	inévitable, nécessité	必然	bi4ran2

媒　　Entremetteur　　媒

媒介	ばいかい	intermédiation, véhicule	媒介	mei2jie4
媒妁人	ばいしゃくにん	entremetteur pour un mariage	媒妁	mei2shuo4
媒質	ばいしつ	médium	煤质	mei2zhi4

婿　　Gendre　　婿

| 婿入りする むこいりする | | marier une héritière | 继承人结合 | ji4cheng2ren2jie2he2 |
| 女婿 | じょせい | gendre | 女婿 | nü3xu4 |

賀　　Féliciter　　贺

| 賀状 | がじょう | lettre de félicitations | 贺信 | he4xin4 |

| 賀正 | がせい,
がしょう | congratulation du
Nouvel An | 贺年 | he4nian2 |
| 賀詞 | がし | allocution, message de
féliciations | 贺词 | he4ci2 |

買   **Acheter**   买

買収	ばいしゅう	achat	购买	gou4mai3
買出し	かいだし	achat en gros	大量买	da4liang4mai3
売買	ばいばい	achat & vente	买卖 购销	mai3mai4 gou4xiao1
買占	かいしめ	monopole	专卖	zhuan1mai4
買値	かいね	prix d'achat	买价	mai3jia4
買手	かいて	acheteur	买主	mai3zhu3

衆   **Nombreux**   众

衆人	しゅうじん	foule, tout le monde	众人	zhong4ren2
衆議院	しゅうぎいん	Chambre des députés / des représentants	众议院	zhong4yi4yuan4
衆目	しゅうもく	public attentif	众目	zhong4mu4
衆知	しゅうち	sagesse de beaucoup	众智	zhong4zhi1
衆愚	しゅうぐ	foule ignorante	愚众	yu2zhong4

敢   **Audacieux**   敢

| 敢行 | かんこう | action décisive | 敢作 | gan3zuo4 |
| 敢然と | かんぜんと | chèrement | 深情的 | shen1qing2de |

滋   **Croître**   滋

| 滋養 | じよう | fortifier, nourrir | 滋养 | zi1yang3 |

| 慈雨 | じう | pluie saisonnière | 雨季 | yu3ji4 |
| 滋味 | じみ | délicatesse, saveur | 滋味 | zi1wei4 |

減   **Diminuer**   減

減少	げんしょう	diminuer	減少	jian3sshao3
減退	げんたい	déclin, faiblir	減退	jian3tui4
減食	げんしょく	réduction de diète	(減食	jian3shi2)
減税	げんぜい	réduction d'impôts	減税	jian3shui4
減刑	げんけい	réduction de pénalités	減惩罚	jian3cheng2fa2
減俸	げんぼう	réduction de salaire	減工资	jian3gong1zi1

渡   **Traverser**   渡

渡船	とせん	bac, *ferry-boat*	渡船	du4chuan2
渡来	とらい	importation, introduction	进口 引进	jin4kou3 yin3jin4
渡米	とべい	aller en Amérique	渡美	du4mei3

満   **Plein**   満

満員	まんいん	complet	満员	man3yuan2
満足	まんぞく	satisfaction	満足	man3zu2
満期	まんき	terme échu	満期	man3qi1
満開	まんかい	pleine floraison	开満花	kai1man3hua1
満腹	まんぷく	ventre plein	肚子吃的发胀	

Ch. 満腹 / man3fu4 = avoir qch plein le cœur / du3zichi1defa1zhang4

| 満面 | まんめん | sur tout le visage | 満面 | man3mian4 |

温

温泉	おんせん	**source thermale (chaude)**	温泉	wen1quan2
温室	おんしつ	maison de bains chauds	浴室馆	yu4shi4guan3
温度	おんど	température	温度	wen1du4

湯

Eau chaude — 汤 / tang1

湯気	ゆげ	vapeur	蒸汽	zheng1qi4
湯治	とうじ	cure thermale	温泉疗养 (院) wen1quan2liao4yang3 (yuan4)	

湿

Humide — 湿

湿気	しめりけ, しっけ	humidité Ch. veut aussi dire : eczéma	湿气	shi1qi4
湿布	しっぷ	compresse	(敷料) 纱布	(fu1liao4) sha1bu4
湿度	しつど	humidité	湿度	shi1du4

湾

Baie — 湾

湾内	わんない	inttérieur de la baie	湾内	wan1nei4
湾口	わんこう	entrée de la baie	湾口	wan1kou3
湾頭	わんとう	tête de la baie	湾头	wan1tou

港

Port — 港

港湾	こうわん	port, rade	港湾	gang3wan1
港口	こうこう	entrée du port	港口	gang3kou3
港町	みなとまち	ville portuaire	港口城市 gang3kou3cheng2shi4	

湖		Lac	湖	
湖水	こすい	lac	湖	hu2
湖沼	こしょう	lacs	湖泊	hu2po1
山中湖 やまなかこ		Lac Yamanaka	山中胡	Shan1zhong1hu2

測		Sonder	測	
測量	そくりょう	sonder	測量	ce4liang4
測候所	そっこうじょう	station météorologique	測候所	ce4hou4suo3

遂		Réussir	遂 / sui4	
遂行	すいこう	exécuter	实行	shi2xing2
未遂	みすい	tentative	试图	shi4tu2
完遂	かんすい	achèvement	完成	wan2cheng2

達		Arriver	达	
達者	たっしゃ	adroit	灵巧	ling2qiao3
達成	たっせい	arriver, conclure	达成	da2cheng2
友達	ともだち	ami	友人	you3ren2

運		Transporter	运	
運命	うんめい	destin	命运	ming4yun4
運動	うんどう	mouvement, sports	运动	yun4dong4
運賃	うんちん	fret, taux	运费	yun4fei4
運送	うんそう	transporter	运送	yun4song4
運転	うんてん	conduire, opération	驾驶 运行	jia4shi3 yun4xing2
運河	うんが	canal	运河	yun4he2

過		**Passer**	过	
過激	かげき	excessif	过激	guo4ji1
過去	かこ	passé	过去	guo4qu4
過失	かしつ	erreur	过错	guo4cuo4

遇		**Traiter**	遇	
待遇	たいぐう	traitement	待遇	dai4yu4
境遇	きょうぐう	circonstances	境遇	jing4yu4
不遇	ふぐう	malheur	不幸	bu2xing4

道		**Route**	道	
道路	どうろ	route	道路	dao4lu4
道楽	どうらく	dissipation, *hobby*	消除 消遣	xiao1chu2 xiao1qian4
道具	どうぐ	ustensile	用具	yong4ju4
		Ch. 道具 / dao4ju4 = accessoire de théâtre		
神道	しんとう	**Shintoïsme**	神道	shen2dao4
道端	みちばた	bord de la route	道边	dao4bian1
道順	みちじゅん	itinéraire	路线	lu4xian4

遅		**En retard**	迟	
遅蒔き	おそまき	graines semées tardivement	(迟播种 晚播种	chi2bo1zhong3) wan3bo1zhong3
遅刻	ちこく	tardivement	迟缓	chi2huan3
遅配	ちはい	délai au rationnement	迟延分配	chi2yan2fen1pei4

遍		**Partout**	遍	
遍歴	へんれき	pèlerinage	潮山	chao2shan1

| 遍路 | へんろ | pèlerin mendiant | 乞丐潮山者
qi3gai4chao2shan1zhe3 | |
| 普遍 | ふへん | universalité | 普遍 | pu3bian4 |

越		**Traverser**	**越**	
越権	えっけん	revendication	追还	zhui1huan2
引越	ひっこし	déménagement	搬运	ban1yun4
越境	えっきょう	franchissement illégal de frontière	越境	yue4jing4

超		**Dépasser**	**超**	
超然たる ちょうぜんたる		qui se tient à l'écart, hors pair, transcendant	超然 超群的	chao1ran2 chao1qun2de
超過	ちょうか	excéder	超过	chao1guo4
超人	ちょうじん	surhumain	超人	chao1ren2

遊		**Jouer / Voyager**	**游**	
遊星	ゆうせい	planète	行星	xing2xing1
遊牧	ゆうぼく	nomadisme	游牧	you2mu4
遊戯	ゆうぎ	jeu, sport	游戏 体育运动	you2xi4 ti3yu4yun4dong4

13 traits

慈		**Bon**	慈	
慈悲	じひ	compassion et pitié	慈悲	ci2bei1
慈善	じぜん	charité	慈善	ci2shan4
慈愛	じあい	affection	慈爱	ci2'ai4

業		**Métier**	业	
業務	ぎょうむ	affaires	业务	ye4wu4
業績	ぎょうせき	performance	成绩	cheng2ji4
業病	ごうびょう	maladie maligne	恶疾	e4ji2

葬		**Enterrer**	葬	
葬式	そうしき	service funèbre	葬仪式	zang4yi2shi4
			葬仪馆	zang4yi2guan3
葬送曲	そうそうきょうく	marche funèbre	葬礼进行曲	
		Ch. 葬送 / zang4song4 = ruiner		
			zang4li3jin4xing2qu3	

落		**Tomber**	落 / luo4	
落札	らくさつ	offre (d'achat) réussie	成功提出	
			cheng2gong1ti2chu1	
落度	おちど	erreur, faute	错误	cuo4wu4

新		**Nouveau**	新	
新年	しんねん	Nouvel An	新年	xin1nian2
新築	しんちく	nouveau bâtiment	新筑	xin1zhu4
新婚	しんこん	nouvellement mariés	新婚	xin1hun1

新聞	しんぶん	journal, presse	新闻	xin1wen2
新鮮	しんせん	fraîcheur	新鲜	xin1xian1
新妻	にいずま	femme nouvellement mariée	新娘	xin1niang2

塑		**Modeler**	塑	
塑土	そど	argile,	黏土 (塑土	nian2tu3 su4tu3)
		matière plastique	塑料	su4liao4
塑像	そぞう	statuette	塑像	su4xiang4

勧		**Conseiller**	劝	
勧誘	かんゆう	persuasion	劝诱	quan4you4
勧告	かんこく	conseil	劝告	quan4gao4
勧業銀行 かんぎょうぎんこう		hypothèque bancaire	银行抵押 (权) yin2hang2di3ya1 (quan2)	

預				
預り物	あずかりもの	chose reçue en confiance	存放物	cun2fang4wu4
預金	よきん	dépôt d'argent à la banque	存款	cun2kuan3
			把钱存入银行 ba3qian2cun2ru4yin2hang2	

督		**Surveiller**	督	
督促	とくそく	presser	督促	du1cu4
督励	とくれい	encouragement	奖励	jiang3li4
督学官	とくがくかん	inspecteur de l'enseignement	督学	du1xue2

節   **Nœud**   节

節約	せつやく	économiser	节约	jie2yue1
節操	せっそう	intégrité morale	节操	jie2cao1
節分	せつぶん	veille du printemps	春前一天	chun1qian2yi1tian1

継   **Succéder**   继

継竿	つぎざお	canne à pêche	钓鱼竿	diao4yu2gan1
継母	けいぼ, ままはは	belle-mère	继母	ji4mu3
継続	けいぞく	continuer	继续	ji4xu4

続   **Continuer**   续

続発	ぞくはつ	évènements successifs	连续的事件 lian2xu4deshi4jian4
続行	ぞっこう	continuer	继续 ji4xu4
続映	ぞくえい	film en continu	电影续编 dian4ying3xu4bian1
続出	ぞくしゅつ	évènements successifs	连续的事件
続演	ぞくえん	performance en continu	(续演 xu4yan3)
続々	ぞくぞく	successivement	连续的 lian2xu4de

絹   **Soie**   绢

絹布	けんぷ	tissu de soie	绢布	juan4bu4
絹針	きぬばり	aiguille de soie	(绢针	juan4zhen4)
絹糸	きぬいと	fil de soie	绢丝	juan4si1

勢   **Pouvoir**   势

| 勢力 | せいりょく | influence | 势力 | shi4li4 |

大勢	おおぜい、たいせい	multitude, tendance générale	大量	da4liang4
			大势	da4shi4
勢援	せいえん	réclame	广告	guang3gao4

塔

塔		Pagode	塔	
塔婆	とうば	stupa	卒塔婆	zu2ta3po2
石塔	せきとう	pierre tombale	墓碑	mu4bei1
五重塔	ごじゅうのとう	pagode à cinq étages	五楼塔	wu3lou2ta3

塩

塩		Sel	盐	
塩加減	しおかげん	assaisonnement	调味	tiao2wei4
塩水	しおみず	eau salée	盐水	yan2shui3
塩分	えんぶん	salinité	含盐量	han2yan2liang4

塊

塊		Morceau	块	
塊土	かいど	motte d'argile	土块	tu3kuai4
塊状の	かいじょうの	massif	粗壮的	cu1zhuang4de
塊根	かいこん	racine tuberculeuse	快跟	kuai4gen1

搾

搾		Presser	榨	
搾乳	さくにゅう	traite	挤奶	ji3nai3
搾取	さくしゅ	exploiter, spolier	榨取	zha4qu3
圧搾	あっさく	compression	压缩	ya1suo1

損

損		Perdre	损	
損得	そんとく	pertes & profits (coll.)	(得失	deshi1)
損料	そんりょう	location	出租	chu1zu1
損害	そんがい	dommage	损害	sun3hai4

損失	そんしつ	dommage, perte	損失	sun3shi1
損益	そんえき	pertes & profits (lit.)	損益	sun3yi4
損傷	そんしょう	blessure	损伤	sun3shang1

携 — Porter 携

携行する けいこうする		porter qch.	携 (带) xie2 (dai4)	
携帯品 けいたいひん		effets personnels	携帯品	xie2dai4pin3
提携	ていけい	coalition, coopération	同盟 合作	tong2meng2 he2zuo4

Ch. 提携 / ti3xie2 = mener par la main, guider

摂 — Absorber 摄

摂政	せっせい, せっしょう	régence	摄政	she4zheng4
摂氏	せっし	Celsius	摄氏	she4shi4
摂取する せっしゅする		absorber, prendre	摄取	she4qu3

楼 — Tour 楼

楼門	ろうもん	portique à deux étages	(楼门)	lou2men2)
楼閣	ろうかく	pavillon, tour	楼台	lou2tai2
鐘楼	しょうろう	clocher	钟楼	zhong1lou2

禁 — Défendre 禁

| 禁止 | きんし | prohibition | 禁止 | jin4zhi3 |
| 禁酒 | きんしゅ | abstinence | 戒除 | jie4chu2 |

Ch. 禁酒 / jin4jiu3 = alcool interdit

| 禁煙 | きんえん | interdiction de fumer | 禁止吸烟 | jin4zhi3xi1yan1 |

想	Penser	想	
想像　そうぞう	imagination	想像	xiang3xiang4
想起する そうきする	se souvenir de	想起	xiang3qi3

稚	Jeune	稚	
稚気　ちき	enfantillage	稚气	zhi4qi4

愁	Se tourmenter	愁	
愁傷　しゅうしょう	chagrin	忧愁 悲伤	you1chou2 bei1shang1
愁訴　しゅうそ	pétition	请求书	qing3qiu2shu1

搬	Déplacer	搬	
搬出する はんしゅつっする	sortir	出去	chu1qu4
搬入する はんにゅうする	transporter	运送	yun4song4
運搬　うんぱん	transport	搬运	ban1yun4

概	Général	概	
概観　がいかん	aperçu, vue d'ensemble	概观	gai4guan1
概念　がいねん	concept, idée générale	概念	gai4nian4
概要　がいよう	aperçu, grandes lignes, résumé	概要	gai4yao4
概略　がいりゃく	résumé, sommaire	概略	gai4lüe4
概算　がいさん	estimation budgétaire	概算	gai4suan4
概論　がいろん	introduction	概论	gai4lun4

慎		**Prudent**	慎	
慎重	しんちょう	prudence	慎重 謹慎	shen4zhong4 jin3shen4
謹慎	きんしん	bonne conduite	好品德	hao3pin3de2

煙		**Fumée**	烟	
煙突	えんとつ	cheminée	烟囱	yan1cong1
禁煙	きんえん	Non-fumeur	无烟	wu2yan1
		Ch. 禁烟 / jin4yan1 = prohiber l'opium		
煙草	タバコ	tabac	烟草	yan1cao3

煩		**Ennuyé**	烦	
煩雑	はんざつ	complexité	复杂 烦琐	fu4za2 fan2suo3
煩忙	はんぼう	occupé	忙碌	mang2lu4
煩悩	ぼんのう	luxure	淫荡	yin2dang4
		Ch. 烦恼 / fan2nao3 = contrarié, tourmenté		

催		**Tenir (une réunion) / Détruire**	催	
催促	さいそく	presser, urger	催促	cui1cu4
催眠剤	さいみんざい	somnifère, soporifique	催眠剂	cui1mian2ji4
催眠術	さいみんじゅつ	hypnotisme	催眠术	cui1mian2shu4
催し物	もよおしもの	divertissement	消遣	xiao1qian3

傷		**Blessure**	伤	
傷口	きずぐち	blessure, plaie	伤口	shang1kou3
傷害	しょうがい	blesser, nuire	伤害	shang1hai4

傷心	しょうしん	affligé, au cœur triste	伤心	shang1xin1
傷病兵 しょうびょうへい		soldat malade et blessé	伤病兵	shang1bing4bing1
負傷	ふしょう	être blessé	负伤	fu4shang1
重傷	じゅうしょう	blessure grave	重伤 重势	zhong4shang1 zhong4shi4

僧

		Moine	僧	
僧侶	そうりょう	prêtre bouddhiste	僧侣	seng1lü3
僧尼	そうに	bonze & bonzesse, moine & none	僧尼	seng1ni2
僧院	そういん	monastère, temple bouddhique	僧院	seng1yuan4

債

		Dette	债	
債務	さいむ	dettes	债务	zhai4wu4
債権	さいけん	crédit	债权	zhai4quan2
債券	さいけん	bon, obligation du Trésor	债券	zhai4quan4
国債	こくさい	dette nationale, emprunt	国债	guo2zhai4
負債	ふさい	s'endetter	负债	fu4zhai4
債鬼	さいき	créancier	债主	zhai4zhu3

賃

		Louer	赁	
賃金	ちんぎん	salaire	薪金	xin1jin1
賃借	ちんしゃく	location	租赁	zu1lin4
家賃	やちん	maison à louer	房屋出赁	fang2wu1chu1lin4

奨 — Encourager — 将

奨学	しょうがく	encouragement pour travailler	将学	jiang3xue2
奨励	しょうれい	encouragement	奖励	jiang3li4
推奨	すいしょう	recommandation	推荐	tui1jian1

禅 — Bouddhiste — 禅

禅寺	ぜんでら	**temple Zen**	禅寺	chan2si4
禅味	ぜんみ	mysticisme	神秘主义	shen2mi4zhu3yi4
禅宗	ぜんしゅう	secte zen	禅宗	chan2zong1
禅学	ぜんがく	doctrine zen	禅学	chan2xue2
禅僧	ぜんそう	prêtre zen	禅僧	chan2seng1
坐禅	ざぜん	méditation religieuse	坐禅	zuo4chan2

裸 — Nu — 裸

裸山	はだかやま	montagne pelée	童山	tong2shan1
裸体	らたい	corps nu	裸体	luo3ti3
裸像	らぞう	nu (scuplture)	裸体像	luo3ti3xiang4

傾 — Incliner — 倾

傾斜	けいしゃ	déclivité, pente	倾斜	qing1xie2
傾向	けいこう	tendance	倾向	qing1xiang4
傾聴	けいちょう	écouter attentivement	倾听	qing1ting1

働 — Travailler — 动

働き手	はたらきて	travailleur	劳动者	lao2dong4zhe3

Ch. 动手 / dong4shou3 = se mettre à l'œuvre, entreprendre un travail

労働	ろうどう	travail	劳动	lao2dong4
労働争議 ろうどうそうぎ		conflit de travail	劳动争议 lao2dong4zheng1yi4	
労働党 ろうどうとう		Parti Travailliste	劳动党	lao2dong4dang3

傑 Extraordinaire 杰

傑作	けっさく	chef-d'œuvre	杰作	jie2zuo4
傑然と	けつぜんと	décisif	决定的	jue2ding4de
傑物	けつぶつ	homme extraordinaire	杰人	jie2ren2

微 Menu 微

微笑	びしょう	sourire	微笑	wei1xiao4
微行で	びこうで	partir incognito	微星	wei1xing2
微力	びりょく	pauvre capacité	穷苦的能力 qiong2ku3deneng2li4	

福 Bonheur 福

福引	ふくびき	loterie	打彩票	da3cai3piao4
福音	ふくいん	évangile	福音	fu2yin1
幸福	こうふく	bonheur	幸福	xing4fu2

禍 Malheur 祸

禍福	かふく	bonheur & malheur	祸福	huo4fu2
禍根	かこん	racine du mal	祸根	huo4gen1
水禍	すいか	fléau des inondations	水患	shui3huan2

載		**Charger**	載	
載荷	さいが	cargo, charge	载荷	zai4he4
記載	きさい	insertion, mettre par écrit	记载	ji4zai3
載積	さいせき	chargement	载重	zai4zhong4

義		**Justice**	义	
義理	ぎり	justice Ch. 义理 / yi4li3 = argumentation d'un écrit	正义	zheng4yi4
義務	ぎむ	devoir, obligation	义务	yi4wu4
義手	ぎしゅ	bras artificiel	义臂 假臂	yi4bi4 jia3bi4

感		**Sentiment**	感	
感情	かんじょう	émotion, passion	感情	gan3qing2
感心	かんしん	admiration, enthousiasme	惊奇 感奋	jing1qi2 gan3fen4
感想	かんそう	impressions, pensées	感想	gan3xiang3
感冒	かんぼう	grippe, rhume	感冒	gan3mao4

歳		**Ans**	岁	
歳月	さいげつ	années, temps	岁月	sui4yue4
歳出	さいしゅつ	dépenses annuelles	岁出	sui4chu1
歳入	さいにゅう	recette annuelle	岁入	sui4ru4

廊		**Couloir**	廊	
廊下	ろうか	couloir	廊	lang2

廉   Econome   廉

| 廉価 | れんか | prix modéré | 廉价 | lian2jia4 |
| 廉売 | れんばい | soldes | | |

削价出售的商品
xue1jia4chu1shou1deshang1pin3

虞   Craindre   虞

| 虞美人草
ぐびじんそう | pavot rouge | 虞美人草 | **yu2mei3ren2cao3** |

痴   Idiot   痴

痴人	ちじん	idiot	痴人	chi1ren2
痴話	ちわ	(vulgaire) délire d'amoureux	痴话	chi1hua4
音痴	おんち	dur d'oreille	(音痴) 重听	yin1chi1) zhong4ting1

敬   hommage   敬

敬意	けいい	hommage, respect	敬意	jing4yi4
敬神	けいしん	dévotion, piété	崇敬 虔诚	chong2jing4 qian2cheng2
敬語	けいご	terme de respect	敬语	jing4yu3

寝   se coucher   寝

寝坊	ねぼう	lève-tard	习惯晚起的人 xi2guan4wan3qi3deren2	
寝床	ねどこ	lit	寝床	qin3chuang2
寝室	しんしつ	chambre à coucher	寝室	qin3shi4

寛		**Généreux**	宽	
寛大	かんだい	clémence, indulgence, grand cœur	宽大	kuan1da4
寛容	かんよう	libéral, magnanime	宽容	kuan1rong2
寛厚	かんこう	qui a la conscience large ; sincère	宽厚	kuan1hou4

愛		**Amour**	爱	
愛情	あいじょう	amour	爱情	ai4qing2
愛国	あいこく	patriotisme	爱国	ai4guo2
愛人	あいじん	amoureux	爱人	ai4ren

鉄		**Fer**	铁	
鉄道	てつどう	chemin de fer	铁道	tie3dao4
鉄棒	てつぼう	barre de fer	铁棒	tie3bang4
鉄面皮	てつめんぴ	effronté, impartial	铁面无私	tie3mian4wu2si1

鉱		**Mine**	矿	
鉱山	こうざん	mine	矿山	kuang4shan1
鉱夫	こうふ	mineur	矿工	kuang4gong1
鉱石	こうせき	gisement	矿床	kuang4chuang2

鈴		**Clochette**	铃	
鈴蘭	すずらん	muguet	铃兰	ling2lan2
風鈴	ふうりん	clochette (au vent)	风铃	feng1ling2
呼鈴	よびりん	sonnette	门领	men2ling2
金鈴	きんれい	cloche d'or	金领	jin1ling2

鉛   **Plomb**   铅

鉛筆	えんぴつ	crayon	铅笔	qian1bi3
鉛毒	えんどく	empoisonnement au plomb	铅毒	qian1du2
鉛板	えんばん	stéréotype	铅版	qian1ban3

飯   **Riz cuit**   饭

御飯	ごはん	**riz cuit, repas**	米饭	mi3fan4
夕飯	ゆうはん	dîner	晚饭	wan3fan4
飯場	はんば	quartier ouvriers	工人的区	gong1ren2dequ1

飲   **Boire**   饮

飲食	いんしょく	boire & manger	饮食	yin3shi2
飲料	いんりょう	boisson	饮料	yin3liao4
飲水	のみみず	eau potable	饮用水	yin3yong4shui3

飾   **Ornement**   饰

飾付け	かざりつけ	décoration	装饰	zhuang1shi4
飾り物	かざりもの	décoration, parure	饰物	shi4wu4
飾り窓	かざりまど	vitrine, décoration de la fenêtre	橱窗 窗饰	chu2chuang1 chuang1shi4

献   **Offrir**   献

献立	こんだて	menu	菜单	cai4dan1
献金	けんきん	contribution, don d'argent	献金	xian4jin1
献身	けんしん	sacrifice	献身	xian4shen1

零		**Zéro**	零	
零落	れいらく	décadence, ruine	零落	ling2luo4
零点	れいてん	point zéro	零点	ling2dian3

雷		**Tonnerre**	雷	
雷雨	らいう	orage	雷雨	lei2yu3
水雷	すいらい	mine sous-marine, torpille	水雷	shui3lei2
落雷	らくらい	foudre, tonnerre	霹靂	pi1li4

電		**Electricité**	电	
電気	でんき	électricité	电气	dian4qi4
電車	でんしゃ	tramway, voiture électrique	电车	dian4che1
電信	でんしん	télégraphe Ch. 电信 / dian4xin = télécommunications	电报机	dian4bao4ji1
電池	でんち	batterie, pile	电池	dian4chi2
電話	でんわ	téléphone	电话	dian4hua4
電報	でんぽう	télégramme	电报	dian4bao4

腰		**Rein**	腰	
腰掛	こしかけ	banc, siège	席位 座位	xi2wei4 zuo4wei4
腰部	ようぶ	hanche, reins, taille	腰部	yao1bu4
腰巻	こしまき	pagne	(腰卷 缠腰布	yao1juan3) chan2yao1bu4

腸		**Intestin**	肠	
腸結石	ちょうけつせき	entérocolite	肠结石	chang2jie2shi2

| 腸詰め | ちょうずめ | saucisse | 肠儿 | chang2er |

腹 Ventre 腹

| 腹痛 | ふくつう | mal au ventre | 腹痛 | fu4tong4 |
| 腹心 | ふくしん | dévoué | 献身 | xian4shen1 |

Ch. 腹心 / fu4xin1 = confiance, sincérité

| 腹案 | ふくあん | idée, | 观念 | guan1nian4 |
| | | plan | 方案 | fang1'an4 |

触 Toucher 触

| 接触 | せっしょく | contact, toucher | 接触 | jie1chu4 |
| 触角 | しょっかく | antenne | 触角 | chu4jiao3 |

解 Comprendre 解

解禁	かいきん	lever l'embargo	解禁	jie3jin1
解剖	かいぼう	dissection	解剖	jie3pou1
開放	かいほう	libération	解放	jie3fang4
解脱	げだつ	délivrance (de l'âme)	解脱	jie3tuo1

園 Jardin 园

| 園芸 | えんげい | jardinage | 园艺 | yuan2yi4 |
| 公園 | こうえん | parc | 公园 | gong1yuan2 |

酬 Récompenser 酬

| 応酬 | おうしゅう | réponse | 回答 | hui2da2 |
| 報酬 | ほうしゅう | récompense | 酬报 | chou2bao4 |

酪

Fromage

酪

酪酸	らくさん	acide butyrique	酪酸	lao4suan1
酪農	らくのう	industrie laitière	乳品工业	ru3pin3gong1ye4
牛酪	ぎゅうらく	beurre	奶油	nai3you2

誉

Réputation

誉

栄誉	えいよ	gloire, honneur	荣誉	rong2yu4
名誉	めいよ	honneur	名誉	ming2yu4
名誉会員 めいよかいいん		membre honoraire	名誉会员 ming2yu4hui4yuan2	

暑

Chaud

暑

暑気	しょき	chaleur, temps chaud	暑气	shu3qi4
暑中休暇 しょちゅうきゅうか		vacances d'été	暑假	shu3jia4
残暑	ざんしょ	été tardif	(残暑 晚暑	can2shu3) wan3shu3
避暑	ひしょ	fuir les grandes chaleurs	避暑	bi4shu3

意

Sens

意

意見	いけん	opinion	意见	yi4jian4
意志	いし	volonté	意志	yi4zhi4
意味	いみ	sens	意味	yi4wei4
意外な	いがいな	imprévu	意外	yi4wai4
意匠	いしょう	composition artistique	意匠	yi4jiang4
意訳	いやく	traduction libre	意译	yi4yi4

楽 Plaisir 乐

楽譜	楽譜	partition	乐谱	yue4pu3
楽観	らっかん	optimisme	乐观	le4guan1
楽屋	がくや	vestiaire	衣帽间	yi1mao4jian1

募 Recruter 募

募集	ぼしゅう	faire une collecte	募集	mu4ji2
募債	ぼさい	création d'un emprunt	募捐	mu4juan4
応募	おうぼ	souscription	应募	ying4mu4

煮 Bouillir 煮

煮沸	しゃふつ	bouillir	煮沸	zhu3fei4
煮込み	にこみ	pot-au-feu	蔬菜肉汤	shu1cai4rou4tang1
煮立つ	にたつ	bouillir, monter	煮	zhu3

著 Composer 著

著者	ちょしゃ	auteur, écrivain	著者	zhu4zhe3
著述	ちょじゅつ	œuvre littéraire	著述	zhu4shu4
著名	ちょめい	fameux	著名的	zhu4ming2de

裏 Doublure 里

裏表	うらおもて	devant-derrière	前后颠倒	qian2hou4dian1dao3
裏面	りめん	dos, revers	背面	bei1mian4
		Ch. 里面 / li3mian4 = dans, intérieur		
裏口	うらぐち	porte de derrière	后面口	hou4mian4kou3

愚		**Stupide**	愚	
愚策	ぐさく	plan stupide	愚笨策	yu2ben4ce4
愚行	ぐこう	action bête	遇行	yu2xing2
愚妻	ぐさい	ma femme (honorifique)	遇妻子	yu2qi1zi

嘆		**Soupirer**	叹	
嘆息	たんそく	lamentation, soupir	叹息	tan4xi1
嘆声	たんせい	soupir	叹声	tan4sheng1
嘆願	たんがん	supplication	哀求	ai1qiu2

跡		**Trace**	迹	
跡形	後片付けを	trace, preuve	迹形	ji1xing2
足跡	あしあと、そくせき	empreinte de pas, piste	足迹	zu2ji1

践		**Piétiner**	践 / jian4	
践祚	戦争	accession au trône	登基	deng1ji1
			嗣国	si4guo2

路		**Chemin**	路	
路傍	ろぼう	bord de la route	路旁	lu4pang2
路銀	ろぎん	frais de voyage	路费	lu4fei4
路地	ろじ	allée	小路	xiao3lu4

嗣		**Hériter**	嗣	
嗣子	しし	héritier	子嗣	zi1si4

鼓

		Tambour	鼓	
鼓膜	こまく	tympan	鼓膜	gu3mo2
鼓動	こどう	battre, pulsation	打 动脉	da3 dong4mai4

Ch. 鼓动 / gu3dong4 = exciter, stimuler

碑

		Stèle	碑	
碑文	ひぶん	épitaphe	碑文	bei1wen2
碑石	ひせき	stèle	石碑	shi2bei1
碑銘	ひめい	inscription lapidaire	碑记	bei1ji4

該

		Celui	该 / gai1	
該博	がいはく	profondeur	深刻	shen1ke4
該当者	がいとうしゃ	personne affectée par...	感到人 被派作...用的	gan3dao4ren2 bei1pai4zuo4...yong4deren2

詳

		Détaillé	详	
詳細	しょうさい	détail	详细	xiang2xi4
詳記	しょうき	description minutieuse	详记	xiang2ji4
詳論	しょうろん	explication détaillée	详论	xiang2lun4
詳伝	しょうでん	biographie complète	详传	xiang2zhuan4
詳報	しょうほう	rapport détaillé	详报	xiang2bao4
詳述	しょうじゅつ	commentaire complet	详述	xiang2shu4

詩

		Poème	诗	
詩人	しじん	poète	诗人	shi1ren2
詩句	しく	vers	诗句	shi1ju4

詩吟	しぎん	récitation de poèmes (chinois)	吟诗	yin2shi1

試 — Essai 试

試合	しあい	match, rencontre	比赛	bi3sai4
試験	しけん	épreuve, examen	试验	shi4yan4
試練	しれん	épreuve	考试	kao3shi4

誇 — Exagérer 夸

誇大	こだい	exagération	夸大	kua1da4
誇張	こちょう	exagération	夸张	kua1zhang1
誇示	こじ	ostentation	炫耀	xuan4yao4

詰 — Remplir / Interroger 诘

詰物	つめもの	farce	肉馅	rou4xian4
詰問	きつもん	mener un interrogatoire	诘问	jie2wen4
詰所	つめしょ	corps de garde	警卫队	jing3wei4dui4

話 — Langage 话

話術	わじゅつ, わじつ	art de raconter	话术	hua4shu4
話題	わだい	sujet de conversation	话题	hua4ti2
話好き	はなしずき	bavardage	话多	hua4duo1
話法	わほう	narration	讲述	jiang3shu4
話し方	はなしかた	façon de parler	表达方式	biao3da2fang1shi4
話上手	はなしじょうず	beau parleur	话多的人 有口才的人	hua4duo1deren2 you3kou3cai2deren2

辞 — Terme — 辞

辞表	じひょう	démission	辞职	ci2zhi2
辞書	じしょ	dictionnaire	辞书	ci2shu1
辞令	じれい	nomination	任命	ren4ming4
		Ch. 辞令 / ci2ling4 = éloquence		
辞典	じてん	lexique	辞典	ci2dian3
辞意	じい	intention d'abandonner	意退	yi4tui4
			意放弃	yi4fang4qi4

暖 — Doux — 暖

暖地	だんち	endroit chaud	暖地	nuan3di4
暖流	だんりゅう	courant chaud	暖流	nuan3liu2
暖冬	だんとう	hiver chaud	暖冬	nuan3dong1
暖国	だんこく	pays chaud	暖国	nuan3guo2
暖房	だんぼう	chauffage	暖气	nuan3qi4
		Ch. 暖房 / nuan3fang2 = serre		
暖炉	だんろ	âtre	暖炉	nuan3lu2

暗 — Obscur — 暗

暗号	あんごう	code, mot de passe	暗号	an4hao4
暗算	あんざん	calcul mental	心算	xin1suan4
		Ch. 暗算 / an4suan4 = compléter		
暗示	あんじ	allusion	暗示	an4shi4
暗記	あんき	apprendre par cœur	熟记	shu2ji4
		Ch. 暗记 / an4ji4 = marque secrète		
暗殺	あんさつ	assassinat	暗杀	an4sha1
暗室	あんしつ	chambre noire	暗室	an4shi4

盟		**Alliance**	盟	
盟主	めいしゅ	chef d'une alliance	盟主	meng2zhu3
明邦	めいほう	pays allié	盟邦	meng2bang1
盟約	めいやく	pacte, traité d'alliance	盟約	meng2yue4

照		**Eclairer**	照	
照会	しょうかい	enquête	调查	diao4cha2
		Ch. 照会 / zhao4hui4 = présenter une note		
照準	しょうじゅん	but	标的	biao1de
		Ch. 照准 / zhao4zhun3 = approuvé		
照明	しょうめい	illumination	照明	zhao4ming2

幹		**Tronc**	干	
幹事	かんじ	responsable, secrétaire	干事	gan4shi
幹線	かんせん	ligne principale, tronçon principal	干线	gan4xian4
幹部	かんぶ	cadres	干部	gan4bu4

戦		**Guerre**	战	
戦死	せんし	mort au combat	战死	zhan4si3
戦争	せんそう	guerre	战争	zhan4zheng1
戦地	せんち	champ de bataille, front	战地	zhan4di4
戦友	せんゆう	compgnon d'armes	战友	zhan4you3
戦利品	せんりひ	butin, trophée	战利品	zhqn4li4pin3
戦時	せんじ	temps de guerre	战时	zhan4shi4

較		**Comparer**	较	
比較	ひかく	comparaison	比较	bi3jiao4

| 比較的 ひかくてき | comparativement | 比较的 | bi3jiao4de |

睡   Sommeil   睡

睡り薬	ねむりぐすり	somnifère	安眠的	an1mian2de
睡眠	すいみん	sommeil	睡眠	shui4mian2
睡気	ねむけ	somnolence	半睡眠状态	ban4shui4mian2zhuang4tai4

賊   Voleur   贼

賊軍	ぞくぐん	armée rebelle	反抗的军	fan3kang4dejun1
国賊	こくぞく	traitre	国贼	guo2zei2
海賊	かいぞく	pirate	海盗	hai3dao4

賄   Corrompre   贿

賄賂	わいろ	corruption, pot-de-vin	贿赂	hui4lu4
賄方	まかないかた	affare foireuse	失败的事	shi1bai4deshi4
収賄	しゅうわい	accepter un pot-de-vin	受贿	shou4hui4

跳   Sauter   跳

| 跳ね返り はねかえり | dévergondé | 过淫当生活 | guo4yin2dang4sheng1huo2 |
| 跳躍 | ちょうやく | bondir, sauter | 跳跃 | tiao4yue4 |

暇   Congé   假

| 暇潰し | ひまつぶし | perte de temps | 浪费时间 | lang4fei4shi2jian1 |
| 休暇 | きゅうか | vacances | 休假 | xiu1jia4 |

殿 / 殿

Seigneur / Salle

殿下	でんか	Son Altesse	殿下	dian4xia4
御殿	ごてん	palais	殿	dian4
殿方	とのがた	gentleman	绅士	shen1shi4

群 / 群

Foule

群衆	ぐんしゅう	foule, masses	群众	qun2zhong4
群島	ぐんとう	archipel	群岛	qun2dao3

雅 / 雅

Elégance

雅致	がち	élégance, bon goût	雅致	ya3zhi4
雅楽	ががく	musique de cour	雅乐	ya3yue4

隔 / 隔

Se trouver à une certaine distance

隔月	かくげつ	tous les deux mois	隔一月	ge2yi1yue4
隔離	かくり	isolation, ségrégation	隔离	ge2li2
隔日に	かくじつに	tous les deux jours	隔一天	ge2yi1tian1

随 / 随

Suivre

随一	ずいいち	premier	第一	di4yi1
随意	ずいい	à sa volonté	随意	sui2yi4

碁 / 碁 / 棋

Jeu de go

碁石	ごいし	pièce de jeu de go	棋子	qi2zi3
碁盤	ごばん	échiquier	棋盘	qi2pan2

嫁		**Marier une femme**	嫁	
嫁入	よめいり	mariage	嫁娶	jia4qu3
転嫁	てんか	imputation d'une mauvaise action à qn	嫁祸于人	jia4huo4yu2ren2
許嫁	いいなずけ	fiançailles	许嫁	xu3jia4
数		**Nombre**	数	
数字	すうじ	chiffre, nombre	数字	shu4zi4
数日	すうじつ	plusieurs jours	数日	shu4ri4
数奇	すうき	envie, goût	欲望	yu4wang4

頒		**Diviser / Promulguer**	颁	
頒布	はんぷ	manifester, promulguer	颁布	ban1bu4

置		**Mettre**	置	
置換え	おきかえ	substitution	置换	zhi4huan4
置違い	おきちがい	mal placer	坏直	huai4zhi4
一日置	いちにちおき	tous les deux jours	隔天 每两天	ge2tian1 mei3liang2tian1
位置	いち	position	位置	wei2zhi4

罪		**Crime**	罪	
罪人	つみびと, ざいみん	criminel, délinquant	罪犯	zui4fan4
罪状	ざいじょう	sujet d'accusation, du crime	罪状	zui4zhuang4

豊		**Abondant**	丰	
豊年	ほうねん	année d'abondance	丰年	feng1nian2
豊富	ほうふ	abondance	丰富	feng1fu4
豊作	ほうさく	récolte abondante	丰收	feng1shou1
農		**Agriculture**	农	
農業	のうぎょう	agriculture	农业	nong2ye4
農場	のうじょう	ferme	农场	nong2chang3
農村	のうそん	commune rurale	农村	nong2cun1
農民	のうみん	fermier	农民	nong2min2

艇		**Embarcation**	挺	
艇庫	ていこ	hangar à bateau	挺库	ting3ku4
挺身	ていしん	longueur d'un bateau	挺身	ting3shen1

聖		**Sage**	圣	
聖公会	せいこうかい	église anglicane	圣公会	sheng4gong1hui4
聖堂	せいどう	église, snctuaire, temple	圣堂	sheng4tang2
聖者	せいしゃ	sage, saint	圣者	sheng4zhe3
聖書	せいしょ	(Sainte) Bible	圣经	Sheng4jing1
聖人	せいじん	sage, saint	圣人	sheng4ren2

資		**Capital**	资	
資本	しほん	capitaux, fonds	资本	zi1ben3
資格	しかく	qualification	资格	zi1ge2
資産	しさん	actif, biens, propriété	资产	zi1chan3

滅		Perte	灭	
茶苦茶	めちゃくちゃ	pagaille	混乱	hun4luan4
滅亡	めつぼう	détruire, perdre	灭亡	mie4wang2
滅多な	めったな	insouciant	无忧无虑的	wu2you1wu2lü4de

源		Fontaine	源	
水源	すいげん	source	水源	shui3yuan2
資源	しげん	ressources	资源	zi1yuan2

溶		Se dissoudre	溶	
溶解	ようかい	fonte, liquéfaction	溶解	rong2jie3
溶媒	ようばい	solvant	溶剂	rong2ji4
溶明	ようめい	fondu en ouverture (cinéma)	谈入	tan2ru4
溶岩	ようがん	lave	熔岩	rong2yan2
溶液	ようえき	solution	溶液	rong2ye4
容暗	ようあん	fondu en fermeture (cinéma)	谈出	tan2chu1

滑		Glissant	滑	
滑走	かっそう	glisser	滑行	hua2xing2
滑車	かっしゃ	poulie	滑车	hua2che1
滑稽	こっけい	comique, farce, risée	滑稽	hua2ji

滝		Torrent	泷	
滝川	たきがわ	torrent	湍流	tuan1liu2
滝壷	たきつぼ	fond d'une cascade	瀑布底	pu4bu4di3

| 滝口 | たきぐち | haut d'une cascade | 瀑布高 | pu4bu4gao1 |

Ch. 玉龙 / yu4long2 = cascade (anciennement)

漢   Chinois   汉

漢文	かんぶん	classique chinois	汉文	han4wen2
漢字	かんじ	caractère chinois	汉字	han4zi4
漢悟	かんご	mot chinois	汉语	han4yu3

滞   Stagnant   滞

滞納	たいのう	non-paiement	滞纳	zhi4na4
滞在	たいざい	séjour	逗留	dou4liu2
滞貨	たいか	congestion de fret	货阻塞	huo4zu3se4
滞納金	たいのうきん	amende pour arriérés	滞纳金	zhi4na4jin1
滞貨処理 たいかしより		disposition de stocks	存货安排	cun2huo4an1pai2

準   Correspondre / Critère   准

準急	じゅんきゅう	train express	快车	kuai4che1
準備	じゅんび	préparation	准备	zhun3bei4
準則	じゅんそく	norme, principe, règle	准则	zhun3ze2
準尉	じゅんい	aspirant, sous-officier	准尉	zhun3wei4
準要する じゅんようする		appliquer les modifications nécessaires	使用必要的变化	

shi3yong4bi4yao4debian4hua4

塗   Appliquer   涂

| 塗り薬 | ぬりぐすり | onguent | 油膏 | you2gao1 |
| 塗料 | とりょう | enduit, peinture | 涂料 | tu2liao4 |

塗装	とそう	revêtement de peinture	涂装	tu2zhuang1
塗物	ぬりもの	objet laqué	漆器	qi1qi4
塗布	とふ	application	搽	cha2
			敷	fu1

遠   **Loin**   远

遠斤	えんきん	loin & proche	远近	yuan3jin4
遠足	えんそく	excursion	远足	yuan3zu2
遠慮	えんりょ	prévoyance, prudence	远虑	yuan3lü4

遣   **Envoyer**   遣

遣り方	やりかた	manière de faire	办方式	ban4fang1shi
遣り繰り	やりくり	moyen de fortune	应急方法	ling4ji2fang1fa3
派遣	はけん	envoi	派遣	pai4qian3
派遣軍	はけんぐん	force expéditionnaire	派遣军	pai4qian3jun1

違   **Désobéir**   违

違約	いやく	manquer à sa parole	违约	wei2yue1
間違い	まちがい	erreur	错误	cuo4wu4
仲違い	なかたがい	discorde, querelle	争论	zheng1lun4

14 traits

蒸		**Vapeur**	蒸	
蒸気	じょうき	vapeur	蒸汽	zheng1qi4
蒸発	じょうはつ	évaporation	蒸发	zheng1fa1
蒸暑い	むしあつい	chaud et étouffant	蒸署	zheng1shu3

端		**Bout**	端	
端緒	たんちょ	le fil d'une affaire	端绪	duan1xu4
端的	たんてき	droit, régulier	端正	duan1zheng4
山の端	やまのは	crête	山脊	shan1ji3

魂		**Ame**	魂	
魂胆	こんたん	intention	意愿	yi4yuan4
魂魄	こんぱく	âme raisonnable et sensitive	魂魄	hun2po4
大和魂	やまとだましい	**l'esprit du Japon**	日本魂	Ri4ben3hun2

管		**Tube**	管	
管長	かんちょう	chef des prêtres bouddhistes	管长	guan3zhang3
管弦楽	かんげんがく	orchestre	管弦乐	guan3xian2yue4
管理	かんり	administration	管理	guan3li3

箇		*Numératif*	箇 / 个	
箇所	かしょ	endroit, lieu	一个所	yi1ge4suo3

一箇	いっこ	une pièce	一个	yi1ge4
一箇月	いっかげつ	un mois	一月	yi1yue4

算 — Calculer — 算

算術	さんじつ, さんじゅつ	arithmétique	算术	suan4shu4
算出	さんしゅつ	calcul	算计	suan4ji4
算数	さんすう	calculer, compter	算数	suan4shu4
算段	さんだん	combinaison	算段	suan4duan4
算入	さんにゅう	inclusion	算入	suan4ru4
算法	さんぽう	façon de calculer	算法	suan4fa3

緑 — Vert — 绿

緑青	ろくしょ	rouille verte	绿铁锈	lü4tie2xiu4
緑茶	りょくしゃ	thé vert	绿茶	lü4cha2
緑地	りょくち	espace vert	绿地	lü4di4
緑色	みどりいろ	couleur verte	绿色	lü4se4
緑地化	りょくちか	reboisement	绿化	lü4hua4
緑葉	りょくよう	feuilles vertes	绿叶	lü4ye4

総 — Total — 总

総理	そうり	premier ministre	总理	zong3li3
総長	そうちょう	président	(总长 议长	zong3zhang3) yi4zhang3
総会	そうかい	assemblée générale	(总会 大会	zong3hui4) da4hui4
総代	そうだい	représentant	代表	dai4biao3
総計	そうけい	montant total	(总计 总额	zong3ji4) zong3'e2

総称	そうしょう	générique	统称	tong3cheng1

維		**Lier**	维	
維新	いしん	Restauration Impériale / Réforme Meiji	维新	wei2xin1
維持	いじ	maintenir	维持	wei2chi2

綱		**Corde**	纲	
綱目	こうもく	grandes lignes, points essentiels	纲目	gang1mu4
綱引	つなひき	tir à la corde	(纲引	gang1yin3)
鋼紀	こうき	discipline officielle	纲领	gang1ling2

網		**Filet**	网	
網棚	あみだな	casier	家具的格子	jia1ju4dege2zi
網目	あみめ	mailles (d'un filet)	网眼	wang3yan3
網膜	もうまく	rétine	网膜	wang3mo2

綿		**Coton / Faible**	绵 / **mian2**	
綿密	めんみつ	détaillé	详细地	xiang2xi4de
綿布	めんぷ	coton	棉布	mian2bu4
綿糸	めんし	fil de coton	棉线	mian2xian4

練		**Soie**	练	
練絹	ねりぎぬ	soie blanche	练绢	lian4juan4
練習	れんしゅう	exercice	练习	lian4xi2
練も	れんも	entraînement	锻练	duan4lian4

雌 — Femelle — 雌

| 雌花 | めばな | fleur femelle | 雌花 | ci2hua1 |
| 雌雄 | しゆう | mâle & femelle, victoire & défaite | 雌雄 | ci2xiong2 |

境 — Limite — 境

境界	きょうかい	frontière	境界	jing4jie4
境遇	きょうぐう	circonstance, sort	境遇	jing4yu4
境内	けいだい	enceinte	境内	jing4nei4
境涯	きょうがい	circonstance	境況	jing4kuang4
境地	きょうち	condition, situation	境地	jing4di4
境域	きょういき	condition, domaine	境域	jing4yu4

増 — Augmentation — 増

増税	ぞうぜい	augmentation des taxes	増税	zeng1shui4
増水	ぞうすい	montée des eaux	増水	zeng1shui3
増資	ぞうし	augmentation de capital	増资	zeng1zi1
増収	ぞうしゅう	augmenter, suppléer	増收	zeng1shou4
増大	ぞうだい	augmenter	増大	zeng1da4
増刊	ぞうかん	supplément	増刊	zeng1kan4

摘 — Cueillir — 摘

摘出	てきしゅつ	extraction	摘录	zhai1lu4
摘発	てきはつ	révéler (un secret)	泄漏	xie4lou4
摘要	てきよう	sommaire	摘要	zhai1yao4

誓 **Faire serment** 誓

誓約	せいやく	pacte d'alliance, serment mutuel	誓约	shi4yue1
誓願	せいがん	serment, vœu	誓愿	shi4yuan4
誓言	せいげん, せいごん	serment, vœu	誓言	shi4yan2

構 **Construire** 构

構想	こうそう	complot, conception, plan	构想	gou4xiang3
構内	こうない	prémisse,	(构内 前提	gou4nei4) qian2ti2
		principe	根源	gen1yuan2
構造	こうぞう	construction, structure	构造	gou4zao4
構図	こうず	composition (peinture, tableau)	构图	gou4tu2
構文	こうぶん	composition d'une phrase	构文	gou4wen2
構成	こうせい	composition, formation	构成	

gou4cheng2

様 **Forme** 样

様子	ようす	apparence, tendance	样子	yang4zi
様式	ようしき	modèle, style	样式	yang4shi4
左様	さよう	en fait, oui	其实	qi2shi2
様体	ようだい	condition	形式	xing2shi4
様様	さまざま	toutes sortes de, varié	洋洋	yang4yang4
様態	ようだい	état de santé	健康状况	

jian4kang1zhuang4kuang4

稲		**Paddy**	稻	
稲妻	いなずま	**éclair**	闪电	shan3dian4
陸稲	りくとう, おかぼ	riz de montagne	陆稻	lu4dao4
早稲	わせ	riz précoce	早稻	zao3dao4

種		**Grain**	种	
種蒔	たねまき	transplanter	莳种	shi4zhong3
種子	しゅし	graine	种子	zhong3zi3
種類	しゅるい	sorte	种类	zhong3lei4

精		**Raffiné**	精	
精功	せいこう	délicatesse	精美	jing1mei3
精神	せいしん	âme, esprit	精神	jing1shen2
精進	しょうじん	abstinence,	动物肉戒除	dong4wu4rou4jie4chu2
		assiduité	勤勉	qin2mian3
精力	せいりょく	énergie, vigueur	精力	jing1li4
精米	せいまい	polissage du riz	米磨光	mi3mo2guang1
精製	せいせい	fabrication soignée	精制	jing1zhi4

製		**Fabriquer**	制	
製造	せいぞう	fabrication	制造	zhi4zao4
製品	せいひん	produit manufacturé	制品	zhi4pin3
製本	せいほん	reliure	精装书	jing1zhuang1shu1
製糸	せいし	filature	制丝	zhi4si1
			沙厂	sha1chang3
製図	せいず	dessiner, lever un plan	制图	zhi4tu2

| 製産 | せいさん | production | 生产 | sheng1chan3 |

憎   **Haïr**   憎

| 憎まれに にくまれに | | langage offensif | 憎语 | zeng1yu3 |
| 憎悪 | ぞうお | détester | 憎恶 | zeng1wu4 |

慢   **Dédaigner**   慢

慢心	まんしん	orgueilleux, vaniteux	傲慢的	ao4man4de
慢性と	まんせいと	chronique, confirmé	慢性	man4xing4
自慢	じまん	orgueilleux	自满	zi4man3

慣   **S'habituer**   惯

慣例の	かんれいの	habitude, routine, usage	惯例	guan4li4
慣用	かんよう	coutume, pratique	惯用	guan4yong4
慣習	かんしゅう	coutume, usage	习惯	xi2guan4

僚   **Collègue**   僚

僚友	りょうゆう	camarade, collègue	僚友	liao2you3
寮監	りょうかん	bateau conserve (navigant à vue)	同航船	tong2hang2chuan1
同僚	どうりょう	collègue	同僚	tong2liao2

像   **Statue**   像

| 現像 | げんぞう | développement (photo) Ch. 现像/ xian4xiang4 = phénomène | 冲片 | chong1pian1 |
| 偶像 | ぐうぞう | idole | 偶像 | ou3xiang4 |

| 想像 | そうぞう | imagination | 想像 | xiang3xiang4 |

徳 Vertu 德

徳利	とっかい	bouteille (de sake)	酒瓶	jiu3ping2
徳行	とっこう	conduite vertueuse Ch. 德行 / de2xing = dégoûtant	德行	de2xing2
徳用	とくよう	économique	经济的	jing1ji4de
徳性	とくせい	nature morale	德性	de2xing4
徳望	とくぼう	influence morale	德望	de2wang4
徳義	とくぎ	moralité	(得义 美德	de2yi4) mei3de2

複 Répéter 复

複雑	ふくざつ	complexité	复杂	fu4za2
複写	ふくしゃ	copie, reproduction	复写	fu4xie3
複数	ふくすう	nombre composé, pluriel	复数	fu4shu4
複製	ふくせい	reproduction	复制	fu4zhi4
複利	ふくり	intérêt composé	复利	fu4li4
複線	ふくせん	ligne à double voie (chemin de fer)	复线	fu4xian4

徴 Recruter 征

徴兵	ちょうへい	conscription, recrutement	征兵	zheng1bing1
徴用	ちょうよう	réquisitionner	征用	zheng1yong4
徴税	ちょうぜい	percevoir l'impôt	征税	zheng1shui4

獄 — Prison — 狱

獄中の	ごくちゅうの	emprisonné	狱中	yu4zhong1
獄屋	ごくや	prison	鉴狱	jian1yu4
獄死	ごくし	mort en prison	狱死	yu4si3

奪 — Prendre de force — 夺

奪掠	だつりゃく	pillage	掠夺	lüe4duo2
奪取する だっしゅする		s'emparer de	夺取	duo2qu3
奪回	だっかい	reprendre	夺回	duo2hui2

疑 — Doute — 疑

疑念	ぎねん	doute	怀疑	huai2yi2
疑問	ぎもん	problème, question	疑问	yi2wen2
疑惑	ぎわく	soupçon	疑惑	yi2huo4
疑心	ぎしん	méfiance, suspicion	疑心	yi2xin1
疑点	ぎてん	point douteux	疑点	yi2dian3
疑獄	ぎごく	escroquerie, scandale	诈骗 丑闻	zha4pian4 chou3wen2

歷 — Clairement — 历

歷史	れきし	histoire	历史	li4shi4
歷代	れきだい	générations successives	历代	li4dai4
お歷々	おれきれき	dignitaires	显要	xian3yao4
歷任	れきにん	avoir occupé plusieurs postes successifs	历任	li4ren4
歷訪	れきほう	tournée de visites	巡回	xun2hui2
歷然と	れきぜんと	évidemment	明显的	ming2xian3de

暦   Calendrier   x /历

西暦	せいれき	Ere Chrétienne	基督纪元	Ji1du1ji4yuan2
歴年	れきねん	calendrier annuel	历书	li4shu4
		Ch. 历年 / li4nian2 = depuis des années		
歴日	れきじつ	calendrier journalier	历日	li4ri4

腐   Pourri   腐

腐心する ふしんする		se donner du mal	费劲力量去… fei4jin4li4liang4qu4…	
腐敗	ふはい	décomposition	腐败	fu3bai4
腐朽	ふきゅう	pourriture	腐朽	fu3xiu3

歌   Chant   歌

歌劇	かげき	opéra	歌剧	ge1ju4
歌舞伎	**かぶき**	**pièce classique japonaise, *kabuki***	歌舞伎	ge1wu3ji4
歌人	かじん	poète	(歌人	ge1ren2)
歌集	かしゅう	recueil de poèmes	歌本	ge1ben3
歌手	かしゅ	chanteur	歌手	ge1shou3
歌謡曲	かようきょく	chant populaire	歌谣	ge1yao2

寡   Peu   寡

寡少の	かしょうの	petit, peu, rare	寡少	gua3shao3
寡婦	かふ	veuve	寡妇	gua3fu4
寡言	かげん	réticence, taciturne	寡言	gua3yan2

寧 Paisible 宁

寧日	ねいじつ	jour paisible	宁日	ning2ri4
丁寧	ていねい	politesse	礼貌	li3mao4
		Ch. 丁宁 / ding1ning2 = recommander avec insistance		
安寧	あんねい	paisible, tranquille	安宁	an1ning2

察 Observer 察

察知	さっち	observation, perception	察看	cha2kan4
診察	しんさつ	examen médical	诊察	zhen3cha2
警察	けいさつ	forces de police	警察	jing3cha2

銃 Fusil / Tromblon 铳 / chong4

銃殺	じゅうさつ	fusillade	枪毙	qiang1bi4
銃後	じゅうご	derrière le canon	枪杆子后	qiang1gan3zi3hou4

銑 Métal / Fonte 铣

銑鉄	せんてつ	saumon de fonte	铣铁	xian3tie3

錢 Monnaie 钱

金錢	きんせん	argent	金钱	jin1qian2
口錢	こうせん	commision, pourcentage	佣金	yong4jin1

銅 Cuivre 铜

銅像	どうぞう	statue de bronze	铜像	tong2xiang4
銅貨	どうか	pièce de cuivre	铜子儿	ton2zi3er
銅山	どうざん	mine de cuivre	铜矿	tong2kuang4

銀   Argent   银

銀貨	ぎんか	pièce d'argent	银币	yin2bi4
銀行	ぎんこう	banque	银行	yin2hang2
銀盃	ぎんぱい	coupe en argent	(银盆	yin2pen2)
			银杯	yin2bei1

銘   Graver   铭

銘記する めいきする		graver dans son cœur	铭记	ming2ji4
銘酒	めいしゅ	sake supérieur	上等酒	shang4deng3jiu3
銘柄	めいがら	marque commerciale	商标	shang1biao1

領   Possession / Cou   领

領土	りょうど	domaine, possession	领土	ling3tu3
領事	りょうじ	consul	领事	ling3shi4
領収書	りょうしゅうしょ	recette	收入	shou1ru4
領有	りょうゆう	possession	领有	ling3you3
領海	りょうかい	eaux territoriales	领海	ling3hai3
領地	りょうち	territoire	领地	ling3di4

飾   Décoration   饰

装飾	そうしょく	décoration	装饰	zhuang1shi4
首飾	くびかざり	collier	项链	xiang4lian4
飾窓	かざりまど	vitrine	(窗饰	chuang1shi4)
			橱窗	chu2chuang4

飼		Elever	饲	
飼葉桶 かいばおけ		mangeoire, ratelier	饲槽	si4cao2
飼犬	かいいぬ	niche	窝	wo1
飼育	しいく	élevage	饲养	si4yang3

飽		Insatisfait / Repu	饱	
飽和	ほうわ	saturation	饱和	bao3he2
飽食	ほうしょく	gloutonnerie	暴食	bao4shi2

Ch. 飽食 / bao3shi2 = manger à sa faim

穀		Céréale	穀 / 谷	
穀物	こくもつ	céréale, grain	谷物	gu3wu4
穀倉	こくぐら	grenier	谷仓	gu3cang1
穀類	こくるい	céréales	谷类	gu3lei4

需		Demander	需	
需給	じゅきゅう	offre & demande	(需给 供求	xu1gei3) gong1qiu2
需用	じゅよう	consommation	需用	xu1yong4
需要	じゅよう	demande	需要	xu1yao4

態		Forme	态	
態勢	たいせい	condition, situation	态势	tai4shi4
態度	たいど	attitude, maintien, posture	态度	tai4du
態々	わざわざ	exprès, à dessein	故意	gu4yi4

静

		Calme	静	
静養	せいよう	se reposer	静养	jing4yang3
静脈	じょうみゃく	veine	静脉	jing4mai4
静止	せいし	immobile, au repos	静止	jing4zhi3
静坐	せいざ	méditation	静坐	jing4zuo4
青函	せいかん	contemplation	静观	jing4guan1
静物	せいぶつ	nature morte	静物	jing4wu4

敷

		Appliquer	敷 / fu1	
敷金	しききん	caution, dépôt	保证金	bao3zheng4jin1
敷物	しきもの	tapis	地毯	di4tan3
敷地	しきち	site	地势	di4shi4

酵

		Levure	酵	
酵母	こうぼ	levure	酵母	jiao4mu3
酵素	こうそ	ferment	酵素	jiao4su4
発酵	はっこう	fermentation	发酵	fa1jiao4

酷

		Extrême	酷	
酷似	こくじ	ressemblance	酷似	ku4si4
酷暑	こくしょ	grandes chaleurs, été torride	酷暑	ku4shu3
酷評	こくひょう	critique sévère	酷评论	ku4ping2lun4
酷烈	こくれつ	brûlant, torride	酷烈	ku4lie4
酷寒	こっかん	froid intense	酷寒	ku4han2
酷熱	こくねつ	chaleur accablante, intense	酷热	ku4re4

酸		**Acide**	酸	
酸素	さんそ	oxygène	氧气	yang3qi4
酸味	さんみ	aigreur	酸味	suan1wei4

豪		**Grand**	豪	
豪語	ごうご	grandiloquence	豪语	hao2yu3
豪遊	ごうゆう	allégresse, exubérance	豪兴	hao2xing4

墓		**Tombe**	墓	
墓表	ぼひょう	épitaphe	墓志	mu4zhi4
墓地	ぼち	tombe	坟墓	fen2mu4
		Ch. 墓地 / mu4di4 = cimetière		

幕		**Rideau**	幕	
幕府	ばくふ	gouvernement féodal	封建的政府 feng1jian4dezheng4fu3	
幕合い	まくあい	entracte	幕间	mu4jian4

蓄		**Accumuler**	蓄	
蓄電池	ちくでんち	accumulateur	蓄电池	xu4dian4chi2
蓄音機	ちくおんき	phonographe	留声机	liu2sheng1ji1

墨		**Encre**	墨	
墨汁	ぼくじゅう **mo4zhi1**			墨汁
墨染の衣 すみぞめのころも		robe noire (Bouddhisme)	墨染的衣	mo4ran3deyi1

鼻

		Nez	鼻	
鼻薬	はなぐすり	corruption	腐败	fu3bai4
鼻音	びおん	son nasal	鼻音	bi2yin1
鼻緒	はなお	lanière	狭长带子	xia2chang2dai4zi

鳴

		Hurlement	鸣	
鳴子	なるこ	battement d'ailes	鼓翼	gu3yi4
			振翅	zhen1chi4
鳴動	めいどう	grondement	隆隆声	long2long2sheng1
鳴管	めいかん	syrinx	鸣管	wu1guan3

踊

		Sauter	踊	
踊り子	おどりこ	danseur	舞蹈家	wu3dao3jia1
踊躍する ようやくする		sauter de joie en poussant des vivats	踊跃欢呼 yong3yue4huan1hu1	
舞踊	ぶよう	danse	舞蹈	wu3dao3

磁

		Magnétisme	磁	
磁気	じき	magnétisme	磁	ci2
磁器	じき	poulie	磁器	ci2qi4
磁石	じしゃく	aimant	磁石	ci2shi2
磁性	じせい	magnétisme	磁性	ci2xing4
磁鉄	じてつ	fer magnétique	磁铁	ci2tie3
磁針	じっしん	aiguille aimantée	磁针	ci2zhen1

誌		**Ecrire / Ambition**	志	
誌友	しゆう	abonné fidèle	杂志的订户 za2zhi4deding3hu4	
誌面	しめん	espace (journal)	杂志的空间 za1zhi4dekong1jian4	
誌上	しじょう	dans le journal	杂志上	za2zhi4shang4

誠		**Sincère**	诚	
誠意	せいい	bonne foi, sincérité	诚意	cheng2yi4
誠実	せいじつ	sincérité	真诚	zhen1cheng2
誠忠	せいちゅう	loyauté	忠诚	zhong1cheng2

読		**Lire**	读	
読書	どくしょ	lecture	读书	du2shu1
読本	どくほん	livre de lecture, manuel	读本	du2ben3
句読	くとう	ponctuation	句读	ju4dou4

誤		**Erreur**	误	
誤報	ごほう	mauvaise information	(误报 错误的报	wu4bao4) cuo4wu4debao4
誤字	ごじ	erreur de caractère	错字	cuo4zi4
誤解	ごかい	malentendu	误解	wu4jie2
誤訳	ごやく	mauvaise traduction	误译文	wu4yi4wen2
誤算	ごさん	erreur de calcul	误算	wu4suan4
誤認	ごにん	idée erronée	错误思想	cuo4wu4si1xiang3

説 | Expliquer | 说

説教	せっきょう	sermon	说教	shuo1jiao4
説明	せつめい	explication	说明	shuo1ming2
説諭	せつゆ	remontrance, reproche	指责	zhi3ze2

誘 | Guider | 诱

誘拐	ゆうかい, かどわかし	enlèvement	劫持	jie2chi2
誘惑	ゆうわく	tentation	诱惑	you4huo4
誘導	ゆうどう	inciter, induire	诱导	you4dao3
誘引	ゆうい	gratification, récompense	奖金 奖赏	jiang3jin1 jiang3shang1
誘致	ゆうち	attirance, leurre Ch. 诱致 / you4zhi4 = causer	诱饵	you4'er3
誘発	ゆうはつ	récompense Ch. 诱发 / you4fa1 = provoquer	奖赏	jiang3shang1

認 | Connaître | 认

認可	にんか	apparition, permission	认可	ren4ke3
認識	にんしき	reconnaissance	认识	ren4shi2
認知	にんち	reconnaissance	认知	ren4zhi1

語 | Langage | 语

語学	ごがく	linguistique	语言学	yu3yan2xue2
語尾	ごび	suffixe	后缀	hou4zhui4
語弊	ごへい	défaut de langage	语病	yu3bing1
語調	ごちょう	intonation	语调	yu3diao4
語気	ごき	son	语气	yu3qi4

| 語源 | ごげん | éthymologie | 语源学 | yu3yuan2xue2 |

彰

彰		**Clair**	彰 / **zhang1**	
顕彰	けんしょう	manifestation	感情	gan3qing2
表彰	ひょうしょう	éloge	颂扬	song4yang2

誕

誕		**Naître**	诞	
誕生日	たんじょうび	anniversaire	诞辰	dan4chen2
降誕祭 こうたんさん		anniversaire (célébration)	周年 (纪念日 /	zhou2nian2 ji4nian2ri4)

層

層		**Couche**	层	
地層	ちそう	couche, strate	地层	di4ceng2
大層	たいそう	excessivement	极端的	ji2duan1de

閥

閥		**Clan / Soupape**	阀	
閥族	ばつぞく	clan	氏族	shi4zu2
財閥	ざいばつ	ploutocratie	财阀政治	cai2fa2zheng4zhi4
門閥	もんばつ	famille distinguée	高贵的家庭 gao1gui4dejia1ting2	

関

関		**Fermer**	关	
関係	かんけい	relation	关系	guan1xi4
関節	かんせつ	articulation	关节	guan1jie2
関税	かんぜい	droits de douane	关税	guan1shui4

閣

| 閣 | | **Pavillon** | 阁 | |
| 閣下 | かっか | Votre Excellence | 阁下 | ge2xia4 |

| 閣議 | かくぎ | Cabinet | 阁 | ge2 |

聞   **Entendre**   闻

新聞	しんぶん	journal	新闻	xin1wen2
外聞	がいぶん	honneur, réputation	荣誉	rong2yu4
人聞	ひとぎき	décence, réputation	声誉	sheng1yu4

駆   **Conduire**   驱

| 駆除 | くじょう | extermination | 根除 | gen1chu2 |
| 駆逐 | くちく | expulsion | 驱逐 | qu1zhu2 |

駅   **Relais de poste**   驿 / **yi4**

駅長	えきちょう	chef de gare	站长	zhan4zhang3
駅夫	えきふ	porteur	运送者	yun4song4zhe3
東京駅	とうきょうえき	gare de Tokyo	东京站	Dong1jing1zhan4

隠   **Couvert**   隐

隠れ蓑	かくれみの	manteau invisible	看不见的衣	kan4bu2jian4deyi1
隠居	いんきょ	retraite de la vie active	隐居	yin3ju1
隠密	おんみつ	détective	侦探	zhen1tan4
隠退	いんたい	retraite	隐退	yin3tui4
隠匿	いんとく	dissimulation	隐匿	yin3ni4
隠語	いんご	langage secret	隐语	yin3yu3

際		**Bord**	际	
際物	きわもの	articles saisonniers	季节性产品 ji4jie2xing4chan3pin	
際会	さいかい	rencontre (collision)	碰到	peng4dao4
際限	さいげん	fin, limite	际限	ji4xian4

障		**Faire obstacle à**	障	
障子	しょうじ	porte coulissante en papier	滑动的纸扇门 hua2dong4dezhi3shan4men2	
障害	しょうがい	difficulté, obstacle	困难 障碍	kun4nan zhang4'ai4
障壁	しょうへき	barrière, mur Ch. 壁障 / bi2zhang4 = brassard	障壁	zhang4bi4

嫡		**Descendant en ligne directe**	嫡	
嫡出の	ちゃくじゅつの	légitime	(嫡出 合法	di2chu1) he1fa3
嫡子	ちゃくし	aîné, enfant légitime	嫡长子	di2chang2zi
嫡男	ちゃくなん	fils légitime	嫡男	di2nan2

旗		**Drapeau**	旗	
旗手	きしゅ	porte-drapeau	旗手	qi2shou3
旗色	きしょく, はたいろ	fortune de guerre, perspective	财产的战争 cai2chan3dezhan4zheng1 景色	 jing3se4
旗艦	きかん	vaisseau-amiral	旗舰	qi2jian4

雑		**Mêlé**	杂	
雑巾	ぞうきん	serpillière	粗麻布拖把 cuo1ma2bu4tuo1ba3	

雑貨	ざっか	articles	杂货	za2huo4
雑踏	ざっとう	en désordre, pêle-mêle	杂沓	za2ta4
			杂乱	**za2luan4**
雑談	ざつだん	discussion futile	(杂谈	za2tan2)
			谈家常	tan2jia1chang2
雑費	ざっぴ	frais divers	杂费	za2fei4
雑誌	ざっし	magazine, revue	杂志	za2zhi4

署   **Signer**   署

署名	しょめい	autographe, signature	署名	shu3ming2
署長	しょちょう	chef de bureau, police, etc.	署长	shu3zhang3
警察署	けいさつしょ	poste de police	(警察署	jing3cha2shu3)
			警察局	jing3cha2ju2

罰   **Punir**   罚

罰金	ばっきん	amende	罚金	fa2jin1
罰則	ばっそく	clauses de pénalité	罚则条款	faze2tiao2kuan3
罰棒	ばっぽう	arrimage	装舱	zhuang1cang1

夢   **Rêve**   梦

夢現	ゆめうつつ	rêve & réalité	梦现	meng4xian4
夢想	むそう	rêve, vision	梦想	meng4xiang3
夢中	むちゅう	enthousiasme, delirium	热情	re4qing2
			詹妄	zhan1wang4

漆   **Laque**   漆

漆器	しっき	laque	漆器	qi1qi4

| 漆塗 | うるしぬり | laqué | 漆涂 | qi1tu2 |
| 漆喰 | しっくい | plâtre, stuc | 石膏 灭泥 | shi2gao1 mie4ni4 |

演   **Jouer**   演

演劇	えんげき	drame, pièce	演剧	yan3ju4
演説	えんぜつ	conférence, discours	演说	yan3shuo1
演芸	えんげい	représentation	演戏	yan3xi4
演技	えんぎ	jeu	演技	yan3ji4
演奏	えんそう	exécuter un morceau de musique	演奏	yan3zou4
演習	えんしゅう	exercice militaire	演习	yan3xi2

滴   **Goutter**   滴

滴下する てきかする		tomber goutte à goutte	滴下	di1xia4
一滴	いってき, ひとしずく	une goutte	一滴	yi1di1
滴水	てきすい	goutte d'eau	滴水	di1shui3

漂   **Aller à la dérive**   漂

漂白	ひょうはく	blanchiment	漂白	piao3bai2
漂流	ひょうりゅう	aller à vau-l'eau, dériver	漂流	piao1liu2
漂泊	ひょうはく	errer à l'aventure	漂泊	piao1bo2
漂着	ひょうちゃく	être poussé sur le rivage	漂着	piao1zhe
漂失	ひょうしつ	dériver au large	(漂失	piao1shi1)
漂瓶図	ひょうびんず	graphique de bouteille	图解瓶	tu2jie3ping2

漫		Librement	漫	
漫画	まんが	caricature, dessin animé, *manga*	漫画	man4hua4
漫談	まんだん	parler à bâtons rompus, radotage	漫谈	man4tan2
漫遊	まんゆう	voyage d'agrément	漫游	man4you2

漁		Pêche	渔	
漁業	ぎょぎょう	pêche	渔业	yu2ye4
漁師	りょうし	pêcheur	渔民	yu2min2
漁村	ぎょそん	village de pêcheurs	渔村	yu2cun1

漏		Fuir	漏	
漏水	ろうすい	fuite d'eau	漏水	lou4shui3
漏電	ろうでん	perte d'électricité	漏电	lou4dian4
漏泄	ろうせつ	fuite, perte	漏洞	lou4dong4

漸		Peu à peu	渐	
漸次	ぜんじ	graduellement, peu à peu	渐次	jian4ci4
漸進	ぜんしん	progès graduel	渐进	jian4jin1
漸増	ぜんぞう	augmentation graduelle	渐增	jian4zeng1

適		Convenable	适	
適当	てきとう	adéquat, approprié, opportun	适当	shi4dang4
適宜	てきぎ	adapté, qui convient	适宜	shi4yi2
適度	てきど	approprié, modéré	适度	shi4du4
適中	てきちゅう	modéré ; bien situé	适中	shi4zhong1

| 適任 | てきにん | la forme | 健旺 | jian4wang4 |
| 適切 | てきせつ | opportunité | 适当 | shi4dang4 |

遷		**Transférer**	迁	
遷都	せんと	transfert de capital	资金迁移	zi1jin1qian1yi2
遷延	せんえん	délai, report	延期	yan2qi1

遭		**Rencontrer**	遭	
遭難	そうなん	accident, désastre	(遭难	zao1nan4)
			灾难	zai1nan4
遭遇	そうぐう	se heurter à, rencontrer	遭遇	zao1yu4

15 traits

歓		Joyeusement	欢	
歓心	かんしん	faveur	欢心	huan1xin1
歓呼	かんこ	ovation	欢呼	huan1hu1
歓迎	かんげい	accueil, bienvenue	欢迎	huan1ying2
歓楽	かんらく	hilarité	欢乐	huan1le4
			愉快	yu2kuai4
歓声	かんせい	cri de joie	欢声	huan1sheng1
歓談	かんだん	discussion agréable	(欢谈	huan1tan2)

箱		Caisse	箱	
箱舟	はこぶね	arche	方舟	fang1zhou1
箱入娘 はこいりむすめ		fille préférée	宁愿娘	nin4yuan4niang2
箱庭	はこにわ	jardin miniature	小型的元	xiao3xing2deyuan2
箱詰	はこずめ	mettre en caisse	把在箱	ba3zai4xiang1
箱師	はこし	pickpocket alerte	训练扒手	xu4lian4pa2shou3
箱屋	はこや	fabricant de caisses	箱制造者	xang1zhi4zao4zhe3

範		Exemple	范	
範例	はんれい	exemple	范例	fan4li4
範囲	はんい	borne, limite	范围	fan4wei2
模範	もはん	(bon) exemple	模范	mo2fan4

緩		Relâcher	缓	
緩急	かんきゅう	degré d'urgence	缓急	huan3ji2
緩和	かんわ	apaiser, calmer, soulager	缓和	huan3he2

緩慢	かんまん	lenteur	缓慢	huan3man4

締		**Lier**	缔	
締括り	しめくくり	supervision	管理	guan3li3
締切	しめきり	« Fermé »	关闭了	guan1bi4le
締盟	ていめい	conclusion d'un traité	缔约	di4yue1
締結	ていけつ	conclusion	缔结	di4jie2
取締役	とりしまりやく	directeur	领导	ling3dao3

縛		**Lier**	缚	
縛に就く ばくにつく		être arrêté	扣留	kou4liu2
捕縛	ほばく	arrêt	(捕缚 拘留	bu3fu4) ju1liu2

線		**Fil**	线	
線路	せんろ	ligne de chemin de fer	线路	xian4lu4
線香	せんこ	bâton d'encens	香	xiang1
無線	むせん	sans fil	无线	wu2xian4

緒		**Extrémité d'un fil**	绪	
緒言	しょげん	préface	前言 绪言	qian2yan2 xu4yan2
緒論	しょろん, ちょろん	introduction	绪论	xu4lun4
由緒	ゆいしょ	lignée	子孙	zi3sun1

縁　Bord / Vert　绿 /lü4

縁組	えんぐみ	mariage	结婚	jie2hun
縁側	えんがわ	véranda	走廊	zou3lang2
縁談	えんだん	proposition de mariage	结婚的推荐	jie2hun1detui1jian4
縁故	えんこ	relation	关系	guan1xi4

編　Compiler　编

編輯	へんしゅう	compilation, rédaction	编辑	bian1ji2
編成	へんせい	organisation	(编成 编制	bian1cheng2) bian1zhi4
編入	へんにゅう	incorporation	编入	bian1ru4
編集	へんしゅう	édition	出版	chu1ban3
編隊	へんたい	formation	编队	bian1dui4
編物	あみもの	tricotage	编结	bian1jie2

熱　Chaud　热

熱心	ねっしん	enthousiasme, zèle	热心	re4xin1
熱中	ねっちゅう	enthousiasme, passion	热中	re4zhong1
熱湯	ねっとう	eau bouillante	热汤	re4tang1
熱血	ねっけつ	sang chaud, fougue	热血 热情	re4xue4 re4qing2
熱狂	ねっきょう	enthousiasme	热狂	re4kuang2
熱弁	ねつべん	discours fervent	热话	re4hua4

墳　Tombe　坟

| 墳墓 | ふんぼ | tombe | 坟墓 | fen2mu4 |
| 古墳 | こふん | ancienne tombe | 古坟 | gu3fen2 |

撲   Frapper   扑

撲殺	ぼくさつ	abattre	屠宰	tu2zai3
撲滅	ぼくめつ	destruction	扑灭	pu1mie4
相撲	すも	**catch, sumo**	相扑	xiang1pu1

撮   Pincée   撮

撮影	さつえい	photographie	摄影	she4ying3
撮影所	さつえいじょ	studio (cinéma, photo)	电影制片	dian4ying3zhi4pian4
撮用	さつよう	abrégé	撮要	cuo1yao4

権   Autorité   权

権現	ごんげん	incarnation, manifestation temporaire de Bouddha	化身	hua4shen1
権利	けんり	droit, réclamation	权利	quan2li4
権力	けんりょく	autorité, pouvoir	权力	quan2li4

標   Signer   标

標札	ひょうさつ	plaque de porte	牌子	pai2zi
標語	ひょうご	devise, slogan	标语	biao1yu3
標準	ひょうじゅん	norme, standard	标准	biao1zhun3
標題	ひょうだい	titre	标题	biao1ti2
標記	ひょうき	marque, signe	标记	biao1ji4
標本	ひょうほん	specimen	标本	biao1ben3

横   De côté   横

| 横着 | おうちゃく | indolence | 懒散 | lan3san3 |

横暴	おうぼう	oppression, tyrannie	暴政	bao4zheng4
横道	よこみち	digression	离题	li2ti2
横目	よこめ	mauvais regard, regard en coin	横眉	heng2mei2
横断	おうだん	transversale	横断	heng2duan4
横笛	よこぶえ	flûte traversière	横笛	heng2di2

模   Modèle   模

模範	もはん	exemple, modèle	模范	mo2fan4
模様	もよう	condition, modèle	模式	mo2shi4
模造	もぞう	imitation	模仿	mo2fang3

稿   Manuscrit   稿

稿本	こうほん	brouillon, manuscrit	稿本	gao3ben3
稿料	こうりょう	droit d'auteur	稿费	gao3fei4
原稿	げんこう	manuscrit	原稿	yuan2gao3

穂   Épi   穂

穂先	ほさき	épi	穂	sui4
初穂	はつほ	1er épi de riz, 1ère récolte	(出穂	chu1sui4)
			出收割大米 chu1shou1ge1da4mi3	
稲穂	いなほ	épi de riz	稲穂	dao4sui4

撤   Retirer   撤

撤去	てっきょ	évacuation, retrait	撤去	che4qu4
撤回	てっかい	annuler, retrait, révocation	撤回	che4hui2
撤兵	てっぺい	retrait des troupes	撤兵	che4bing1

撤退	てったい	battre en retraite, se replier	撤退	che4tui4
撤廃	てっぱい	abolition	废除	fei4chu2

憤   **Colère**   愤

憤死する ふんしする		mourir d'indignation	愤死	fen4si3
憤怒	ふんど, ふんぬ	colère	愤怒	fen4nu4
憤慨	ふんがい	indignation, juste colère	愤慨	fen4kai3
憤発	ふんぱつ	sursaut	惊跳	jing1tiao4
憤激	ふんげき	ressentiment Ch. 愤激 / fen4ji1 = exaspéré, irrité	愤恨	fen4hen4
憤然と	ふぜんと	coléreux Ch. 发愤 / fa1fen4 = s'acharner	愤怒	fen4nu4

髪   **Cheveu**   发

髪結い	かみゆい	coiffeur	理发师	li3fa4shi1
髪油	かみあぶら	brillantine, huile capillaire	发油	fa4tou2
洋髪	ようはつ	style de coiffure étrangère	样发型	yang2fa4xing2

儀   **Cérémonie**   仪

儀式	ぎしき	cérémonie	仪式	yi2shi4
儀仗兵	ぎじょうへい	escorte, garde d'honneur	仪仗队	yi2zhang4dui4

億 — Cent millions — 亿

億劫 おっくう	ennuyeux	(使人) (shi3ren2)	厌倦 yan4juan4
億兆 おくちょう	million, multitude	百万 大批	bai3wan4 da4pi1
億万長者 おくまんちょうじゃ	milliardaire	亿万富翁	yi4wan4fu4weng1

衛 — Défendre — 卫

衛生 えいせい	hygiène	卫生	wei4sheng1
衛星 えいせい	satellite	卫星	wei4xing1
衛星国 えいせいこく	état satellite	卫星国	wei4xing1guo2

衝 — Se jeter — 冲

| 衝突 しょうとつ | collision, conflit | 冲突 | chong1tu1 |
| 衝撃 しょうげき | choc,
empiètement | 冲击
侵吞 | chong1ji1
qin1tun1 |

輩 — Homme / Classe — 輩

輩出する はいしゅつする	apparaître l'un après l'autre, surgir sans interruption	輩出	bei4chu1
我輩 わがはい	je (pour les hommes)	(我輩	wo3bei4)
同輩 どうはい	collègue / Ch. de la même génération	同辈	tong2bei4

徹 — Pénétrer / Retirer — 撤/che4

| 徹夜 てつや | veille toute la nuit | 整夜不睡 | zheng3ye4bu2shui4 |
| 徹底 てってい | entièrement, minutieux | 仔细 | zi3xi4 |

| 徹頭徹尾 てっとうてつび | en profondeur | 深刻地 |

蔵

Entrepôt / Cacher 藏 / cang2
Ch. 仓库 / cang1ku4 = entrepôt

| 蔵相 ぞうしょう | Ministre des Finances | 财政部长 cai2zheng4bu4zhang3 |
| 大蔵大臣 おくらだいじん | Ministre des Finances | 财政大臣 cai2zheng4dai4chen2 |

賛

Faire l'éloge de 赞

賛成 さんせい	approuver, consentir	赞成	zan4cheng2
賛否 さんぴ	approuver ou refuser	赞否	zan4fou3
賛同 さんどう	être d'accord, approuver	赞同	zan4tong2

摩

Frotter 摩

| 摩擦 まさつ | friction | 摩擦 | mo2ca1 |
| 摩天閣 まてんかく | gratte-ciel | 摩天大楼 | mo2tian1da4lou2 |

慶

Célébrer 庆

| 慶事 けいじ | heureux évènement | 喜事 | xi3shi4 |
| 慶弔 けいちょう | congratulations & condoléances | 庆吊唁 | qing4diao4yan4 |

慮

Considérer 虑 / lü4

| 慮外 りょがい | insolence | 蛮横无理 | man2heng4wu2li3 |
| 思慮 しりょ | considération | 尊敬 | zun1jing4 |

膚		Peau	肤	
皮膚	ひふ	peau	皮肤	pi2fu1

質		Nature	质	
質素	しっそ	simplicité	单纯	dan1chun2
質屋	しちや	mont-de-piété	当铺	dang4pu4
質問	しつもん	demande, question	质问	zhi4wen3
性質	せいしつ	disposition	安排	an1pai2

戲		Jouer	戏	
戲言	たわごと	plaisanterie	戏言	xi4yan2
戲曲	ぎきょく	drame	戏剧	xi4ju4
		Ch. 戏曲 / xi4qu3 = opéra , (drame)		
戲曲化	ぎきょうくか	dramatisation	戏曲化	xi4qu3hua4

劇		Théâtre	剧	
劇場	げきじょう	théâtre	剧场	ju4chang3
劇毒	げきどく	poison violent	剧毒	ju4du2
劇痛	げきつう	dramaturge	剧作家	ju4zuo4jia1
劇団	げきだん	troupe théâtrale	剧团	ju4tuan2
劇甚	げきじん	intensité	强烈	qiang2lie4
劇痛	げきつう	douleur aigüe, intense	剧烈的疼痛	
			ju4lie4deteng2tong4	

養		Nourrir	养	
養老	ようろう	prendre soin des personnes âgées	养老	yang3lao3

養子	ようし	enfant adopté	养子	yang3zi
養育	よういく	élever, nourrir	养育	yang3yu4
養殖	ようしょく	élevage	养殖	yang3zhi2
養生	ようじょう	préserver sa santé	养生	yang3sheng1
養成	ようせい	entraînement	训练	xun4lian4

Ch. 养成 / yang3cheng2 = cultiver

賓 **Hôte** 宾

賓客	ひんかく, ひんきゃく	invité	宾客	bin1ke4
主賓	しゅひん	hôte de marque	贵宾	gui4bin1
賓辞	ひんじ	prédicat	宾词	bin1ci2

窯 **Four** 窑 / yao2

窯業	ようぎょう	industrie céramique	陶瓷制	tao2ci2zhi4
窯業美術 ようぎょうびじゅつ		art de la céramique	陶瓷艺术	tao2ci2yi4shu4

窮 **Fin** 穷

窮地	きゅうち	situation difficile	男位置	nan2wei4zhi4
窮屈	きゅうくつ	rigueur	严厉	yan2li4
窮状	きゅうじょう	détresse	穷困	qiong2kun4
窮迫	きゅうはく	(situation de) gêne	不舒服	bu4shu1fu
窮策	きゅうさく	(mesure) désespérée	灰心	hui1xin1
窮乏	きゅうぼう	besoin, indigence	贫穷	pin2qiong2
			穷乏 qiong2fa1	

審   Examiner   审

審判	しんぱん	arbitrage, instruire, jugement	审判	shen3pan4
審美	しんび	appréciation de la beauté	审美	shen3mei3
審査	しんさ	enquête, examen	审查	shen3cha2
審問	しんもん	audience, interrogatoire	审问	shen3wen4
審議会	しんぎかい	commision d'enquête, délibération	审议	shen3yi4
審理	しんり	juger, statuer	审理	shen3li3

寮   Dortoir / Maisonnette   寮 / liao2

寮母	りょうぼ	femme en charge d'un internat pour petits	寄宿母	ji4su4mu3
寮生	りょうせい	interne	寄宿生	ji4su4sheng1
寮長	りょうちょう	responsable du dortoir	集体宿舍长	ji2ti3su4she4zhang3

賞   Récompense   賞

賞与	しょうよ	prime	奖金	jiang3jin1
賞品	しょうひん	prix	赏品	shang3pin3
賞美	しょうび	admiration	赏鉴	shang3jian4

鋳   Couler   铸

鋳物	いもの	pièce de fonderie	铸件	zhu4jian4
鋳貨	ちゅうか	battre, frapper de la monnaie	铸币	zhu4bi4
鋳造	ちゅうぞう	couler, fondre	铸造	zhu4zao4

鋭 | Aigu | 锐

鋭敏	えいびん	subtil, perspicace	锐敏	rui4min3
鋭利な	えいりな	acéré, pointu	锐利	rui4li4
鋭角	えいかく	angle aigu	锐角	rui4jiao3

舗 | Boutique | 铺

舗導	ほどう	rue pavée	铺砌路面	pu1qi4lu4mian4
舗装	ほぞう	pavé	铺路石	pu1lu4shi2
店舗	てんぽ	boutique	铺子	pu1zi

監 | Surveiller | 監

監視	かんし	surveillance	監视	jian1shi4
監督	かんとく	contrôler, inspecter, superviser	監督	jian1du1
監察	かんさつ	observation / contrôle Ch. 检察 / jian1cha2 = remplir les fonctions de procureur	检查	jian1cha2
監禁	かんきん	emprisonnement	監禁	jian1jin4
監獄	かんごく	prison	監狱	jian1yu4
監査役	かんさやく	auditeur,	助理办案员	zhu4li3ban4'an4yuan2
		inspecteur	检查员	jian1cha2yuan2

緊 | Rigueur / Etroit | 紧

緊密	きんみつ	rigueur Ch. 緊密 / jin3mi4 = étroit	严厉	yan2li4
緊要な	きんような	critique, important, vital	紧要	jin3yao4
緊張	きんちょう	tension	紧张	jin3zhang1

敵		Ennemi	敌	
敵意	てきい	animosité, hostilité	敌意	di2yi4
敵愾心	てきがいしん	sentiment d'hostilité	敌忾心	di2kai4xin1
敵兵	てきへい	troupes hostiles	敌军	di2jun1

霊		Esprit	灵	
霊魂	れいこん	âme, esprit	灵魂	ling2hun2
霊肉	れいにく	corps & âme	全心全意	quan2xin1quan2yi1
霊媒	れいばい	medium	通灵者	tong1ling2zhe3
霊柩車 れいきゅうしゃ		corbillard	灵柩车	ling2jiu4che1
霊験	れいけん	miracle Ch. 灵验 / ling2yan4 = efficace, juste	奇迹	qi2ji4
死霊	しりょう	âmes défuntes	死灵	si3ling2

震		Trembler	震	
震災	しんさい	catastrophe de tremblement de terre	震灾难	zhen4zai4nan2
震動	しんどう	choc, tremblement	震动	zhen4dong4
震害	しんがい	désastre, tremblement de terre	震害	zhen4hai4
震幅	しんぷく	amplitude (tremblement de terre)	振幅	zhen4fu2
震源地	しんげんち	hypocentre	震源	zhen4yuan2
震駭	しんがい	choc, horreur, peur, terreur	震骇	zhen4hai4

膜		**Membrane**	膜	
🔲	まくしるい	hymenoptères	膜翅目	mo2chi4mu4
網膜	もうまく	rétine	视网膜	shi4wang3mo2
粘膜	ねんまく	muqueuse	黏膜	nian2mo2

幣		**Monnaie**	幣/币	
幣帛	へいはく	offrande de papier ou de soie aux dieux Shinto	(幣帛	bi4bo2)
幣束	へいそく	bâton sacré (Shinto)	(幣束	bi4shu4)
紙幣	しへい	papier-monnaie	纸币	zhi3bi4

弊		**Abus**	弊	
弊店	へいてん	notre magasin	我们的店	wo3men2dedian4
弊社	へいしゃ	notre société	我们的社	wo3men2deshe4
弊害	へいがい	abus, mal	弊病	bi4bing4

暴		**Brutal**	暴	
暴利	ぼうり	bénéfice exorbitant mal acquis	暴利	bao4li4
暴力	ぼうりょく	force brutale, violence	暴力	bao4li4
暴行	ぼうこう	brutalité, outrage, violence	暴行	bao4xing2
暴政	ぼうせい	despotisme, tyrannie	暴政	bao4zheng4
暴動	ぼうどう	insurrection, soulèvement	暴动	bao4dong4

慕		Aspirer à	慕	
慕情	ぼじょう	affection	慕情	mu4qing2
思慕	しぼ	admirer qn, penser avec affection à qn	思慕	si1mu4
敬慕	けいぼ	amour & respect	敬慕	jing4mu4

暮		Vers la fin	暮	
暮し方	くらしかた	style de vie	生活方式 sheng1huo4fang1shi4	
暮色	ぼしょく	couchant, crépuscule	暮色	mu4se4
暮方	くれがた	soir, tombée de la nuit	(暮方 暮向	mu4fang1) mu4xiang4

憂		Craindre / Aimer	爱	
憂国	ゆうこく	patriotisme	爱国心	ai4guo2xin1
憂目	うきめ	affliction, détresse, expérience amère	悲痛	bei1tong4

噴		Eruption	喷	
噴火	ふんか	éruption volcanique, éruption	火山爆发 喷发	huo3shan1bao4fa1 pen1fa1
噴水	ふんすい	jet d'eau	喷水池	pen1shui3chi2

嘱		Recommander	嘱 / zhu3	
嘱望	しょくぼう	attente	期望	qi1wang4
嘱託	しょくたく	emploi à temps partiel	部分的时间雇佣 bu4fen1deshi2jian1gu4yong1	

踏		Mettre le pied sur	踏 / ta4	
踏み値	ふみね	limite de prix	限价	xian4jia4
舞踏	ぶとう	danse	舞蹈	wu3dao3

熟		Mûr	熟	
熟語	じゅくご	mots composés	复合词	fu4he2ci2
		Ch. 熟语 / shu2yu3 = expression figée		
熟練	じゅくれん	adresse	熟练	shu2lian4
熟達	じゅくたつ	maîtrise	统治	tong3zhi4

確		Sûr	确	
確定	かくてい	décision	确定	que4ding4
確証	かくしょう	preuve certaine	确证	que4zheng4
確報	かくほう	rapport fiable	确报	que4bao4

談		Parler de	谈	
談笑	だんしょう	bavarder gaiement	谈笑	tan2xiao4
談話	だんわ	conversation	谈话	tan2hua4
談判	だんぱん	négociations, pourparlers	谈判	tan2pan4

論		Discuter	论	
論争	ろんそう	controverse, dispute	争论	zheng1lun4
論文	ろんぶん	essai, thèse	论文	lun4wen2
論説	ろんせつ	éditorial	社论	she4lun4

調		Mélodie	调	
調子	ちょうし	accent, ton	调子	diao4zi

| 調和 | ちょうわ | harmonie | 调和 | tiao2he2 |
| 調節 | ちょうせつ | ajustement, réglage | 调节 | tiao2jie2 |

請 — Demander — 请

請願	せいがん	pétition	请愿	qing3yuan2
請負師	うけおいし	entrepreneur	承办人	cheng2ban4ren2
請求	せいきゅう	demande	请求	qing3qiu2

謁 — Rendre visite à — 谒

| 謁見 | えっけん | audience (Impériale) | 谒见 | ye4jian4 |
| 拝謁 | はいえつ | audience (Impériale) | | x |

課 — Cours — 课

課程	かてい	cours	课程	ke4cheng2
課長	かちょう	chef de division	课长	ke4zhang3
課目	かもく	sujet	题目	ti2mu4
課税	かぜい	taxation	课税	ke4shui4
課題	かだい	sujet, thème	课题	ke4ti2
課業	かぎょう	devoir, leçon	课业	ke4ye4

影 — Ombre — 影

| 影法師 | かげぼうし | ombre, silhouette | 侧影 | ce4ying3 |
| 影日向 | かげひなた | double face | 双面测 | shuang1mian4ce4 |

Ch. 影响 / ying3xiang4 = influence

| 影響 | えいきょう | effet, influence | 影响 | ying3xiang4 |
| 日影 | ひかげ | ombre | 影子 | ying3zi |

黙		**Silencieux**	默	
黙認	もくにん	tolérance	容许	rongxu3
黙想	もくそう	méditation	默想	mo4xiang3
黙礼	もくれい	salutations (en se courbant)	再拜	zai4bai4
黙涛	もくとう	prière silencieuse (mentale)	默祷	mo4dao3
黙殺	もくさつ	ne pas prendre en considération	不考虑	bu4kao3lü4
黙示	もくし	révélation	泄露	xie4lou4

輝		**Brillant**	辉	
輝線	きせん	ligne brillante	辉线	hui1xian4
輝石	きせき	pyroxène	辉石	hui1shi2

輪		**Roue**	轮	
輪廓	りんかく	contour, profil	轮廓	lun2kuo4
輪転機	りんてんき	presse rotative	回转压机	hui2zhuqn3ya1ji1
輪廻	りんね	métempsychose, transmigration de l'âme	灵魂转生	ling2hun2zhuan3sheng1

暫		**De courte durée**	暂	
暫定の	ざんていの	provisoire, temporaire	暂定	zan4ding4
暫時	ざんじ	pour l'instant, momentané	暂时的	zan4shi2de

勲		**Mérite**	勋	
勲業	くんぎょう	action d'éclat, exploit	勋业	xun1ye4
勲功	くんこう	fait méritoire	功勋	gong1xun1
勲章	くんしょう	décoration, médaille	勋章	xun1zhang1

撃		**Attaquer**	击	
撃退	げきたい	refouler, repousser	击退	ji1tui4
撃滅	げきめつ	destruction	消灭	xiao1mie4
撃剣	げっけん	escrime	击剑	ji1jian4
撃破	げきは	battre, défaite	击破	ji1po4
撃沈	げきちん	bombarder et faire couler, couler	击沉	ji1chen2
撃墜	げきつい	abattre	击毙	ji1bi4

賦		**Taxe**	赋	
賦税	ふぜい	droit, taxation	赋税	fu4shui4
賦課	ふか	impôt, prélèvement	预先征收	yu4xian1zheng1shou1
賦性	ふせい	don naturel, inné	赋性	fu4xing4
賦与	ふよ	dotation	赋予	fu4yu3

賠		**Comparer**	赔	
賠償	ばいしょう	indemnité, réparation	赔偿 赔款	pei2chang2 pei2kuan3
賠償金	ばいしょうきん	indemnités	赔款金	pei2kuan3jin1
賠償会議 ばいしょうかいぎ		Conférence de réparation	赔款会议	pei2kuan3hui4yi4

賜		**Donner**	赐	
賜金	しきん	allocation d'argent (du gouvernement)	拨款	bo1kuan3
賜暇	しか	congé, permission spéciale	(赐假 特别休假	ci4jia1) te4bie2xiu1jia4
恩賜	おんし	faveur, grâce impériale	恩赐	en1ci4
恩賜金	おんしきん	cadeau, don impérial	恩金	en1jin1

履		**Chaussure**	履	
履物	はきもの	chaussure	履	lü3
履歴	りれき	curriculum vitae, sa carrière	履历	lü3li4
履行	りこう	accomplir son devoir	履行	lü3xing2

閲		**Lire**	阅	
閲兵	えっぺい	inspection, revue	阅兵	yue4bing1
閲読	えつどく	lecture	阅读	yue4du2
閲覧	えつらん	lecture attentive	阅览	yue4lan3

慰		**Consoler**	慰	
慰問	いもん	condoléances	吊唁	diao4yan4
慰安	いあん	consolation, réconfort	安慰	an1wei4
慰労	いろ	remercier qn des services rendus	慰劳	wei4lao2
慰藉料	いしゃりょう	prime de consolation	慰藉料	wei4jie4liao4
慰撫	いぶ	pacification	安抚	an1fu3

駐		Etre en garnison	驻	
駐在所	ちゅうざいしょ	commissariat	派出所	pai4chu1suo3
駐留軍 ちゅうりゅうぐん		troupe stationnée	驻军	zhu4jun1
駐車場 ちゅうしゃじょう		place de parking	停车场	ting2che1chang3
駐在	ちゅうざい	résidence	住宅	zhu4zhai2

墜		Tomber	坠	
墜落	ついらく	faire une chute	坠落	zhui4luo4
墜死	ついし	mort par chute	坠死	zhui4si3
墜下	ついか	chute	坠	zhui4

舞		Danser	舞	
舞台	ぶたい	scène	舞台	wu3tai2
舞踏	ぶとう	danse	舞蹈	wu3dao3
見舞い	みまい	demander des nouvelles après une maladie	请某人健康	qing3mou3ren2jian4kang1
舞子	まいこ	danseuse japonaise	日本舞女	ri4ben3wu3nü3
舞踊	ぶよう	danse	舞剧	wu3ju4
舞楽	ぶがく	danse et musique	舞曲	wu3qu3

罷		Cesser	罢	
罷業	ひぎょう	grève	罢工	ba4gong1
罷免	ひめん	destituer, révoquer	罢免	ba4mian3

盤 — Bassin — （盆）

盤谷	バンコック	Bangkok	曼谷	Man4gu4
盤陀	はんだ	soudure	焊接	han4jie1
水盤	すいばん	bassin	水盆	shui3pen2

澄 — Clarifier — 澄

澄し屋	すましや	personne suffisante	白满的人	zi4man3deren2
澄心	ちょうしん	esprit tranquille	澄心	cheng2xin1

潔 — Propre — 洁

潔癖	けっぺき	amour morbide de pureté	洁癖	jie2pi3
潔白	けっぱく	innocence, pureté	洁白	jie2bai2
潔斎	けっさい	abstinence, purification	洁身礼	jie2shen1li3

潜 — Cacher — 潜

潜り戸	くぐりど	porte latérale	侧面的门	ce4mian4demen2
潜り込む もぐりこむ		s'infiltrer, se faufiler	潜入	qian2ru4
潜水	せんすい	plonger	潜水	qian2shui3
潜水艦	せんすいかん	sous-marin	潜水艇	qian2shui3ting3

潮 — Marée — 潮

潮時	しおどき	heure de la marée, opportunité	潮时	chao2shi2
潮干狩	しおひがり	ramassage de coquillage (à marée basse)	潮干贝壳的拾取	chao2gan1bei4ke2deshi2qu3
潮流	ちょうりゅう	marée	潮流	chao2liu2

潤 — Humide — 润

潤飾	じゅんしょく	fleur de rhétorique, polir, retoucher	辞格	ci2ge2
			润饰	run4shi4
			润色	**run4se4**
潤沢	じゅんたく	éclat, lustre	光泽	guang1ze2
利潤	りじゅん	marge bénéficiaire	利润	li4run4

遵 — Obéir — 遵

遵奉	じゅんぽう	observance	遵从	zun1cong2
遵守	じゅんしゅ	conformité, respecter	遵守	zun1shou3
遵法	じゅんぽう	respectueux des lois	(尊法	zun1fa3)
			取消	qu3xiao1

遺 — Laisser — 遗

遺伝	いでん	hérédité	遗传	yi2chuan2
遺産	いさん	héritage, leg	遗产	yi2chan3
遺言	ゆいごん	dernières volontés, testament	遗言	yi2yan2
遺恨	いこん	respect éternel	遗恨	yi2hen4
遺書	いしょ	œuvre posthume	遗书	yi2shu1
遺族	いぞく	famille endeuillée	遗属	yi2shu3

導 — Mener — 导

導管	どうかん	conduit, aqueduc	管道	guan3dao4
			引水道	yin3shui3dao4
導火線	どうかせん	cordon détonateur, mèche	导火线	dao3huo3xian4
導入	どうにゅう	induction	感应	gan3ying4

選		**Choisir**	选	
選定	せんてい	opter pour, porter son choix sur	选定	xuan3ding4
選挙	せんきょ	élection, vote	选举	xuan3ju3
選手	せkしゅ	athlète sélectionné	选手	xuan3shou3
選出	せんしゅつ	élection	选出	xuan3chu1
選科	せんか	cours à option	选修	xuan3xiu1
選良	せんりょう	représentant du personnel	选派代表 xuan3pai4dai4biao3	

魅		**Démon**	魅	
魅了する みりょうする		charmer, fasciner	魅力	mei4li4
魅力	みりょく	charme, fascination	魅力	mei4li4
魅惑	みわく	fascination, séduction	魅惑	mei4huo4

趣		**Intérêt**	趣	
趣向	手工芸	plan, stratagème	计策	ji4ce4
趣味	しゅみ	délice, goût, intérêt	趣味	qu4wei4
趣意	しゅい	opinion, sens	意见	yi4jian4

16 traits

親		**Intime**	亲	
親類	親類の	parents	亲属	qin1shu3
新切	しんせつ	cordial, familier	亲切	qin1qie4
新展	しんてん	confidentiel	秘密的	mi4mi4de
親友	しんゆう	ami intime	密友	mi4you3
		Ch. 亲友 / ain1you3 = parents & amis		
新方	しんかた	patron	老板	lao3ban3
親密	しんみつ	intimité	亲密	qin1mi4

墾		**Cultiver**	垦	
墾田	こんでん	culture des champs	垦田	ken3tian2
開墾	かいこん	mettre en culture les terrains incultes	开垦	kai1ken3

築		**Bâtir**	筑	
築山	つきやま	colline atrificielle	筑山	zhu4shan1
築地	つきじ	terre défrichée	开垦地	kai1ken3di4
築港	ちっこう	construction portuaire	筑港	zhu4gang3

篤		**Sincère**	笃	
篤学	とくがく	s'appliquer à l'étude	笃学	du3xue2
篤農	とくのう	fermier efficace	笃佃农	du3dian4nong2

篤志家 とくしか		homme de bonne moralité et de bonne volonté	志士	zhi4shi4

緯　Trame (d'un tissu)　纬

緯線	いせん	parallèle (latitude)	纬线	wei3xian4
緯度	いど	latitude	纬度	wei3du4

縦　Vertical　纵

縦横	じゅうおう, たてよこ	en long & en large	纵横	zong4heng2
縦列	じゅうれつ	colonne, file (mil.)	纵队	zong4dui4
縦覧	じゅうらん	passer en revue	纵览	zong4lan3

縫　Coudre　缝

縫い目	ぬいめ	couture	缝	feng2
縫取り	ぬいとり	broderie	刺绣品	ci4xiu4pin3
裁縫	さいほう	couture (métier)	缝纫	feng2ren4

Ch. 裁缝 / cai2feng = couturière, tailleur

隷　Servitude　隶

隷属	れいぞく	subordination	隶属	li4shu3
奴隷	どれい	esclave	奴隶	nu4li4

壇　Terrasse　坛

壇上	だんじょう	sur la scène, la plateforme	坛上	tan2shang4
壇場	だんじょう	scène, plateforme	坛场	tan2chang3

教壇	きょうだん	estrade	教坛	jiao4tan2

壊 **Tomber en ruines** 坏

壊乱	かいらん	corruption Ch. 坏话 / huai4hua4 = médiocre	腐化	fu3hua4
壊血病	かいけつびょう	scorbut	坏血病	huai4xue4bing4
壊滅	かいめつ	destcruction	破坏	po4huai4

擁 **Entourer** 拥

擁立	ようりつする	renforcer, soutenir, supporter	加固 拥护	jia1gu4 yong1hu4
擁護	ようご	défense, protection	保护	bao3hu4
抱擁	ほうよう	étreinte	拥抱	yong1bao4

操 **Saisir** 操

操行	そうこう	conduite (morale)	操行	cao1xing2
操縦	そうじゅう	contrôle, management	操纵	cao1zong4
操作	そうさ	manipulation, opération	操作	cao1zuo4
操練	そうれん	exercice	操练	cao1lian4
操守	そうしゅ	fidélité Ch. 操守 / cao1shou3 = intégrité morale	忠诚	zhong1cheng2
体操	たいそう	gymnastique	体操	ti3cao1

橋 **Pont** 桥

橋梁	きょうりょう	pont	桥梁	qiao2liang2
橋桁	はしげた	poutrelle de pont	桥小梁	qiao2xiao3liang2
吊橋	つりばし	pont suspendu	吊桥	diao4qiao2

穏 **Calme / Stable** 稳

穏和	おんわ	modéré, tempéré	温和	wen1he2
穏便に	おんびに	doux, gentil	温柔	wen1rou2
穏健な	おんけんな	modéré, pondéré	穏健	wen3jian4

積		**Accumuler**	积	
積金	つみきん	fonds	资金	zi1jin1
積荷	つみに	charge	负荷	fu4he4
積善	せきぜん	accumulation de bienfaits	积喜行动	ji1xi3xing2dong4

糖		**Sucre**	糖	
糖尿病 とうにょうびょう		diabète	糖尿病	tang2niao4bing4
砂糖	さとう	sucre en poudre	砂糖	sha1tang2

機		**Machine**	机	
機械	きかい	machine, mécanisme	机械	ji1xie4
機会	きかい	chance, opportunité	机会	ji1hui4
機織	はたおり	tissage	织造	zhi1zao4

樹		**Arbre**	树	
樹木	じゅもく	arbre	树木	shu4mu4
樹立	じゅりつ	établissement	树立	shu4li4

憾		**Regret**	憾	
遺憾な	いかんな	regrettable	遗憾	yi2han4
憾恨	かんこん	rancune	积恨	ji1hen4

憶		**Se rappeler**	忆	
記憶	きおく	mémoire	记忆力	ji4yi4li4
憶想	おくそう	pensées	思想	si1xiang3

懐		**Penser à**	怀	
懐想	かいそう	garder le souvenir	怀想	huai2xiang3
懐中	かいちゅう	en poche	怀中	huai2zhong1
懐胎	かいたい	conception, être enceinte	怀胎	huai2tai1
懐剣	かいけん	dague, poignard	匕首	bi3shou3
懐柔	かいじゅう	conciliation, pacification	怀柔	huai2rou2
懐古	かいこ	aspirer aux bons vieux temps	怀旧	huai2jiu4

燈		**Lampe**	灯	
燈台	とうだい	phare	灯塔	deng1ta3
燈籠	とうろう	lanterne de jardin	灯笼	deng1long
電燈	でんとう	lampe électrique	电灯	dian4deng1

燃		**Brûler**	燃	
燃え着く もえつく		prendre feu	燃烧	ran2shao1
燃料	ねんりょう	combustible	燃料	ran2liao4
燃焼	ねんしょう	combustion	燃烧	ran2shao1
可燃性	かねんせい	inflammabilité	可燃情	ke3ran2qing2

興		**Prospérer**	兴	
興行	こうぎょう	représentation	演出	yan3chu1

興奮	こうふん	excitation	兴奋	xing1fen4
興味	きょうみ	intérêt	兴味	xing4wei4
興業	こうぎょう	entreprise industrielle	兴业	xing1ye4
興廃	こうはい	élévation & chute	(兴落	xing1luo4)
興亡	こうぼう	grandeur & décadence, hauts & bas	兴亡	xing1wang2

儒		**Confucianisme**	**儒**	
儒教	じゅきょう	**Confucianisme**	**儒教**	**ru2jiao4**
儒学	じゅがく	école confucéenne	儒家	ru2jia1

衡		**Balance**	**衡**	
衡稈	こうかん	fléau d'une balance	秤杆	cheng2gan3
度量衡	どりょうこう	poids & mesures Ch. 衡量 / heng2liang = peser	度量衡	du4liang4heng2

奮		**Se dresser**	**奋**	
奮起する ふんきする		faire de grands efforts	奋起	fen4qi3
奮発	ふんぱつ	effort exténuant	奋发	fen4fa1
奮闘	ふんとう	dur combat	奋战斗	fen4zhan4dou4
奮戦	ふんせん	bataille désespérée Ch. 奋战 / fen4zhan4 = combattre héroïquement	失望站	shi1wang4zhan4
奮激	ふんげき	excitation	奋激	fen4ji1
奮迅	ふんじん	se démener	奋迅	fen4xun4

憲		**Constitution**	**宪**	
憲兵	けんぺい	gendarme	宪兵	xian4bing1
憲法	けんぽう	constitution	宪法	xian4fa3

憲章	けんしょう	charte de constitution	宪章	xian4zhang1

錠 — Cadenas / Fuseau — 锭

錠前	じょうまえ	serrure	锁	suo3
錠剤	じょうざい せいこう	pastille (médicament)	锭剂	ding4ji4

鋼 — Acier — 钢

鋼鉄	こうてつ	acier / Ch. acier & fonte	钢铁	gang1tie3
鋼甲板	こうかんぱん	pont d'acier (bât. de guerre)	刚甲板	gang1jia3ban3
製鋼	せいこう	aciérie	炼钢厂	lian4gang1chang3

錯 — Croisé — 错

錯乱	さくらん	en désordre, mêlé	错乱	cuo4luan4
錯角	さっかく	angles alternes	错角	cuo4jiao3
錯覚	さっかく	illusion (d'optique)	错觉	cuo4jue2

錬 — Forger — X

錬鉄	れんてつ	fer forgé	煅铁	duan4tie3
錬磨	れんま	entraînement	锻炼	duan4lian4
錬達	れんたつ	adresse	轻巧	qing1qiao3

錘 — Poids / Marteau — 锤 / chui2

錘状の	すいじょうの	en forme de fuseau	锭子形	ding4zixing2
錘重	すいじゅう	plomb (d'une ligne)	沉子	chen2zi
錘線	すいせん	plomb de sonde	水砣	shui3tuo2

録		**Enregistrement**	录	
記録	きろく	annales, enregistrement, note	年表 记录	nian2biao3 ji4lu4
目録	もくろく	catalogue, programme	目录	mu4lu4
録音する ろくおんする		enregistrement (du son)	录音	lu4yin1
録音機	ろくおんき	magnétophone	录音机	lu4yin1ji1

餓		**Affamé**	饿	
餓死	がし	mort de faim	饿死	e4si3
餓鬼	がき	esprit affamé (Bouddhisme)	饿鬼	e4gui3
飢餓	きが	faim	饥饿	ji1'e4

賢		**Sage**	贤	
賢哲	けんてつ	sage / les sages	贤哲	xian2zhe2
賢明	けんめい	intelligent, sage Ch. 贤明 / xian2ming2 = sage & éclairé	明智的	ming2zhi1de
賢母	けんぼ	sage mère	(贤母	xian2mu3)
賢愚	けんぐ	sagesse ou folie	贤愚	xian2yu2
賢人	けんじん	sage	贤人	xian2ren2
賢所	かしこどころ	Sanctuaire Impérial	贤所	xian2suo3

膨		**Gonfler**	膨	
膨脹	ぼうちょう	se dilater, s'expanser	膨胀	peng2zhang4
膨大	ぼうだい	s'enfler, se dilater, gonfler	膨大	peng2da4

曇		Nuageux	云	
曇り硝子 くもりガラス		verre dépoli	毛玻璃	mao2bo1li
曇天	どんてん	ciel nuageux	云天	yun2tian1

薬		Médicament	药	
薬指	くすりゆび	annulaire	无名指	wu2ming2zhi3
薬局	やっきょく	dispensaire, pharmacie	药房	yao4fang2
薬味	やくみ	épices	药味	yao4wei4
薬草	やくそう	herbes	药草	yao4cao3
薬湯	やくとう くすりゆ	bain médical	药浴	yao4yu4
薬石	やくせき	remèdes	药石	yao4shi2

薫		Sentir	X	
薫風	くんぷう	légère brise	微风	wei1feng1
薫陶	くんとう	discipline	纪律	ji4lü4

器		Ustensile	器	
器用	きよう	adresse, dextérité	灵巧	ling2qiao3
器量	きりょう	largeur d'esprit, tolérance	器量	qi4liang4
器物	きぶつ	récipient	容器	rong2qi4
	Ch. 器物 / qi4wu4 = instrument, outil			

頭		Tête	头	
頭文字	かしらもじ	lettres capitales	大写字母	da4xie3zi4mu3

頭脳	ずのう	cerveau, tête	头脑	tou2nao3
頭痛	ずつう	mal de tête	头痛	tou2tong4
頭取	とうどり	président (banque)	总统	zong3tong3
頭株	あたまかぶ	chef de bande	头头儿	tou2touer
頭首	とうしゅ	chef	头目	tou2mu4

融 — Fendre — 融

融和	ゆうわ	réconciliation	和解	he2jie3
融通	ゆうずう	circulation (de capitaux)	流通	liu2tong1
融合	ゆうごう	fusion	融合	rong2he2

憩 — Se reposer / Haleine — 息

| 休憩 | きゅうけい | repos | 休息 | xiu1xi |
| 少憩 | しょうけい | court repos | 少息 | shao3xi |

謀 — Etablir un projet — 谋

謀殺	ぼうさつ	meurtre prémédité	谋杀	mou2sha1
謀叛	むほん	rébellion	谋反	mou2fan3
謀略	ぼうりゃく	stratégie	计谋	ji4mou2
謀判	ぼうはん	sceau contrefait	虚假印章	xu1jia3yin4zhang4
謀計	ぼうけい	complet	阴谋	yin1mou2
謀議	ぼうぎ	conférence	会议	hui4yi4

謡 — Ballade — 谣

| 謡曲 | ようきょく | Noh : drame chanté | 谣曲 | yao2qu3 |

| 童謡 | どうよう | contine | 童谣 | tong2yao2 |

諭   Donner une instruction   谕

諭示	ゆし	admonition, avertissement	谕示	yu4shi4
諭告	ゆこく	conseil, instruction	逾告	yu4gao4
諭達	ゆたつ	instruction officielle	（谕达	yu4da2）

諾   Promesse   诺

| 諾否 | だくひ | acceptation ou refus, oui ou non | 诺否 | nuo4fou3 |
| 承諾 | しょうだく | acceptation | 承诺 | cheng2nuo4 |

諸   Tous   诸

諸手	もろて	deux mains	双手	shuang1shou3
諸方	しょほう	partout	诸方	zhu1fang1
諸島	しょとう	archipel	诸岛	zhu1dao3
諸君	しょくん	Mesdames & Messieurs	女士们先生们	nü3shi4men2xian1sheng1men2
諸国	しょこく	divers pays	诸国	zhu1guo2
諸事	しょじ	toutes choses	诸事	zhu1shi4

頼   Sous forme   赖

頼信紙	らいしんし	sous forme de message	以信件	yi4xin4jian4
依頼	いらい	compter sur, demander, dépendre de	依赖	yi1lai4
頼母子講 たのもしこう		association de financement mutuel	相互的财政结合	xian1hu4decai2zheng4jie2he2

整   **Arranger**   整

整理	せいり	arranger	整理	zheng3li3
整頓	せいとん	mettre en ordre, consolider, réorganiser	整顿	zheng3dun4
整備	せいび	équipement complet	整设备	zheng3she2bei4
整然と	せいぜんと	en bon ordre	整齐	zheng3qi2
整列	せいれつ	parade	检阅	jian3yue4
整形	せいけい	opération plastique	整形	zheng3xing2

獣   **Bête**   兽

獣医	じゅうい	vétérinaire	兽医	shou4yi1
獣性	じゅうせい	bestialité, cœur cruel	兽性	shou4xing4
獣欲	じゅうよく	désir animal	兽欲	shou4yu4
獣肉	じゅうにく	viande	兽肉	shou4rou4
獣心	じゅうしん	bestialité, cœur brutal	(兽心 兽奸	shou4xin1) shou4jian1
獣皮	じゅうひ	peau	兽皮	shou4pi2

輸   **Transporter**   输

輸出	ゆしゅつ	export	输出	shu1chu1
輸入	ゆにゅう	import	输入	shu1ru4
輸送	ゆそう	transport	输送	shu1song4

諮   **Consultation**   咨

諮詢	しじゅん	consultation, demande	咨询	zi1xun2
諮問	しもん	demande, question	询问	xun2wen4

| 諮議 | しぎ | discussion | 咨议 | zi1yi4 |
| | | | 讨论 | tao3lun4 |

壁 — Mur — 壁

壁画	へきが	fresque	壁画	bi4hua4
壁紙	かべがみ	papier-peint	彩色糊墙纸 cai3se4hu2qiangézhi3	
壁板	かべいた	boiserie, lambris	护壁板	hu4bi4ban3

隣 — Voisin — 邻

隣組	となりぐみ	groupe, société voisine	邻组	lin2zu3
隣人	りんじん	voisin	邻居	lin2ju1
隣室	りんしつ	chambre voisine	邻室	lin2shi4
隣席	りんせき	siège voisin	邻座	lin2zuo4
隣家	りんか	maison voisine	邻家	lin2jia1
隣国	りんごく	pays voisin	邻邦	lin2bang1

嬢 — Jeune fille — X

| 嬢子 | しょじ | jeune fille | 女郎 | nü3lang2 |
| お嬢さん おじょうさん | | jeune fille | | |

濁 — Trouble — 浊

濁流	だくりゅう	fleuve boueux	浊流	zhuo2liu2
濁酒	にごりざけ, どぶろく	sake non raffiné	浊酒	zhuo2jiu3
濁音	だくおん	consonne sourde	浊音	zhuo2yin1
濁水	だくすい	eau boueuse	浊水	zhuo2shui3
			泥泞水	ni2ning4shui3

濁世	だくせい	époque trouble, monde corrompu	浊世	zhuo2shi4
濁浪	だくろう	vague boueuse	浊浪	zhuo2lang2

濃 Dense 浓

濃厚	のうこう	épaisseur, densité	浓厚	nong2hou4
濃淡	のうたん	ombre & lumière	浓淡	nong2dan4
濃霧	のうむ	brouillard dense	浓雾	nong2wu4
濃度	のうど	densité	浓度	nong2du4
濃艶な	のうえんな	charmant	诱惑	you4huo4
濃雲	のううん	nuages denses	浓积云	nong2ji1yun4

凝 Se solidifier 凝

凝性の	こりしょうの	enthousiaste	兴奋的	xing1fen2de
凝視	ぎょうし	regard fixe	凝视	ning2shi4
凝結	ぎょうけつ	congélation	使凝结	shi3ning2jie2

激 Violent 激

激怒	げきど	irriter, se mettre en colère	激怒	ji1nu4
激論	げきろん	discours violent	激论	ji1lun4
激流	げきりゅう	courant tumultueux	激流	ji1liu2
激変	げきへん	changement brutal, subit	激变	ji1bian4
激励	げきれい	encouragement	激励	ji1li4
激情	げきじょう	émotion forte, enthousiasme, passion	激情	ji1qing2

還		**Retourner**	还	
還幸	かんこう	retour de Sa Majesté	陛下 还亲	*Bi4xia4huan2qin1
還暦	かんれき	61ème anniversaire de naissance (60 en France)	61岁生日	sui4sheng1ri4
還付	かんぷ	remboursement	还付	huan2fu4
			还债	huan2zhai4
還御	かんぎょ	retour de Sa Majesté	*陛下 还亲	
還元	かんげん	résolution, restauration	复辟	fu4bi4
還債	かんさい	rédemption	赎罪	shu2zui4

避		**Eviter**	避	
避雷針	ひらいしん	paratonnerre	避雷针	bi4lei2zhen1
避暑	ひしょ	fuir les grandes chaleurs	避暑	bi4shu3
避難	ひなん	abri, refuge	避难所	bi4nan4suo3
避妊	ひにん	contraception	避孕	bi4yun4
避寒	ひかん	fuir les hivers rigoureux	避寒	bi4han2
避病院 ひびょういん		hôpital de quarantaine	(避病元 孤立的医院	bi4bing4yuan4) gu1li4deyi1yuan4

17 traits

薪		**Bois de chauffage**	薪	
薪炭	まきすみ,しんたん	bois & charbon	薪炭	xin1tan4
薪割	まきわり	couper du bois, hachette	伐薪 小斧	fa2xin1 xiao3fu3
薪屋	まきや	négociant en bois	薪商人	xin1shang1ren2

薄		**Léger**	薄	
薄給	はっきゅう	petit salaire	薄给	bo2gei3
薄絹	うすぎぬ	soie fine	薄娟	bao2juan4
薄命	はくめい	infortunée, trite sort (pour une femme)	薄命	bo2ming2
薄弱	はくじゃく	faiblesse, infirmité	薄弱	bo2ruo4
薄利	はくり	maigre profit	薄利	bo2li
薄荷	はっか	menthe	薄荷	bo4he

環		**Anneau**	环	
環境	かんきょう	environnement	环境	huan2jing4
環状	かんじょう	bague, boucle, ceinture	环状	huan2zhuang4
環礁	かんしょう	atoll	环礁	huan2jiao1

懇		**Cordialement**	恳	
懇切	こんせつ	cordialité, sincère	恳切	ken3qie4
懇意	こんい	intimité	(恳意) 亲密	ken3yi4) qin1mi4

懇望	こんもう	demande sérieuse	恳望 可靠的球	ken3wang4 ke3kao4deqiu2
懇談	こんだん	discussion familière	恳谈 亲近的谈	ken3tan2 qin1jin4detan2
懇親	こんしん	amitié	恳亲 亲密	ken3qin1 qin1mi4
懇願	こんがん	sollicitation, supplication	恳求	ken3qiu2

縮   **Rétrécir**   缩

縮図	しゅくず	dessin, échelle réduite	缩尺图	suo1chi3tu2
縮少	しゅくしょう	réduction	缩小	suo1xiao3
縮緬	ちりめん	crèpe de soie	绉纱	zhou4sha1

績   **Filer**   绩 / ji1

功績	こうせき	exploit, mérite	功劳	gong1lao2
紡績	ぼうせき	filage	纺纱	fang3sha1
成績	せいせき	résultat	结果	jie2guo3

繊   **Fin**   纤

繊維	せんい	fibre, texture	纤维	xian1wei2
繊細な	せんさいな	délicat, tendre Ch. 纤细 / xian1xi4 = fin, mince	柔和的	rou2he2de
繊弱	せんじゃく	délicat, faible	纤弱	xian1ruo4

擦   **Frotter**   擦

| 擦り傷 | すりきず | abrasion | 磨损 | mo2sun3 |
| 擦傷 | さっしょう | irritation | 轻度发炎 | qing1du4fa1yan2 |

擦過傷 さっかしょう　écorchure　擦伤　ca1shang1

犠　Sacrifice　牺

犠牲　ぎせい　proie, sacrifice, victime　牺牲品　xi1sheng1pin3

犠牲者 ぎせいしゃ　victime　牺牲者　xi1sheng1zhe3

犠牲的 ぎせいてき　avoir l'esprit de sacrifice　牺牲精神
xi1sheng1jing1shen2

擬　Imiter　拟

擬装　ぎそう　camouflage　伪装　wei3zhuang1

擬音　ぎおん　imitation d'un son　拟音　ni3yin1

擬戦　ぎせん　combat simulé　拟战　ni3zhan4

燥　Desséché　燥

乾燥　かんそう　sécheresse　干燥　gan1zao4

焦燥　しょうそう　anxieux, irritable　焦躁　jiao1zao4

償　Réparer　偿

償却　しょうきゃく　payer, remboursement　偿付　chang2fu4

償金　しょうきん　compensation, indemnité　偿补　chang2bu3

償還　しょうかん　remboursement, restitution　偿还　chang2huan2

優　Bon　优

優秀　ゆうしゅう　élite, excellence　优秀　you1xiu4

優美　ゆうび　élégance　优美　you1mei3

女優	じょゆう	actrice	女优	nü3you1
優良	ゆうりょう	supériorité	优良	you1liang2
優劣	ゆうれつ	supériorité ou infériorité	优劣	you1lie4
優遇	ゆうぐう	réception chaleureuse	优遇	you1yu4

獲		**Obtenir**	获	
獲得	かくとく	acquisition	获得	huo4de2
獲物	えもの	prise, butin	(获物 赃物	huo4wu4) zang1wu4
捕獲	ほかく	capturer	捕获	bu3huo4

厳		**Sévère**	严	
厳格	げんかく	fermeté, sévérité	严格	yan2ge2
厳重	げんじゅう	grave, sévère	严重	yan2zhong4
厳命	げんめい	ordre strict	严命	yan2ming2
厳罰	げんばつ	punition sévère	严罚	yan2fa2
厳禁	げんきん	interdiction formelle, strictement défendu	严禁	yan2jin4
厳刑	げんけい	torture cruelle	严刑	yan2xing2

薦		**Recommander**	荐	
薦挙	せんきょ	proposition, recommandation (de fonction)	荐举	jian4ju3
推薦	すいせん	recommandation	推荐	tui1jian4
自薦	じせん	de son plein gré, se proposer	自荐	zi4jian4

| 療 | | **Traiter** | 疗 | |

療養	りょうよう	suivre un traitement médical, faire une cure	疗养	liao2yang3
療法	りょうほう	thérapie	疗法	liao2fa3
療治	りょうじ	traitement médical	治疗	zhi4liao2

翼   Aîle   翼

翼賛	よくさん	approbation	赞成	zan4cheng2
両翼	りょうよく	deux aîles	两翼	liang3yi4
翼面	よくめん	plan de sustentation	机翼	ji1yi4

館   Maison   馆

大使館	たいしかん	ambassade	大使馆	da4shi3guan3
公使館	こうしかん	légation	公使馆	gong1shi3guan3
館長	かんちょう	directeur	馆长	guan3zhang3

鍛   Forger   锻

| 鍛冶屋 | かじや | forge
Ch. 锻工 / duan4gong1 = forgeron | 铁匠铺 | tie3jiang4pu4 |
| 鍛錬 | たんれん | s'aguerrir, s'entraîner | 锻炼 | duan4lian4 |

覧   Regarder   览

展覧会	てんらんかい	exhibition	展览	zhan3lan3
閲覧	えつらん	lecture	阅览	yue4lan3
回覧	かいらん	circulation	循环	xun2huan2

霜   Givre   霜

霜害	そうがい	dommage causé par le gel	霜害	shuang1hai4
霜枯れ	しもがれ	hivernal, morne	霜期	shuang1qi1
霜焼け	しもやけ	engelure	霜冻	shuang1dong1
霜柱	しもばしら	aiguille de glace	霜柱	shuang1zhu4

謄   Copier   誊

| 謄本 | とうほん | copie certifiée | 证明的抄板 zheng4ming2dechao1ban3 |
| 謄写 | とうしゃ | copie, transcription | 誊写 | teng2xie3 |

齢   Ages   龄

年齢	ねんれい	âges	年龄	nian2ling2
老齢	ろうれい	vieil âge	老龄	lao3ling2
妙齢	みょうれい	dans la fleur de la jeunesse	妙龄	miao2ling2

醜   Laid   丑

醜行	しゅうこう	conduite disgracieuse	丑行	chou3xing2
醜聞	しゅうぶん	scandale	丑闻	chou3wen2
醜婦	しゅうふ	femme laide	(丑妇 chou3fu4) 丑八怪 chou3ba1guai4
醜態	しゅうたい	conduite honteuse	丑态	chou3tai4
醜業婦	しゅうぎょうふ	prostituée	娼妓	chang1ji4
醜名	しゅうめい	nom entaché, terni	丑化名	chou3hua4ming2

礁   Récif   礁

| 珊瑚礁 | さんごしょう | récif corallien | 珊瑚礁 | shan1hu2jiao1 |
| 暗礁 | あんしょう | récif | 暗礁 | an4jiao1 |

謹 Attentif 谨

謹慎	きんしん	pénitence	忏悔	chan4hui3
		Ch. 谨慎/ jin3shen4 = mesuré, prudent		
謹直	きんちょく	conscience	意识	yi4shi2
謹賀新年 きんがしんねん		je vous souhaite Bonne Année	谨贺新年	jin3he2xin1nian2
謹聴	きんちょう	écouter attentivement	谨听	jin3ting1

謙 Modeste 谦

謙徳	けんとく	modeste	谦虚	qian1xu1
謙遜	けんそん	humilité, modestie	谦逊	qian1xun4
謙譲	けんじょう	humilité	谦卑	qian1bei1

講 Lecture / Parler 讲

講座	こうざ	chaire	讲台	jiang3tai2
		Ch.讲座 / jiang3zuo4 = cours, série de conférences		
講堂	こうどう	auditorium	讲堂	jiang3tang2
講演	こうえん	conférence, lecture	讲演	jiang3yan3
講重	こうじゅう	association religieuse	宗教的参加合作	zong1jiao4decan1jia1he2zuo4
講義	こうぎ	lecture / Ch.manuel	讲义	jiang3yi4
講談	こうだん	raconter une histoire	讲故事	jiang3gu4shi2

鮮 Frais 鲜

| 鮮漁 | せんぎょ | poisson (cru), frais | 鲜鱼 | xian1yu2 |
| 鮮明 | せんめい | clarté, netteté | 鲜明 | xian1ming2 |

鮮血	せんけつ	sang frais	鮮血	xian1xue4

轄		**Administrer**	辖	
管轄	かんかつ	contrôle, juridiction	管辖	guan3xia2
統轄	とうかつ	avoir la juridiction sur	统辖	tong3xia2
所轄	しょかつ	juridiction	管辖区	guan3xia2qu1

購		**Acheter**	购	
購買	こうばい	achat	购买	gou4mai3
購読	こうどく	abonnement, souscription	预约	yu4yue1
購入	こうにゅう	achat	购置	gou4zhi4

嚇		**Menacer**	吓	
嚇怒	かくどする	être très enragé	恐吓	kong3he4
威嚇	いかく	effrayer, intimider, menacer	威吓	wei1he4

謝		**Remercier**	谢	
謝罪	しゃざい	faire ses excuses, demander pardon	谢罪	xie4zui4
謝辞	しゃじ	mot de remerciement	谢意	xie4yi4
感謝	かんしゃ	remercier	感谢	gan3xie4

繁		**Croître / Multiple**	繁	
繁昌	はんじょう	prospérité, succès	昌盛	chang1sheng4
繁華	はんか	florissant, prospère	繁荣	fan2rong2
繁栄	はんえい	florissant, prospère	- do –	

聴		**Entendre**	听	
聴覚	ちょうかく	ouïe	听觉	ting1jue2
聴講	ちょうこう	assister à une conférence	听讲	ting1jiang3
聴衆	ちょうしゅう	auditeurs, public	听众	ting1zhong4

18 traits

観		**Regarder**	观	
観光	かんこう	faire du tourisme	观光	guan1guang1
観光客 かんそくかんこうきゃく		touriste	观光客	guan1guang1ke4
観音	かんのん	déesse de la miséricorde (Bouddhisme)	观音	guan1yin1
観察	かんさつ	examiner, observer	观察	guan1cha2
観衆	かんしゅう	spectateurs	观众	guan1zhong4
観測	かんそく	observation	观测	guan1ce4

織		**Tisser**	织	
織物	おりもの	étoffe, tissu	织物	zhi1wu4
染織	せんしょく	teinture & tissage	染织	ran3zhi1
組織	そしき	organisation, système	组织	zu3zhi1

繕		**Réparer**	缮	
修繕	しゅうぜん	réparer, restaurer	修缮	xiu1shan4
営繕	えいぜん	construire & réparer	建缮	jian4shan1

糧		**Nourriture / Grains**	粮	
糧秣	りょうまつ	vivres & fourrage (Mil.)	粮草	liang2cao3
糧食	りょうしょく	provisions, vivres Ch. aussi « grains »	粮食	liang2shi2
食糧	しょくりょう	nourriture	食粮	shi2liang2

懲		**Châtier**	惩	
懲々	こりごり, こりこりする	apprendre de son chagrin, tirer la leçon des erreurs passées	惩前毖后	cheng2qian2bi4hou4
懲戒	ちょうかい	infliger une sanction disciplinaire	惩戒	cheng2jie4
懲罰	ちょうばつ	châtiment	惩罚	cheng2fa2

癖		**Manie**	癖	
癖毛	くせげ	cheveux bouclés	卷发	juqn3fq4
悪癖	あくへき	mauvaise habitude, vice	恶习	e4xi2
盗癖	とうへき	kleptomanie	盗癖	dao4pi3

顔		**Face**	颜	
顔触れ	かおぶれ	liste des invités	客名单	ke4ming2dan1
顔付き	かおつき	faits	现象	xian4xiang4
顔色	かおいろ, がんしょく	teint	颜色	yan2se4
顔役	かおやく	patron	老板	lao3ban4

鎮		**Calmer**	镇	
鎮圧	ちんあつ	réprimer	镇压	zhen4ya1
鎮守	ちんじゅ	divinité locale Ch. 镇守 / zhen4shou3 = garder une place	地方的神	di4fang1deshen2
鎮火する ちんかする		éteindre le feu	火熄灭	huo3xi1mie4
鎮痛剤	ちんつうざい	analgésique	镇痛剂	zhen4tong4ji4

鎖   Chaîne   锁

鎖止め	くさりどめ	pignon	小齿轮	xiao3chi3lun2
鎖国	さこく	isolationisme national	锁国	suo3guo2
鎖港	さこう	fermeture des ports	锁港	suo3gang3

臨   Assister / Faire face   临

臨終	りんじゅう	à l'agonie, à l'article de la mort	临终	lin2zhong1
臨検	りんけん	inspection officielle	官方的检查	guan1fang1dejian3cha2
臨月	りんげつ	dernier mois de grossesse	(临月	lin2yue4)
			一个月临盆	yi1ge4yue4lin2pen2
臨床	りんしょう	clinique	临床	lin2chuang2
臨席	りんせき	présence	到场	dao4chang3
臨時	りんじ	occasionnellement, temporaire	临时	lin2shi2

額   Front   額 / e4

額縁	がくぶち	cadre photo, autre	图画框	tu2hua4kuang4
額面	がくめん	cadre photo, valeur faciale	照片框 面值	zhao4pian4kuang4 mian4zhi2
各面高	かくめんだた	valeur nominale	面值	mian4zhi2

覆   Tourner   复

覆審	ふくしん	révision (loi)	复核	fu4he2
覆面	ふくめん	masque	面具	mian4ju4
覆水盆に返らず ふくすいぼんにくらず		Ce qui est fait est fait (Prov.)	生米煮成熟饭	sheng1mi3zhu3cheng2shu2fan4

難		**Difficile**	难	
難船	なんせん	naufrage	遇难	yu4nan2
難産	なんざん	livraison difficile	难交货	nan2jiao1huo3
見難い	みにくい	difficile à voir	难见	nan2jian4
難題	なんだい	problème difficile à résoudre	难题	nan2ti2
難儀	なんぎ	épreuve, trouble	难以	nan2yi2
難解な	なんかいな	difficile à comprendre	难解	nan2jie3

顕		**Manifester**	显	
顕微鏡	けんびきょう	microscope	显微镜	xian3weijing4
顕著な	けんちょな	flagrant, marquant	显著	xian3zhu4

瞬		**Instant**	瞬	
瞬時	しゅんじ	instant, moment	瞬时	shun4shi2
瞬間	しゅんかん	court laps de temps	瞬间	shun4jian1
一瞬	いっしゅん	clin d'œil, moment	一瞬	yi1shun4

贈		**Offrir en présent**	赠	
贈答	ぞうとう	échange de cadeaux	赠答	zeng4da2
贈呈	ぞうてい	présentation	呈献	cheng2xian4
贈賄	ぞうわい	corruption	腐败	fu3bai4
贈遺	ぞうい	legs	遗赠	yi2zeng4
贈与	ぞうよ	donation	捐献	juan1xian4
贈り物	おくりもの	cadeau	赠品	zeng4pin3

礎   Fondation / Plinthe   础

礎石	そせき	base de colonne, pierre de fondation	础石	chu3shi2
礎材	そうざい	matériaux de construction pour fondations	础材	chu3cai2
基礎	きそ	fondations	基础	ji1chu3

翻   Traduction   翻

翻訳	ほんやく	traduction	翻译	fan1yi4
翻訳権	ほんやくけん	droits de traduction	翻译权	fan1yi4quan2
翻弄する ほんろうする		perdre (au jeu)	输了	shu1liao4

曜   Briller   曜

曜日	ようび	jour de la semaine	曜日	yao4ri4
木曜日	もくようび	jeudi	木曜	mu4yao4

闘   Lutter   斗

闘志	とうし	esprit combatif	好斗的性格	hao4dou4dexing4ge2
闘士	とうし	champion, combattant	斗士 战士	dou4shi4 zhan4shi4
闘争	とうそう	se battre, combattre, lutter	斗争	dou4zheng1
闘牛	とうぎゅう	combat de taureaux	斗牛	dou4niu2
闘犬	とうけん	combat de chiens	斗犬	dou4quan3
闘技	とうぎ	compétition, match	竞赛	jing4sai4

簡 — Simple — 简

簡易	かんい	facilité, simplicité	简易	jian3yi4
簡単	かんたん	élémentaire, simple	简单	jian3dan1
簡便	かんべん	commode, facile, simple	简便	jian3bian4
簡素	かんそ	simple, sobre	(简素	jian3su4)
簡略	かんりゃく	bref, concis, succint	简略	jian3lüe4
簡明	かんめい	simple & clair, concis & précis	简明	jian3ming2

騎 — Monter à cheval — 骑

騎士	きし	cavalier, chevalier	骑士	qi2shi4
騎兵	きへい	cavalerie	骑兵	qi2bing1
騎手	きしゅ	jockey	赛马的骑师	sai4ma3deqi2shi1

騒 — Faire du bruit — 骚

騒動	そうどう	agitation, trouble	骚动	sao1dong4
騒乱	そうらん	bouleversement, émeute	骚乱	sao1luan4
騒擾罪	そうじょうざい	crime de sédition	叛乱罪	pan4luan4zui4

驗 — Efficace / Examiner — 验

験油器	けんゆき	oléomètre	油比重计	you2bi3zhong4ji1
験者	けんじゃ	moine montagnard (Bouddhisme)	(验者	yan4zhe3)
			山僧侣	shan1seng1lü3
試験	しけん	examen	试验	shi4yan4

爵   Rang   爵

爵位	しゃくい	titre de noblesse	爵位	jue2wei4
男爵	だんしゃく	baron	男爵	nan2jue2

職   Devoir   职

職業	しょくぎょう	métier, occupation, profession	职业	zhi2ye4
職工	しょっこう	employés & ouvriers, personnel	职工	zhi2gong1
職務	しょくむ	charge, devoir, emploi	职务	zhi2wu4
職員	しょくいん	employé, personnel	职员	zhi2yuan2
職責	しょくせき	devoir, responsabilité (officielle)	职责	zhi2ze2
職場	しょくば	lieu de travail	职场	zhi2chang3

濫   Excessif   滥

濫用	らんよう	abus, détournement	滥用	lan4yong4
濫造	らんぞう	surproduction	滥造	lan4zao4
濫費	らんぴ	dépenses excessives	滥费	lan4fei4

題   Sujet   題

題辞	だいじ	devise préliminaire	题辞	ti2ci2
題目	だいもく	titre (journal, etc.), prière (à Bouddha)	题目	ti2mu4
題名	だいめい	titre / Ch. présenter	题名	ti2ming2

19 traits

藩		Clan / Haie	藩	
藩主	はんしゅ	chef de clan	酋长	qiu2zhang3
藩閥	はんばつ	clan	(藩阀	fan1fa2)
			氏族	shi4zu2

簿		Registre	簿	
簿記	ぼき	comptabilité	簿记	bu4ji4
帳簿	ちょうぼ	livre de comptes	账簿	zhang4bu4
		Ch. 帐 / zhang4 = camp, tente		
名簿	めいぼ	registre de noms	名簿	ming2bu4

繰		Filer / Ourler	缲 / qiao1	
繰合せ	くりあわせ	arrangement	整理	zheng3li3
繰延べ	くりのべ	reporter	推迟	tui1chi2
繰綿	くりわた	coton égrené	脱粒绵	tuo1li4mian2

穫		Récolter	获	
収穫	しゅかく	récolte	收获	shou1huo4
秋穫	しゅうかく	moisson d'automne	秋收	qiu1shou1

爆		Exploser	爆	
爆発	かくはつ	éruption, explosion	爆发	bao4fa1
爆弾	ばくだん	bombe	炸弹	zha4dan4
爆撃	ばくげき	bombardement	炮击	pao4ji1

爆死	ばくし	mort sous le bombarbement	炮击死	pao4ji1si3
爆音	ばくおん	vrombissement	隆隆声	long2long2sheng1
爆笑	ばくしょう	éclat de rire	哈哈大笑	ha1ha1da4xiao4

類 — Genre — 类

類似	るいじ	similarité	类似	lei4si4
類焼	るいしょう	réduit en cendres	火消灭	huo3xiao1mie4
類例	るいれい	exemple similaire	类例子	lei4li4zi

願 — Désir — 愿

願下げ	ながいさげ	retirer	收回	shou1hui2
願書	がんしょ	consigner par écrit	记书	ji4shu1
願望	がんもう, がんほう	désir, souhait	愿望	yuan4wang4

鏡 — Miroir — 镜

鏡台	きょうだい	coiffeuse	镜台	jing4tai2
眼鏡	がんきょう, めがね	lunettes	眼睛	yan3jing4
鏡餅	かがみもち	gâteau de riz rond en forme de miroir	月饼	yue4bing3 Ch. gâteau de lune est similaire

髄 — Moelle — 髓

| 脊髄 | せきずい | moelle épinière | 脊髓 | ji3sui3 |
| 脳髄 | のうずい | cervelle | 脑髓 | nao3sui3 |

霧		**Brouillard**	雾	
霧雨	きりあめ	bruine, crachin	毛雨 牛毛雨	mao2mao2yu3 niu2mao2yu3
霧笛	むてき	corne de brume	雾笛	wu4di2
濃霧	のうむ	brouillard dense	浓雾	nong2wu4

臟		**Viscères**	脏	
臟物	ぞうもつ	entrailles	(脏物	zang4wu4)
臟腑	ぞうふ	intestin, viscères	脏腑	zang4fu3
臟器	ぞうき	entrailles, viscères	脏器	zang4qi4

繭		**Cocon**	茧	
繭紬	けんちゅう	pongé (e)	茧绸	jian3chou2
繭糸	けんし	fil de soie	丝线	si1xian4
繭玉	まゆだま	fête des cocons	茧联欢节 jian3lian2huan4jie2	

Ch. (茧玉 / jian3yu4) serait plutôt 玉帛/ yu4bo2 pour jades & soieries

璽		**Sceau impérial**	玺	
御璽	ぎょじ	sceau impérial, sceau royal	玺	xi3

離		**Quitter**	离	
離婚	りこん	divorce	离婚	li2hun1
離間	りかん	aliénation, séparation	转让 分开	zhuan3rang4 fen1kai1
離れ業	はなれわざ	truc	技巧	ji4qiao3

離陸	りりく	décamper	(离陆	li2lu4)
			溜走	liu1zou3
離接	りせつ	dissociation	离接	li2jie3
職	りしょく	perte d'emploi	失业	shi1ye4
おんぷ		Ch. 离职 / li2zhi2 = quitter son poste pour un autre		

譜 — Tableau — 谱

譜表	ふひょう	portée (mus.)	谱表	pu3biao3
譜系	ふけい	pedigree	谱系	pu3xi4
音譜	おんぷ	note de musique	音符	yin1fu2

識 — Connaître — 识

識者	しきしゃ	homme d'esprit	识者	shi2zhe4
識別	しきべつ	discrimination	辨别	bian4bie2
		Ch. 识别 /shi2bie2 = distinction		
常識	じょうしき	connaissances générales, sens commun	常识	chang2shi2

韻 — Rime — 韵

| 韻文 | いんぶん | poésie, vers | 韵文 | yun4wen2 |
| 韻律 | いんりつ | mesure, rythme | 韵律 | yun4lü4 |

鯨 — Baleine — 鯨

鯨尺	くじらじゃく	mesure pour vêtement	衣的尺寸	yi1dechi3cun
鯨肉	くじらにく	viande de baleine	鯨肉	jing1rou4
捕鯨	ほげい	pêche à la baleine	捕鯨	bu3jiing1

瀬		**Torrent / x**		**X**
瀬戸　せと		chenal, détroit	航道 海峡	hang2dao4 hai3xia2
瀬戸際 せとぎわ		moment crucial	关键性的时间 guan1jian4xing4deshi2jian4	
瀬戸物 せともの		porcelaine	瓷器	ci2qi4
浅瀬　あさせ		bas-fond, banc (de sable)	浅滩 沙滩	qian3tan1 sha1tan1

20 traits

籍		Registre	籍	
国籍	こくせき	nationalité	国籍	guo2ji2
本籍	ほんせき	son domicile	住处	zhu4chu4
		Ch. 本籍 / ben3ji2 = lieu d'origine		
戸籍	こせき	registre d'état civil	户籍	hu4ji2

響		Emettre un son	响	
響き渡る		avoir les répercussions	一个旅行的影响	
ひびきわたる		d'un voyage	yi2ge4lü3xing2deying3xiang3	
音響	おんきょう	acoustique, bruit, son, sonorité	音响	yin1xiang3

欄		Barrer	栏	
欄干	らんかん	rambarde	栏杆	lan2gan1
欄間	らんま	traverse	横梁	heng2liang2
欄外	らんがい	marge (d'un livre, etc.)	页边空白	ye4bian1kong4bai2

鶏		Poule	鸡	
鶏卵	けいらん	œuf de poule	鸡蛋	ji1dan4
鶏肉	けいにく	poulet, volaille	鸡肉	ji1rou4

警		Alerter	警	
警察	けいさつ	police	警察	jing3cha2
警戒	けいかい	être sur ses gardes	警戒	jing3jie4
警句	けいく	aphorisme, mot d'esprit	警句	jing3ju4

警官	けいかん	policier	警察	jing3cha2
警備	けいび	défense, garde	警备	jing3bei4
警報	けいほう	alarme	警报	jing3bao4

鐘   Cloche   钟

鐘楼	しょうろう	beffroi, cloche	钟楼	zhong1lou2
半鐘	はんしょう	sirène d'incendie	火的警报器 huo3dejing3bao4qi4	

麗   Beau   丽

麗人	れいじん	une beauté	丽人	li4ren2
麗々しく れいれいしく		ostentatoire	卖弄	mai4nong4
綺麗	きれい	beau, magnifique	绮丽	qi3li4
麗質	れいしつ	beauté, charmes	妩媚	wu3mei4

騰   Monter   腾

騰貴	とうき	augmentation, montée en flèche des prix	腾贵	teng2gui4
騰躍する とうやくする		bondir	腾跃	teng2yue4

醸   Brasser   酿

醸母	じょうぼ	levure	酵母	jiao4mu3
醸造	じょうぞう	brasser, fabriquer par fermentation	酿造	niang4zao4

競   Rivaliser   竞

競争	きょうそう	compétition	竞争	jing4zheng1

競売	きょうばい	enchères	拍卖	pai3mai4
競馬	けいば	course de chevaux	赛马	sai4ma3
競走	きょうそう	course, marche athlétique	竞走	jing4zou3
競技	きょうぎ	évènement sportif, tournoi	竞技	jing4ji4
競輪	けいりん	course de vélos	赛车	sai4che1

讓　Tranférer　让

讓り受け ゆずりうけ		héritage	继承	ji4cheng2
讓渡	じょうと	transfert	转让	zhuqn3rang4
讓歩	じょうほ	faire des concessions	让步	rang4bu4

議　Consulter　议

議会	ぎかい	assemblée, diète, parlement	议会	yi4hui4
議員	ぎいん	membre du parlement	议员	yi4yuan2
議事堂	ぎじどう	bâtiment du parlement	议事堂	yi4shi4tang2
議長	ぎちょう	président de l'assemblée	议长	yi4zhang3
議論	ぎろん	argument	论据	lun4ju4
議院	ぎいん	parlement	议院	y4yuan4

懸　Suspendre　悬

| 懸想する けそうする | | laisser vagabonder son imagination, rêver | 悬想 | xuan2xiang3 |
| 懸命の けんめいの | | angoissé, passionné | 刻苦 热情 | ke4ku3 re4qing2 |

21 traits

魔		Démon	魔	
魔王	まおう	Satan, roi des démons	魔王	mo2wang2
魔力	まりょく	force magique	魔力	mo2li4
魔法	まほう	magie noire	魔法	mo2fa3
露		Rosée	露	
露骨	ろこつ	clair, franc, sans ambage	露骨	lu4gu2
露店	ろてん	étalage dans la rue	路店	lu4dian4
露営	ろえい	bivouac, camp	露営	lu4ying2

護		Protéger	护	
護謨	ごむ	caoutchouc, gomme	橡胶 树胶	xiang4jiao1 shu4jiao1
護身	ごしん	protection personnel, porte-bonheur	护身	hu4shen1
護送	ごそう	escorte	护送	hu4song4
護国	ごこく	défense de la patrie	护国	hu4guo2
護持	ごじ	protection	保护	bao3hu4
護衛	ごえい	garde	护卫	hu4wei4

躍		Sauter	跃	
躍り込む おどりこむ		sauter dans	跃进	yue4jin4
躍進	やくしん	charge (Mil.), ruée	冲杀 冲	chong1sha1 chong1

顧   **Regarder autour**   顾

顧客	こかく	client	顾客	gu4ke4
顧問	こもん	conseiller	顾问	gu4wen4

艦   **Navire de guerre**   舰

艦隊	かんたい	flotte	舰队	jian4dui4
艦長	かんちょう	commandant d'un bâteau de guerre	舰长	jian4zhang3
艦旗	かんき	enseigne	舰旗	jian4qi2

Ch. 旗舰 / qi2jian4 = vaisseau-amiral

22 traits

襲		**Attaquer**	袭	
襲来	しゅうらい	invasion, raid	侵袭	qin1xi2
襲撃	しゅうげき	assaut, attaque	袭击	xi2ji1

驚		**Effrayer**	惊	
驚異	きょうい	étonnement, merveille	惊异	jing1yi4
驚嘆	きょうたん	admiration, s'émerveiller, s'exclamer	惊叹	jing1tan4
驚愕	きょうがく	stupéfaction	惊愕	jing1'e4

23 traits

鑑		**Miroir**	鑑 /jian1	
鑑札	かんさつ	licence	许可	xu3ke3
鑑定	かんてい	jugement	意见	yi4jian4
鑑賞	かんしょう	appréciation	鉴定	jian4ding4
鑑別	かんべつ	discrimination	鉴别	jian4bie2
鑑査	かんさ	inspection	检查	jian4cha2
			监察	jian1cha2
鑑識	かんしき	discernement	识别	shi2bie2

&&&&&&&&&&&&&&&&&&&&&&&&&&&&&&&&&&&&&&&&&&&&&&

NB – Dans l'index qui suit certains caractères ont été classés en fontion de leur nombre de traits originels en lieu et place de leur simplification. Pour des raisons techniques, il était difficile de trouver la graphie initiale ancienne avec les moyens d'aujourd'hui.

Trait 1

一 7   乙 7

Traits 2

丁	8	十	8	人	9	刀	10
又	8	七	9	入	10	力	10
八	8	二	9	了	10	九	11

Traits 3

工	12	土	14	与	16	夕	17
下	12	千	14	大	16	刃	18
干	12	才	14	勺	16	女	18
上	12	寸	14	亡	16	万	18
小	13	三	15	口	16	丸	18
山	13	川	15	己	17	凡	19
士	13	子	15	弓	17	久	19

Traits 4

不	20	刈	23	丈	25	収	28
王	20	止	23	切	26	犬	28
六	20	少	23	火	26	太	28
文	20	幻	23	心	26	天	29
元	21	支	24	水	26	夫	29
午	21	手	24	氏	27	斤	29
公	21	牛	24	片	27	反	29
父	22	斗	25	化	27	今	29
予	22	木	25	仏	27	介	30
凶	22	友	25	仁	28	冗	30
双	22	毛	25	孔	28	区	30

匹	30	戸	32	弔	33	方	34
月	31	尺	32	升	33	丹	34
円	31	欠	32	井	33	五	34
中	31	及	32	勾	33	互	35
日	31	引	32	分	33		

Traits 5

正	36	左	41	皮	47	由	52
玉	36	布	41	可	47	申	52
平	36	出	42	司	47	目	52
立	37	打	42	句	48	叫	53
示	37	払	42	包	48	民	53
玄	37	札	43	令	48	尼	53
主	37	必	43	穴	48	弁	/
市	37	氷	43	巨	48	辨	53
甘	38	永	43	丙	49	冬	54
矛	38	丘	43	用	49	世	54
巧	38	仕	44	囚	49	外	54
功	38	付	44	号	49	奴	54
刊	39	代	44	兄	49	召	54
以	39	他	44	石	49	加	55
比	39	犯	45	台	50	四	55
北	39	礼	45	占	50	母	55
幼	39	弐	45	古	50	冊	55
去	40	矢	45	右	51	且	55
生	40	失	46	史	51	央	56
半	40	斥	46	旧	51	乏	56
本	40	圧	46	白	51	込	56
末	41	庁	46	田	51	辺	56
未	41	広	47	甲	52	処	56

Traits 6

至	57	忙	63	守	69	尽	74
死	57	印	63	宅	69	色	74
交	57	伝	63	字	69	共	75
充	58	任	63	写	69	刑	75
衣	58	件	64	安	69	名	75
羊	58	休	64	匠	70	多	75
光	58	伐	64	同	70	各	76
当	58	伏	64	向	70	列	76
年	59	仮	65	肉	70	好	76
糸	59	仲	65	有	71	如	76
竹	59	行	65	両	71	妃	77
寺	60	壮	65	団	71	劣	77
先	60	兆	66	因	71	曲	77
老	60	仰	66	回	71	舟	77
考	60	式	66	西	72	再	77
米	60	后	66	吉	72	耳	78
朱	61	危	67	舌	72	血	78
灰	61	旬	67	虫	72	次	78
在	61	気	67	更	73	江	78
存	61	羽	67	早	73	汗	78
地	61	全	68	百	73	池	79
朽	62	合	68	旨	73	巡	79
机	62	会	68	自	73	迅	79
帆	62	企	68	吐	74		
州	62	宇	68	争	74		

Traits 7

辛 80	抗 85	似 91	克 97
芸 80	判 85	戒 92	否 98
芋 80	材 85	我 92	言 98
災 80	村 86	成 92	告 98
希 80	私 86	序 92	束 98
攻 81	利 86	床 93	児 98
対 81	邦 86	応 93	男 99
歩 81	抑 86	励 93	里 99
系 81	快 87	含 93	車 99
岐 82	兵 87	余 94	更 99
志 82	卵 87	谷 94	貝 99
赤 82	位 87	完 94	見 100
孝 82	住 87	究 94	吟 100
球 82	作 88	労 94	吹 100
来 82	伴 88	壱 95	吸 100
寿 83	体 88	売 95	別 100
却 83	佐 89	医 95	乱 101
坂 83	低 89	忘 95	町 101
均 83	何 89	臣 96	良 101
坊 83	伺 89	肖 96	尾 101
坑 84	但 90	角 96	尿 101
抄 84	伯 90	肝 96	局 102
技 84	伸 90	図 96	声 102
扶 84	役 90	困 96	君 102
折 84	状 90	囲 97	即 102
択 84	狂 91	呈 97	忌 103
扱 85	社 91	呉 97	改 103
投 85	初 91	豆 97	秀 103

Traits 8

Traits 9

Traits 10

Traits 11

Traits 12

衆 292　　温 294　　測 295　　道 296
敢 292　　湯 294　　遂 295　　遅 296
滋 292　　湿 294　　達 295　　遍 296
減 293　　湾 294　　運 295　　越 297
渡 293　　港 294　　過 296　　超 297
満 293　　湖 295　　遇 296　　遊 297

Traits 13

慈 298　　禁 302　　禍 307　　雷 312
業 298　　想 303　　載 308　　電 312
葬 298　　稚 303　　義 308　　腰 312
落 298　　愁 303　　感 308　　腸 312
新 298　　搬 303　　歳 308　　腹 313
塑 299　　概 303　　廊 308　　触 313
勧 299　　慎 304　　廉 309　　解 313
預 299　　煙 304　　虞 309　　園 313
督 299　　煩 304　　痴 309　　酬 313
節 300　　催 304　　敬 309　　酪 314
継 300　　傷 304　　寝 309　　誉 314
続 300　　僧 305　　寛 310　　暑 314
絹 300　　債 305　　愛 310　　意 314
勢 300　　賃 305　　鉄 310　　楽 315
塔 301　　奨 306　　鉱 310　　募 315
塩 301　　禅 306　　鈴 310　　煮 315
塊 301　　裸 306　　鉛 311　　著 315
搾 301　　傾 306　　飯 311　　裏 315
損 301　　働 306　　飲 311　　愚 316
携 302　　傑 307　　飾 311　　嘆 316
摂 302　　微 307　　献 311　　跡 316
楼 302　　福 307　　零 312　　践 316

Traits 14

Traits 15

Traits 16

Traits 17

薪	392	擬	394	館	396	謙	398
薄	392	燥	394	鍛	396	講	398
環	392	償	394	覧	396	鮮	398
懇	392	優	394	霜	396	轄	399
縮	393	獲	395	膳	397	購	399
績	393	厳	395	齢	397	嚇	399
繊	393	薦	395	醜	397	謝	399
擦	393	療	395	礁	397	繋	399
犠	394	翼	396	謹	398	聴	400

Traits 18

観	401	鎮	402	瞬	404	騎	406
織	401	鎖	403	贈	404	騒	406
繕	401	臨	403	礎	405	験	406
糧	401	額	403	翻	405	爵	407
懲	402	覆	403	曜	405	職	407
癖	402	難	404	闘	405	濫	407
顔	402	顕	404	簡	406	題	407

Traits 19

藩	408	類	409	臓	410	識	411
簿	408	顧	409	繭	410	韻	411
繰	408	鏡	409	璽	410	鯨	411
穫	408	髄	409	離	410	瀬	412
爆	408	霧	410	譜	411		

Traits 20

Traits 21

Traits 22

Traits 23

www.ingramcontent.com/pod-product-compliance
Lightning Source LLC
Chambersburg PA
CBHW020915140626
46545CB00015B/47